JN012057

日本企業の能力開発システム

変化のなかの能力開発と人事・職場・社員

藤本　真・佐野　嘉秀　編著

独立行政法人 労働政策研究・研修機構

は　し　が　き

　企業にとって社員の職業上の能力開発は、人事管理における重要な課題である。企業は経営活動に沿うかたちでの人材の確保に向けて、育成・能力開発やキャリア形成に関わる様々な計画・取組みを企図し実行しており、能力開発を促進するためには、企業による積極的な取組みが重要ととらえられている。同時に能力開発は、企業に勤務する社員各人の職業生活を大きく左右することから、能力開発に関わる個人の行動や姿勢の重要性がしばしば強調される。

　しかし、能力開発における企業や社員の取組みの重要性を指摘する議論のなかで見落とされがちであるのは、能力開発は、企業内の各主体のあいだでの相互作用をつうじて展開されているという事実である。すなわち、経営者や人事担当者が企業の事業戦略を踏まえた能力開発の高い目標を立てても、これを受容し、職場での OJT 等をつうじた能力開発に反映させる職場管理者の行動や、能力開発に取り組む社員の意思と取組みがなければ、「絵にかいた餅」となってしまう。これを避け、企業としての能力開発を実現するには、ときに利害や期待、希望の異なる経営層・人事部門と、職場管理者、社員の意思と取組みが調整されて実行される必要がある。

　このように考えると、企業としての能力開発の成否をうらなう鍵は、能力開発が、これを担う人事部、職場管理者、社員のあいだでの行動が一貫した体系として実行されることにあるはずである。もちろん企業の実態は、こうした理想からはかけ離れていることもあろう。むしろ、そうした乖離の現状を把握することが、企業の能力開発の充実をはかるうえで重要と考える。

　能力開発に関する先行研究は、人事部門が主に関わる人事制度や慣行、職場管理者による職場での取組み、個々の社員の意識や行動をそれぞれ切り離して研究するものが多い。これら当事者の能力開発に関わる活動を広く視野に置き、認識や利害の相違、相互の調整や連携のあり方に焦点をあてた調査研究が求められていると考える。

　そこで本書では、労働政策研究・研修機構（JILPT）が 2016 年に実施し

た『企業内の育成・能力開発、キャリア管理に関するアンケート調査』の調査結果を用いて、能力開発をめぐって日本企業に形成されている「能力開発システム」の実態を解明していく。本書では「能力開発システム」を、一連の制度や慣行によって企業内に構築される人事管理の体系の一部（サブシステム）として位置づけるとともに、人事部門、職場管理者、社員といった能力開発に関わる当事者の取組み（行為）やその相互関係の体系としてとらえている。上述のアンケート調査は企業（人事部門）・職場管理者・社員の3層のデータを各企業から集めており、分析によって、能力開発やキャリア形成をめぐる取組みについての実態と課題を、企業・職場管理者・社員それぞれの行為という観点や、これら当事者間の関係という観点からとらえることができる。

　本書で試みる日本企業の能力開発システムの解明は、これまでの日本の能力開発が抱えてきた課題を明らかにするとともに、「ポスト・コロナ」の職業能力開発における展望を示すものとなろう。また、企業ないし個人への視点に偏りすぎない、能力開発の促進に向けた実質的な議論に道を開くと考える。とはいえ、こうした試みがどのくらい実を結んでいるのか、あるいは今後実を結びうるのかについては、読者諸賢の忌憚のないご意見・ご批判を待ちたい。

　これからの日本企業における能力開発のゆくえを検討し、作り上げていく様々な取組みのなかで、本書の知見がその一助となれば幸いである。

　　　　　　　　　　　　　　　　　　　　　藤本　真・佐野　嘉秀

≪目　次≫

本書でよく使う用語の定義・説明

【能力開発に関連する用語】
能力開発

本書では、「社員の仕事に関わる能力の維持・向上や、その質的転換をはかるために、主に企業において行われる取組み」と定義している。OJT、Off-JT、自己啓発といった「教育訓練」のほか、能力やキャリアの形成につながる配置、配置転換、昇進・昇格も含む。

OJT

「On the Job Training」の略。本書では「仕事をつうじた訓練」として定義している。

Off-JT

「Off the Job Training」の略。本書では「企業の指示にもとづく研修・講習会の受講などの仕事を離れての訓練」として定義している。

自己啓発／自己啓発支援

「自己啓発」は能力開発の手段の1つであり、本書では「企業の指示によらない社員自身による自発的な訓練」として定義している。社員の自己啓発に対する企業の支援（金銭的な支援、情報提供、就業時間の配慮など）が、「自己啓発支援」である。

【分析対象に関する用語】
社員

本書では企業の雇用する労働者（employee）の意味で用いている。ただし本書をつうじて、分析の対象を、企業が「正社員」と位置づける社員に限定している。本書で分析に用いる『企業内の育成・能力開発、キャリア管理に関する調査』のなかでは、社員調査をつうじて、活動や意向、実態などを把握している。

人事部門

企業において人事管理の企画・立案・実施を担当する部門で、人事管理の一部である能力開発についても企画・立案・実施を担当している。本書で分析に用いる『企業内の育成・能力開発、キャリア管理に関する調査』のなかでは、企業調査をつうじて、活動や意向、実態などを把握している。

職場管理者

本書では、企業の中の特定の一部門（「職場」）において、職場に所属する社員を管理する管理者（line manager）を意味する。本書で分析に用いる『企業内の育成・能力開発、キャリア管理に関する調査』のなかでは、職場管理者調査をつうじて、活動や意向、実態などを把握している。

日本企業の能力開発システム

佐野　嘉秀・藤本　真

第 1 節　「能力開発システム」という視点

　企業は現在および将来の事業活動のための人材確保に向けて、自社の社員（employee）の仕事に関わる能力の維持・向上やその質的転換をはかる取組み、つまり能力開発に関わる様々な活動を行っている。本書の目的は、そうした諸活動を「能力開発システム」としてとらえ、その現状と課題を実証的に明らかにすることにある。ここであえて「能力開発システム」という表現を用いたのは、二つの研究上の意図にもとづく。

1. 日本企業の「能力開発システム」の特徴と多様性

　その一つは、日本型雇用システムに関して蓄積された日本企業の制度や慣行の特徴に関する知見を踏まえ、日本企業の雇用システムのサブシステムとして、日本企業の能力開発の現状に見られる特徴をとらえたいというものである[1]。稲上（1999）の考察によれば、日本型雇用システムには二つの原理が働いているとする。すなわち成員に対する長期的生活保障と長期的能力開

---

[1]　仁田・久本編（2008）では、雇用システムを「雇用関係を律するルールの体系」と定義し、ここでいう「ルール」には、「労働法に代表される成文化されたルール」と「現実の雇用関係の中から自生的に生み出されたもの」があるとする。後者は本書でいう「慣行」に近いものと考えられる。同書では、日本型雇用システムを特徴づける要素として「長期安定雇用主義」、「年功主義」、「企業別労働組合と労使協議主義」の三つを挙げる。さらにこうした雇用システムのもとでの「正社員」の人事管理（「雇用管理」）の特徴の一つとして、採用における「新卒中心主義」に加え、「幅広い職種別管理・人材育成」と「異動の日常性」（異動・配転・出向の日常的な活用）を挙げる。広い配置転換をつうじた長期的な能力開発が、雇用システムを構成する特徴として位置づけられていると解釈できる（仁田・久本編 2008：9-24）。同書の中で久本（2008b）は、日本的雇用システムの特徴の一つは中核労働者に対する人材育成のあり方」にあるとして、「仕事を変わることによって、能力開発を常時進める仕組み」を挙げる。そのうえで、配置転換や職場での OJT に加え、Off-JT も視野に入れ、日本企業の能力開発の現状を体系的に整理している。本書では、新たな調査データをもとに、さらに自己啓発支援についても加えて、その現状に見られる特徴を「能力開発システム」としてとらえたい。

発である。両者は緊張関係にあり、企業は慣行にしたがい入社時点で成員の「長期にわたる生活保障（終身雇用と年功賃金の保障）」を約束してしまうため、その保障にみあった能力開発に懸命とならざるをえない（稲上 1999：13）。定年までの雇用機会の保障を内実とする長期雇用は、長期的な能力開発により支えられているともいえる（佐藤 2012）[2]。

　こうした日本企業の長期的な能力開発を支える制度や慣行は、国際比較的に見て個性的な特徴をもつ。これに関する先行研究の事実発見については、本章の後の節で検討したい。その要点をあらかじめ整理すると、日本企業では中核的な成員としての「正社員」について、（1）配置転換に関する企業側の強い権限をもとに、人事部門が個別の配置転換に関与し、主な職能を中心とする幅広い仕事経験の機会を与える（小池編 1991、日本労働研究機構編 1993、小池・猪木編著 2002、Jacoby 2005、山下 2008 など）。また（2）社員の入社後、決定的な選抜の時期までの期間の長い「遅い」選抜の慣行により、広い範囲の社員に対し、昇進に向けた長期的な仕事・能力向上へのインセンティブを付与するとともに、管理職登用に向けた能力開発の機会を与えている（小池編 1991、小池・猪木編著 2002 など）。これらの過程では（3）配置した職場での OJT（On the Job Training）による教育訓練を行い、これを中心に Off-JT（Off the Job Training）や自己啓発を補完的に用いて能力開発を進める（小池 1997、2005、今野・佐藤 2022 など）。

　日本企業において、これらの特徴をもつ能力開発の制度や慣行は、長期雇用と年功的な昇給による社員の生活保障を可能にしている。それゆえ、日本型雇用システムを支えるかたちで、そのサブシステムとしての「能力開発シ

2　国際比較的に見た際の日本型雇用システムに関する法的な観点からの特徴づけとして、荒木（2001）は、日本型雇用システムを内部労働市場型の典型モデルとして位置づけ、日本型雇用システムでは雇用の維持が最重視され雇用量の調整が諸外国と比べて困難であることを補償するうえで、労働条件の柔軟な変更が認められてきた点を指摘する。裁判所が形成してきた解雇権濫用法理と就業規則の不利益変更法理がこれを支えてきた経緯をもつ。次に指摘するように「能力開発システム」の特徴とも解釈できる、企業側の配置決定に関する強い権限もこうした特徴と関連すると考えられる。日本型雇用システムについての「『内的柔軟性（internal flexibility）』ないし『質的柔軟性（qualitative or functional flexibility）』に富んだ雇用システム」（荒木 2001：9）という国際比較上の特徴に関して、配置決定の「柔軟性」に関する実態については、佐野（2021b）も日英比較研究より確認している。

ステム」を構成していると見ることができる[3]。

　とはいえ、日本企業の能力開発の現状には、こうしたいわば古典的な「能力開発システム」の理解とは、少なからず異なる実態が見られるのではないか。すなわち、日本企業を広く見渡すと、古典的「能力開発システム」モデルとは離れた特徴をもつ企業が、すでに少なくない比重を占めている可能性がある。そうした変化の諸側面について整理すると**第 1-1 表**のようになる[4]。

　これもまた後の節で行う先行研究の検討を踏まえると、(a) 人事部門のもつ配置転換の権限の職場管理者（line managers）への委譲が一定程度、進

3　古典的な研究として Dore 1973＝ドーア 1993 は、大手製造企業の事例の日英比較にもとづき、両国の事例間に見られる「相違はかなりの一貫性を保持」していることに着目し、日英間の相違をイギリス企業に見られる「市場志向型」と日本企業に見られる「組織志向型」という「二つの統合化された内的一貫性をもったシステム」としてとらえる視点を示している（ドーア 1993：463）。後に青木・ドーア編（1995）では、同書各章に共通する視点として「システム性の認識」を挙げ、「日本企業の個々特性は、より大きなシステムを構成する要素なのであって、そのシステムの各部分は相互依存の中で初めて有効に機能しうるものとして捉えている」ことを指摘する（青木・ドーア編 1995：1）。これらの研究からは、「システム」として雇用領域の制度や慣行を分析する視点として、日本企業の人事管理や労使関係等に見られる諸特徴は相互に関連しているという見方、そのなかで焦点をあてるシステムは、より大きなシステムの中に位置づけられるという見方を示していると考えられる。本書では、こうした視点を踏襲し、日本企業の能力開発に見られる諸特徴を、日本型雇用システムのサブシステムとしての「能力開発システム」の特徴として体系的にとらえたい。

4　「能力開発システム」が変化しうるものであるという視点は、これをサブシステムとする日本型雇用システム自体が、歴史的に形成された産物であり、それゆえ変化しうるという観点を前提としている。本書は、日本型雇用システムそれ自体の形成や変化について、踏み込んだ分析を行うものではない。こうした側面に関しては先行研究の蓄積が厚い。中でも長期的な視点から雇用システムの変化について多角的に考察する比較的近年の研究として、仁田（2003）や仁田・久本編（2008）、佐口（2018）、梅崎・南雲・島西（2023）を挙げておきたい。また日本型雇用システムの近年の変化について多角的に分析したものとして労働政策研究・研修機構編（2017b）が挙げられる。とりわけ同書の第 1 章では各種のマクロ的な統計資料を指標として日本的雇用システムに関わる特徴の持続と変化を分析している。これによると、少なくとも「日本的雇用システムの『本丸』たる製造大企業」については、この 20 年間について「長期雇用慣行と協調的労使関係はおおむね持続している」ものの、非正規雇用の増加にともないその「成員」の範囲が縮小したほか、「年功的賃金・昇進」は男性労働者において「後退」したとする（高橋 2017：86-89）。これに対し本書では、日本型雇用システムのサブシステムと位置づける「能力開発システム」の特徴に焦点をあて、同研究のいう年功的昇進に関する変化を含め、先行研究によりその変化が指摘されるいくつかの側面に関して企業間の多様性を確認する。また企業の長期雇用の方針と「能力開発システム」との関係を確認することで、日本型雇用システムの変化と「能力開発システム」の変化との関係について若干の考察を行う。日本型雇用システムと「能力開発システム」のあいだの相互の規定関係についてのより包括的な分析は今後の課題としたい。

第 1-1 表　日本企業における古典的「能力開発システム」モデルと変化の諸側面

古典的「能力開発システム」モデル	変化の諸側面
（1）人事部門の権限にもとづく配置転換への関与をつうじた、社員への幅広い仕事経験の付与	（a）分権化：配置の決定を含む能力開発の意思決定の職場管理者への委譲
	（b）個別化：配置の決定を含む能力開発の意思決定への社員の意向の反映
（2）「遅い」選抜による広い範囲の社員への長期的インセンティブ付与と管理職登用に向けた能力開発	（c）早期分化：昇進選抜の早期化にともなうキャリア早期での能力開発の内容の分化
（3）配置した職場での OJT を中心とし、補完的に Off-JT や自己啓発を用いる能力開発	（d）職場外化：教育訓練の方法としての OJT に対する Off-JT や自己啓発の比重の高まり

注．先行研究の検討をもとに作成。

展している（Jacoby 2005、青木 2018）。また（b）配置転換の決定において、自己申告制度により把握した社員の希望を考慮したり、社内公募制度を用いたり、とくに転勤に関しては社員の個別事情に配慮したりして、社員各人の意向や選択を反映させる取組みも広がる（労働政策研究・研修機構編 2007、今野 2022 など）。さらに（c）昇進選抜に関しては、決定的な選抜の時期を早期化する企業も少なくない（日本労働研究機構編 1993、佐藤 2020、吉川・坂爪・高村 2023 など）。こうしたなか（d）OJT の補完にとどまらず、企業としての教育訓練の効率化や、労働市場で通用する能力獲得に対する社員の期待への対応などのため、社外機関等による Off-JT の利用や自己啓発支援の拡充をはかる必要性も指摘される（藤村 2003、藤本・大木 2010 など）。

　このうち（a）の変化は、長期的な能力開発の手段としての配置転換の決定権限を職場管理者の側に委譲する点で、能力開発の意思決定に関わる「分権化」の動きととらえることができる。また（b）のように、配置転換に社員の意向が反映されるならば、仕事の変更に向けた OJT や Off-JT の内容の選択も含め、広く能力開発の内容に関わる意思決定に社員各人の意向を反映させる必要が高まると考える。能力開発の「個別化」の動きといえるだろう。さらに（c）のように昇進選抜の早期化が進むとすれば、社員の能力開

発は、キャリアのより早い段階から、管理職登用に向けてだけでなく、高度な専門的業務を担う専門人材や、職場での定常的業務を支える中堅人材の育成に向けたものへと分化させる必要が生じると考える。能力開発の「早期分化」の要請といえる。(d) 能力開発の方法として、OJT に対して Off-JT や自己啓発といった教育訓練の比重が高まることは、能力開発の「職場外化」の動きと見ることができる。

　これら能力開発の (a) 分権化、(b) 個別化、(c) 早期分化、(d) 職場外化は、日本企業のあいだで一定程度、進展している可能性がある。ただし本書では、そうした変化を時系列的に確かめることまではできない。というのも、これら能力開発の (a) 分権化、(b) 個別化、(c) 早期分化、(d) 職場外化の程度は、以前から日本企業内で一様ではなかった可能性があるためである。

　この点に関し、「能力開発システム」をサブシステムとする日本型雇用システムは、主に他の社会と比べた際に明らかとなる日本の大手企業の制度や慣行の特徴から構成された一つのモデルである。モデルと個別企業の実態とのあいだには、それぞれ一定の距離があるのが通常であろう。また日本型雇用システムとしての特徴づけが主になされる高度成長期から 1990 年代くらいまでの時期にも、その特徴が典型的に見られるのは大手・製造企業であった（稲上 1999、高橋 2017）。それゆえ大手企業に限定しても、他の業種では日本型雇用システムの特徴が希薄な企業が従来から少なくなかった可能性もある。このように考えると、大手・製造企業も含め、モデルとしての日本的雇用システムの特徴があてはまる程度には、以前から企業間で一定の幅があったはずである。そうした広がりの拡大の有無や程度を時系列的に確かめることは決して容易ではない。日本型雇用システムのサブシステムとしての「能力開発システム」についても同じことがあてはまると考える。

　本書ではこれに代えて、能力開発の現状把握という主な関心から、現在の日本企業の中に、能力開発の (a) 分権化、(b) 個別化、(c) 早期分化、(d) 職場外化の程度が高い企業が、すでに一定の割合を占める可能性について確認することとしたい。

　もちろん他方で、これらの程度の低い、上述の古典的「能力開発システ

第1-1図 「能力開発システム」の類型と企業の分布

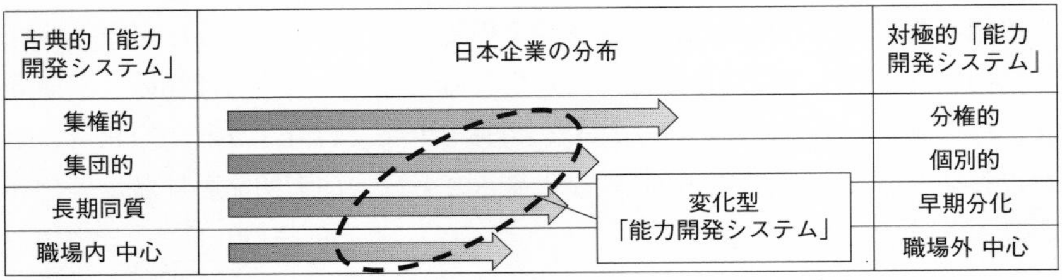

古典的「能力開発システム」	日本企業の分布	対極的「能力開発システム」
集権的		分権的
集団的		個別的
長期同質	変化型「能力開発システム」	早期分化
職場内 中心		職場外 中心

注. 先行研究の検討を基に作成。矢印の長さは仮のイメージである。

ム」モデルに近い実態を維持する企業も少なくないだろう。また、これら能力開発の（a）分権化、（b）個別化、（c）早期分化、（d）職場外化の程度は、各企業において一貫して高かったり低かったりするともかぎらない。こうしたなか、日本企業の能力開発の実態は、古典的「能力開発システム」モデルと、これらの変化の延長線上に想定しうる、いわば対極的な「能力開発システム」モデルのあいだで、一定の広がりをもって分布しているとイメージされる。これを図にすると第1-1図のようになるだろう。その実態を、多角的な分析から探ることを本書の研究課題の一つとしたい。

またこれらの諸側面に関して実態として観察される変化の範囲からは、日本企業で今後、現実的にありえそうな「能力開発システム」の特徴を考察できるかもしれない。本書のまとめにあたる終章では、そうしたいわば変化型の「能力開発システム」モデルの特徴についての整理も試みたい。

さらに、これら能力開発の（a）分権化、（b）個別化、（c）早期分化、（d）職場外化の進展する企業は、これを進めるうえで、あるいはこうした変化（正確には（a）～（d）の程度が高いこと）にともない、古典的「能力開発システム」モデルに近い特徴を維持する企業とは、異なる能力開発上の課題に直面している可能性がある。

例えば、（a）能力開発の分権化が進展し、職場管理者が配置の決定を含む能力開発に関わる意思決定を広く担うとしても、その際に適切な判断を行うための知識などの職場管理者による習得が追いついていないかもしれない。また（b）個別化に関しては、企業が配置や教育訓練の選択に社員の意向を

反映させる方針をとっていても、社内公募制度や社員選択型の研修制度な
ど、これを実現する制度の整備が進んでいないことがありうる。さらに（c）
能力開発の早期分化に関しては、決定的な昇進選抜が相対的に「早い」企業
でも、キャリアの早い段階から、役職昇進しない専門人材などの育成に向け
た教育訓練が実施されているとはかぎらない。（d）能力開発の職場外化に
関しては、国際比較的にも時系列的に見ても日本企業の Off-JT 等の低調さ
が確認されてもいる（原 2014、厚生労働省 2018）。企業は Off-JT や自己啓
発支援の拡充の必要性を認識し、その方針をとりつつも、Off-JT に関わる
費用負担上の制約や、社員が自己啓発に割ける時間の不足などから、実際の
進展がとどこおっている可能性も高い。

　本書では、このような（a）～（d）の諸側面に関する能力開発の変化に
ともなう、あるいはこれを進めるうえでの課題についても、実証的な分析を
つうじて把握を試みたい。

2.「能力開発システム」を支える当事者間の連携

　さらに本書では、「能力開発システム」のもう一つの側面に着目する。す
なわち、人事部門、職場管理者、一般の社員といった能力開発に関わる企業
内各層の当事者の取組みとしての行為やその相互関係の体系としての「能力
開発システム」という側面である。

　先に提示した「能力開発システム」の視点は、社会を単位として見られ
る、企業における能力開発の制度や慣行の全体としての特徴や多様性に焦点
をあてる。それゆえ「能力開発システム」を見るうえでのマクロな視点と位
置づけることができる。これに対し、そうした「能力開発システム」の制度
や慣行を支える当事者（行為者＝actors）の取組み（行為＝actions）とその
相互関係に着目する視点は、「能力開発システム」をとらえるミクロ的な視
点と位置づけることができる。

　このように社会（本書の場合は企業組織）を構成する当事者の互いに関係
しあう行為（相互行為）の全体像を一つのシステム（社会システム＝社会体
系）としてとらえる視点は、社会学の基本的な分析視角の一つである（Par-
sons 1951＝パーソンズ 1974）。社会を構成する当事者の相互行為というミ

クロな対象を分析することで、繰り返し行われる行為の広がり（斉一性）や当事者間の関係の特徴をとらえ、そのまとまりとしての機能（本書の場合は、能力開発への貢献や課題）を評価するアプローチと解釈できる。

　パーソンズ（1974）の定義に従うと、「社会体系は、複数の個人行為者のあいだの相互行為のパターンの持続、あるいはその秩序ある変動過程にかかわる行為諸要素の編成の一様式」とされる（パーソンズ 1974：31）。このような社会システムの見方を援用すると、能力開発に関わる制度や慣行も、①制度については、人々がこれを作り、受け入れて相互行為の際に準拠することで支えられるとともに、②慣行については、そうした制度のほか、労使の共有する規範や利害などにもとづき相互行為を繰り返すことで安定的なパターンとして形づくられていると考えることができる。

　先に見たマクロな視点から見ると、日本企業におけるそのような制度や慣行は、国際比較的に見ても個性的な特徴をもっていた。さらにわれわれは、「能力開発システム」をとらえるミクロな視点から、そうした能力開発に関わる制度や慣行を支える相互行為として、能力開発に関わる当事者（行為者）の取組みに着目し、その実態を把握することとしたい。

　このようなミクロな視点は、マクロな視点から見た日本企業の「能力開発システム」の特徴を明らかにするうえでも有効と考える。すなわち、「能力開発システム」の変化に関わる側面のうち、とくに能力開発の（a）分権化や（b）個別化の程度は、こうしたミクロな視点からの当事者の相互行為に着目することなくしては、明らかとならない。このうち（a）分権化は人事部門から職場管理者へ、（b）個別化は人事部門および職場管理者から一般社員へという、能力開発の意思決定における主な当事者間の権限配分の変化をともなう点で、当事者のあいだでの関係性の変化に関わる。その点で、当事者間の相互行為の特徴に関わる変数であるためである。

　もちろんミクロな視点から観察される当事者の取組みの共通性と多様性の中には、マクロな視点からとくに焦点をあてるこれらの日本企業の「能力開発システム」の特徴のほかにも、日本企業の能力開発の現状に見られる特徴をより広く見出すことができるはずである。例えば、企業規模の大きさと、能力開発の分権化や個別化などへの取組みには関係があるのか、人事部門は

教育訓練費用をどんな施策に重点配分しているか、職場管理者は職場でのどのような取組みをつうじて部下の能力開発を進めているか、社員は自己啓発のためにどのような活動を行っているかなど、マクロな視点から見た「能力開発システム」の特徴とも関連する、より広い範囲での日本企業の能力開発の傾向（共通性と多様性）を明らかにすることができると考える。

　そこで本書全体としては、能力開発に関する制度や慣行の特徴をとらえるマクロな視点に加えて、能力開発に向けた人々（人事担当者、職場管理者、社員）のあいだの相互の取組み（行為）をとらえるミクロな視点も取り入れ、双方の視点から日本企業の「能力開発システム」の現状を明らかにしたい。また、能力開発という機能に照らしたその課題（不十分な点、解決すべき点など）の解明を試みることとする。

　このようなミクロな視点から企業の「能力開発システム」を見ると、企業の能力開発に関わる取組みは、経営者や本社人事部門等による企業レベルでの能力開発に関わる方針や計画の立案、研修等の制度設計と提供、能力開発に向けた配置や昇進の管理などにとどまらない。これらを踏まえて、あるいはこれらと自律的に、組織の各レベルの職場管理者も、OJT 等をつうじて職場メンバーの能力開発の実行を担っている。さらに社員各人も、研修への参加や、職場での仕事経験をつうじた学習、自己啓発の実施などをつうじて、自らの能力向上等をはかることで企業での能力開発に参加している。

　これら企業内各層の当事者による諸活動の連鎖と積み重ねの結果として、企業における社員の能力形成が実現している。いずれかの当事者の取組みのみにこれを還元して説明することはできない。これらを一つの体系としてとらえる「システム」への視点が重要と考える。

　本書では、こうした観点から、企業内の能力開発の当事者として、人事部門、職場管理者、一般の社員を広く視野に入れる。そして、とりわけ企業としての能力開発の担い手である人事部門と職場管理者それぞれによる能力開発に向けた取組みの実態と課題を明らかにしたい。

　さらにわれわれが、こうした「能力開発システム」をとらえるミクロな視点を重視するのは、企業としての事業活動に必要な人材の確保に向けた効果的な能力開発に向けて、企業内各層の当事者間の連携が重要になると考える

ためである。すなわち、経営者や本社人事部門といった企業レベルの当事者が、事業戦略等をもとに能力開発の高い目標を立てても、これを受容し職場レベルでの能力開発の実行に反映させる職場管理者の取組みや、自らの能力開発に取り組む社員本人の行動がなければ、その実現は難しい。これを実現するには、これらときに利害や期待の異なる当事者の活動が互いに整合的に実行される必要があるだろう。

そのためには、企業内各層の当事者が、互いの連携に向けて意識的に働きかけることが重要になると考える。人事部門であれば、職場管理者に対して、企業としての能力開発の目標の周知をはかったり、管理職研修等をつうじて部下の能力開発を効果的に進めるための知識の提供を行ったりといった取組みがこれにあたる。また職場管理者も、部下社員から仕事やキャリアに関する期待をきき、これを踏まえた仕事配分や指導・助言を行ったりすることで、連携がはかられると考える。このように、企業内各層の当事者が互いに連携をはかりつつ企業としての能力開発を整合的に実行することは、マクロな視点からの「能力開発システム」の特徴の相違にかかわらず、日本企業に共通する実践上の課題と考える。本書では、こうした企業内各層の当事者の連携に向けた取組みにも関心を向けたい。

このように企業内での能力開発をめぐる当事者間の連携関係に焦点をあてる研究は、日本企業を対象として必ずしも十分に蓄積されていないと考える。しかし、例えばイギリスでは、人事管理の機能の人事部門から職場管理者への委譲が進展し、能力開発についても、担い手としての職場管理者への期待が大きくなっている。こうしたなか、職場管理者による能力開発を補完したり支援したりする人事部門の役割の重要性が再認識されている。そうした人事部門と職場管理者のあいだの連携に関心をもつ研究の進展が見られる（Heraty and Morley 1995、De Jong, Leenders and Thijssen 1999、Macneil 2001、Kidd and Smewing 2001、Gibb 2003）。

このような実務上の文脈は、日本でもある程度、共通する可能性がある。すなわち、これまで日本企業の人事部門は、配置転換への関与をつうじて、他国と比べても企業内の能力開発に大きく関わる傾向にあったと見られる（八代 2002、Jacoby 2005、平野 2006b、山下 2008、青木 2018）。こうした

慣行に対しては、人事部門による配置転換への強い関与を見直し、その権限を職場管理者へと委譲したり、社員の意思や選択にゆだねたりすべきという主張もなされている（八代 1998、樋口 2001、守島編 2002）。そうした意見のように、能力開発に関わる決定の（a）分権化や（b）個別化が進むとすれば、人事部門、職場管理者、一般社員それぞれの能力開発上の役割は変化することになる。これにともない、これら当事者間の連携のあり方があらためて問われると考える。

　また人事管理の効果に関する一般的な議論としては、人事部門が実施を意図している施策と、社員が認識する施策とのあいだに不整合が生じる余地のあることが指摘される。そして、人事管理上の施策が社員の意識や行動に影響を与えるのは、それらが社員の認識できるかたちで実行された場合にかぎられる（Guest and Bos-Nehles 2012）。能力開発に関する施策についても、同じことがいえるだろう。すなわち、人事部門が職場での実施を期待する企業としての能力開発の方針や施策が、職場管理者により本当に実行されているかが問われる。これを実現するために、人事部門から職場管理者への能力開発に関する企業の方針や施策の周知や、研修や情報提供等をつうじた能力や知識面での支援といった連携に向けた働きかけが重要になると考える。

　このような問題関心から、本書では、企業内の各層の当事者による能力開発の取組みを広くとらえるとともに、そこに見られる当事者間の能力開発に向けた連携関係を分析する。これらをつうじて、日本企業の「能力開発システム」の実態と課題を明らかにすることを研究課題として位置づけたい。このような分析を進めるにあたり、企業内各層の当事者の能力開発の取組みを概観しておくと、およそ**第 1-2 表**のようになろう。

　第 1-2 表の「各層の当事者の基本的な取組み」の列に示したように、企業内の能力開発において人事部門は、基本的に、企業としての能力開発の計画や方針を立て、研修の体系などの能力開発に関わる制度を設け、研修を提供し、昇進や配置を管理する。職場管理者は、職場での仕事配分や指導・助言等をつうじた OJT を主に担う。また社員の職場への受け入れや異動に関する意思決定に加わるなどして配置転換に関与したり、昇進選抜の決定に関わったりすることもある。社員はそれぞれ自身の能力開発に向けて、上司や

第1-2表 「能力開発システム」における当事者の取組み

当事者	各層の当事者の基本的な取組み	連携に向けた取組み
人事部門	企業としての能力開発の計画・方針策定、能力開発に関わる制度設計、研修の設計・提供、昇進・配置の管理など	（対職場管理者）職場での能力開発への支援（能力開発に関する方針・計画の周知・共有、情報提供、管理者研修、相談・助言の実施など）
		（対社員）能力開発に関する社員の期待・要望の把握と反映（自己申告制度、社員調査の利用など）
職場管理者	職場でのOJT（仕事配分・指導・助言等）、配置・昇進への関与など	（対人事部門）職場の能力開発に関わる目標設定への参画、現状・課題のフィードバック
		（対社員）部下社員の能力開発・キャリアに関する期待・要望の把握と反映
一般の社員	自身の能力開発に向けた取組み（OJTの受容、経験学習、研修への参加、自己啓発の実施等）、配置転換・昇進の指示の受容、社内公募制度の利用など	（対人事部門）自身の能力開発・キャリアに関する要望や課題の報告
		（対職場管理者）自身の能力開発・キャリアに関する要望や課題の報告

同僚からのOJTを受け入れ、仕事上の経験から意識的に学習し、研修に参加したり、自己啓発を行うなどする。また企業側からの配置転換や昇進の指示を受容したり、社内公募制度がある場合にはそれを利用したりして企業内キャリアの展開をはかり、各自の能力形成につなげている。

このように、人事部門、職場管理者、社員は、それぞれ役割を分担するかたちで企業内の能力開発を進めている。そうした意味で、能力開発において、人事部門と職場管理者、社員は分業をつうじた協力関係にある。

とはいえ、こうした分業のもとでの能力開発は、必ずしも一貫したかたちで進められているとはかぎらない。その結果、能力開発に関して、人事部門の立てた計画や社員の期待や要望と、職場管理者の実施する能力開発の内容とが離齬することも少なくないと考えられる。

こうしたなか、このような能力開発の当事者間での期待と取組みとのあいだの不整合を小さくするための取組みも行われていると考えられる。その具体的な内容として想定されるものを**第1-2表**の右列「連携に向けた取組み」

に示した。すなわち、人事部門は、能力開発の計画等に即して、職場管理者
が OJT 等による職場での能力開発を実行できるよう、職場管理者に対し、
企業としての能力開発の方針や計画の周知・共有や、能力開発に関わる知識
やノウハウを付与するための情報提供や研修、相談・助言を行い、支援す
る。また、社員からは、自己申告制度、社員調査等をつうじて期待や要望を
把握し、能力開発の施策や取組みに反映させたりする。

　職場管理者は、人事部門に対し、能力開発に関わる職場の目標設定の過程
に参画したり、職場での能力開発の現状や課題をフィードバックしたりす
る。また社員に対しては、部下社員から各自の能力開発やキャリアに関する
期待や要望を把握し、OJT 等の実践に反映させる。

　社員各人も、人事部門や職場管理者に対して、自らの能力開発やキャリア
に関する要望や課題を伝えたりしているはずである。

　本書では、このような見通しのもと、人事部門と職場管理者、社員のあい
だでの能力開発に関する期待と取組みの整合・不整合の関係に関心をもつ。
さらにその乖離を小さくするための当事者間の連携に向けた働きかけとし
て、とくにその企業としての起点となる人事部門による職場管理者への支援
の取組みに焦点をあて、その実態と課題を明らかにしたい。

　先に述べたように、能力開発に向けて当事者間の連携をはかることは、
「能力開発システム」における（a）分権化、（b）個別化、（c）早期分化、
（d）職場外化の程度によらず、企業に共通して求められる課題と考える。
ただし、これらの程度に応じて、当事者間の能力開発に向けた分業のあり方
は異なるはずである。

　すなわち人事部門と職場管理者の関係に着目すると、能力開発の（a）分
権化のもとでは、配置転換の決定も含む能力開発を広く担う職場管理者の役
割は大きくなるだろう。また（b）個別化や（c）早期分化のもとで、社員
の企業内キャリアが多様化すれば、これに応じた個別的な能力開発を担う職
場管理者の役割への期待は高まると考える。さらに（a）分権化、（b）個別
化、（c）早期分化のもとでは、（d）職場外化した能力開発に関しても、職
場メンバー各人に応じた研修参加の指示や、自己啓発のための労働時間の配
慮等の点で、やはり職場管理者が担う役割は大きいと考えられる。

他方で、人事部門の役割は、（a）能力開発の分権化のもとでは、能力開発に向けた配置転換の決定を職場管理者に委譲することとなる。併せて職場での能力開発の方針や進め方、Off-JT への参加者の人選などの職場での能力開発に関する意思決定に関しても、広く職場管理者にゆだねることが多くなるかもしれない。

　しかし先に紹介したイギリスでの先行研究の論点を踏まえると、こうしたなかでも人事部門が能力開発において果たす役割は必ずしも小さくならない。企業全体の視点から、能力開発に関してもつ専門的知識をもとに、職場管理者の広く担う能力開発を支援する人事部門の役割は欠かせず、むしろ重要となると考えられるためである。人事部門による職場管理者の担う能力開発への支援を起点に、人事部門と職場管理者のあいだの連携が機能することで、企業として期待する能力開発が職場において実行されやすくなる。これにより、職場での能力開発が充実すれば、社員各人の期待する仕事やキャリアのための能力向上にもつながる面があると考える。こうした関係の解明を、本書の研究課題として位置づけたい。

第2節　先行研究から見た「能力開発システム」と本書の 分析課題

　以上より、本書では、マクロな視点から日本企業全体としての「能力開発システム」の特徴と多様性を確認するとともに、とりわけ多様性の側面、すなわち能力開発の（a）分権化、（b）個別化、（c）早期分化、（d）職場外化といった、古典的な「能力開発システム」モデルからの変化にともなう能力開発上の課題を明らかにする。さらに、ミクロな視点から「能力開発システム」の制度や慣行を支える企業内各層の当事者の取組み（行為）に焦点をあて、それぞれの取組みやその相互関係、意識的な連携に向けた働きかけの実態と課題を明らかにする。

　それでは「能力開発システム」という視点に即して見ると、日本企業の能力開発に関する先行研究は、どのようなことを明らかにしてきたか。ここではとくに、「能力開発システム」をとらえるマクロな視点を踏まえ、日本型

雇用システムの特徴とも関わる日本企業の能力開発の特徴とその変化に関して、重要な事実発見を示すと考える先行研究の知見を整理しておきたい。併せて「能力開発システム」をとらえるミクロな視点も加え、日本企業の能力開発の現状と課題を明らかにするうえで、本書でとくに取り上げるべき分析課題について検討することとする。

こうした観点から取り上げるのは、第 1 に、主に企業レベルの能力開発に関わる慣行に焦点をあてた研究として、①配置転換および②昇進管理に関する研究、第 2 に、職場での能力開発プロセスに焦点をあてた研究として、③知的熟練論、④経験学習論、⑤職場学習論である。これらの研究の蓄積から、日本企業の「能力開発システム」に関して、どのような実態と課題が明らかにされてきたか、また本書でとくに焦点をあてるべき論点は何かについて、整理することとしたい[5]。

1. 配置転換に関する研究

配置転換は、雇用調整のほか能力開発の機能をもつ。企業、とりわけ人事部門が能力開発の観点からも配置転換に深く関わる点は、日本企業の「能力開発システム」の特徴の一つと考えられる。これに関わるいくつかの研究を概観してみたい。

まず初期の研究として、全日本能力連盟人間能力開発センター編（1979）は、大手企業の部長職を対象としたアンケート調査から、部長職の社員が少なくとも 2 ～ 3、あるいは 4 ～ 5 の機能部門を経験していることを明らかにした。また日本労働研究機構編（1993）は、1989 年に実施した従業員 1,000 人以上の企業を対象とするアンケート調査から、大卒ホワイトカラーについて、20 歳台から 40 歳台までのいずれの年齢層とも、配置転換を「部門をこえて行う」と回答する企業の割合が高いことを示す。ホワイトカラーを対象とする職能横断的な配置転換の慣行が広く確認される。

ただし配置転換の範囲には限定も見られる。井上（1982）は、ある製鉄企

5　本節での先行研究の分析は、本研究に向けての先行研究のレビューにあたる藤本編著（2014）をもとにして大幅に改定したものである。

業の事業所に勤務のホワイトカラーの人事データをもとに、最も頻繁に行われているのは技能の関連性が強い職種間の異動であること、また異職種間よりも同一職種間での異動確率が高い傾向を明らかにした。川喜多（1983）や冨田（1986）は、大手スーパーにおける事例から、男性社員について、店長に昇進するまでは食品、衣料といった特定の商品群を専門とするキャリア形成がなされているとする。中村（1989）も、ある自動車メーカーに1977年から1981年までのあいだに入社した社員の人事データを用いてホワイトカラーのキャリアを類型化し、①自動車部品工場から自動車部品営業という異動を経験する社員が最も多いこと、②経理部の社員はいったん経理部に配属されるとかなり長期間、同じ部門にとどまると推測されることなどを示した。

さらに労働大臣官房政策調整部編（1987）は、①男性事務職、男性営業職に関しては「異事業所間多職種配置」という方針をもつ企業が半数近くあるものの、男性現業職については2割程度にとどまること、②女性社員については、いずれの職種でも「異事業所間多職種配置」という方針をもつ企業はごくわずかで、「同一事業所内配置」という方針をもつ企業が大半であることを明らかにしている。

また今田・平田（1995）は、日本を代表する重工業大企業に勤務する男性の事務・技術職社員の人事データを分析し、①大卒事務職については職能内にとどまる異動が約半数を占め、こうした異動の傾向は課長昇進前後で大きく変化しないこと、②大卒技術職に関しては大卒事務職と同様に、異動の約半数は職能内であるものの、課長昇進後に職能間異動が増えることを示した。

日本生産性本部経営アカデミー（1992）は、大企業10社に勤務する社員の人事データから、①製造業では職能内での異動が多く、管理職に昇進する前後で異動のパターンに変化がないこと、②金融・保険業は製造業に比べて職能間異動が多く、しかも職能間異動の傾向が管理職昇進後に、より顕著になることを明らかにし、配置管理のあり方が業種により異なる点を強調している。

このように先行研究は、日本企業におけるホワイトカラーの社員の配置転

換の範囲には職能を越えた広がりが見られること、ただしその範囲は企業の業種のほか、社員の職種や性別、キャリア段階によっても異なることを明らかにしている。

　こうした日本企業の配置管理の傾向が、国際比較的にはどのように特徴づけられるのかを示したのが、日本・アメリカ・ドイツ・イギリスの大卒ホワイトカラーを対象に調査・分析を行った日本労働研究機構の「大卒ホワイトカラーの雇用管理に関する国際比較」研究プロジェクトである（調査研究の成果は、日本労働研究機構編 1997、1998、小池・猪木編著 2002）。

　この調査研究プロジェクトでは、部課長層ホワイトカラーへのアンケート調査結果から、日本・アメリカ・ドイツともに、特定の職能分野の経験が長い「単一職能型」がホワイトカラーの 7 〜 8 割を占めていることが明らかとなっている。同時に、日本では、「現在の会社における勤続年数に占める最長経験分野の経験年数の比率」が 76％ 以上というホワイトカラーの比率が、他の 2 国に比べると低い（日本・39.2％、アメリカ・65.6％、ドイツ・57.9％）（日本労働研究機構編 1998：13）。小池・猪木編著（2002）によると、「幅広い 1 職能型」が主流であることは日本を含む各国で共通であるものの、日本企業では「主と副型」の比率が他国と比べてやや高い点に特徴がある（小池・猪木編著 2002：25-27）。

　このような配置転換に関わる企業側の目的に関して、早くは雇用職業総合研究所編（1982）が、いずれの職種を対象とした職場内異動においても、「いろんな持場を経験させ幅広い技能を身につけさせるため」という目的を挙げる企業が最も多いことを示している。また職場間異動についても、最も多くの企業が挙げる目的は、能力開発であった。

　日本労働研究機構編（1993）も、1989 年に実施した従業員 1,000 人以上の企業を対象とするアンケート調査から、定期的な配置転換を実施する企業は、その目的として「従業員の人材育成」、「従業員に多能的な能力を身につけさせる」、「従業員の適性を発見する」といった、能力開発に関わる目的を挙げることが多い傾向にあることを指摘する。ただし同時に、定期的な配置転換の目的は、対象となる社員の年齢層によって顕著に異なっており、「従業員の人材育成」を目的とする配置転換は、20 歳台の社員を対象とする配

置転換では9割弱の企業が目的として挙げているのに対し、40歳台以上の社員を対象とする場合は4割弱となることを明らかにしている。

このような社員の能力開発を目的とする配置転換では、社員を多能化することと専門化することのあいだのトレードオフや、異動先の職場の能力開発にともなう負担といった問題に直面しうる。こうした問題に企業がどのように対処しているのかを分析したのが、八代（1987）である。同研究では、大企業の情報処理部門を対象とした調査をもとに、企業が①社員を異動し多部門を経験させながらも、各部門においてその部門を長く経験するキーパーソンも作り出すことで専門性を蓄積していること、②他部門に社員を異動させる場合も、これまでの仕事に関連ある部門に異動させ、異動先での能力開発の負担が大きくならないように配慮していることを示している。

以上のように、日本企業の配置転換に関わる慣行についての調査研究は、1980年代から1990年代を中心に蓄積されてきた。これらの先行研究からは、日本企業において、一つの職能分野を中心としつつも、ときに職能分野を越える配置転換が行われる実態が確認されている。そしてこのような配置転換を企業が実施するうえで、社員の能力開発が重要な目的となっていることがわかる。

さらに、こうした実態は、企業が社員各人の配置転換を決める強い権限をもつことを前提としている面がある。とくに日本企業の本社人事部門は、配置転換の権限をもとに、雇用調整だけでなく能力開発の効果も重視して、社員の個別の配置転換の決定に関わっている。このような人事部門の関与するいわば企業主導の配置転換の慣行は、現在でも多くの日本企業に見られる特徴となっている（八代2002、Jacoby 2005、平野2006b、山下2008、青木2018）。

ただし先行研究は、配置転換の決定に関して、部門間での配置転換も含めて、職場管理者が強い権限をもつ事例があることも確認している（Jacoby 2005、山下2008、青木2018）。そうした企業は、すでに一定の比重を占めている可能性がある。

また近年では、社員のワークライフバランス実現の観点から、とりわけ転居をともなう配置転換である転勤に関しては、企業が社員の個別の事情に配

慮するようになってきている。ただし、その前提として企業の多くは、とく
に総合職型の社員に対して転勤を指示する権限を保持している（武石 2022、
今野 2022）。

　さらに、自己申告制度を用いて社員各人のキャリアに関する希望を把握
し、配置転換に反映させたり、社内公募制度を導入したりするなど、社員の
選択を前提とするいわば個人選択型の配置転換の仕組みを取り入れる企業の
広がりも見られる。その目的に関して、平野（2006b）は、日本企業の情報
システム特性の変化を背景に、とくにエキスパート人材については、人事部
門による人事情報収集の費用をかけずに職場管理者による人材の抱え込みを
避けるうえで、社内公募制度等による個人選択型の配置転換の導入をはかる
ことが合理的となる可能性を指摘する。また労働政策研究・研修機構編
（2007）によれば、社内公募制度を取り入れる企業の主な目的は、「従業員の
自発的なキャリア形成を支援するため」や「従業員の意欲を高めるため」、
「新規事業・新規プロジェクトの運営・導入のため」とされる。

　以上のように、これまで日本企業は、配置転換に関する企業側の強い権限
をもとに、人事部門が個別の配置転換に関与し、主な職能を中心とする幅広
い仕事経験の機会を与えてきた。これに対し、人事部門のもつ配置転換の権
限の職場管理者（line managers）への委譲が一定程度、進展するほか、配
置転換の決定において、転勤に関して社員の個別事情に配慮したり、自己申
告制度等により把握した社員の希望を考慮したり、社内公募制度を用いたり
して、社員各人の意向や選択を反映させる取組みも広がる。これらは能力開
発の（a）分権化および（b）個別化の動向に関する指摘といえる。

　こうした事実発見を踏まえ、本書では、能力開発の手段としての配置転換
の特徴と、これに関わる能力開発の（a）分権化および（b）個別化の進展
についての現状を確認し、これにともなう課題を明らかにしたい。

　具体的な論点として、このうち（a）能力開発の分権化は、配置転換の決
定を含む能力開発の意思決定における人事部門の役割を小さくする面があ
る。とはいえ同時に、そのぶん大きくなる裁量をもとに職場での能力開発を
実行する職場管理者に対して、人事部門が支援をはかることの重要性はむし
ろ高まると考えられる。そうした取組みの実態と課題について、とくに焦点

をあてて分析したい（第3章および第6章）。

　また（b）能力開発の個別化に関して、近年では企業内での社員の自律的なキャリア形成の支援の観点からの重要性も指摘される（リクルート・マネジメント・ソリューションズ 2021）。先行研究も、社内公募制度等のいわば個人選択型の配置転換の仕組みを取り入れる主な目的として「従業員の自発的なキャリア形成を支援する」ことを挙げていた（労働政策研究・研修機構編 2007）。先行研究では必ずしも解明されていない事業戦略や人事制度との関係も含め、こうした取組みの現状と課題についても分析の焦点をあてることにしたい（第5章）。

2. 昇進管理に関する研究

　昇進の管理も、能力開発と深く関連する。すなわち狭義の昇進といえる役職昇進と、職能資格制度等の社員格付け制度上の昇格を含む広義の昇進の機会（とりわけその認知）は、社員に自らの能力開発へのインセンティブを与える（山本 2006）。また、下位の職位から上位の職位への段階的な役職昇進は、これに応じて管理的な職務に関わる能力を習得する能力開発のプロセスと見ることもできる（谷口 2006）。

　こうした昇進の管理に関わる日本企業の特徴は、決定的な選抜のタイミングが、社員の入社後の遅い時期にやってくる「ゆっくりとした昇進」や「遅い選抜」と表現されてきた（小池編著 1991、小池 2005 など）。

　そうした「遅い選抜」のプロセスについて、今田・平田（1995）は、1980年代後半に提供された大企業の人事データをもとに昇進構造を分析し、日本の大企業における主要な昇進管理のパターンが、管理の対象となる職位が上がるにつれて、「一律年功」から、「昇進スピード競争」へ、さらに「トーナメント競争」へと変化することを明らかにしている。

　また竹内（1988）は『会社職員録』から無作為に抽出した管理職社員のデータを分析し、日本の昇進競争は、時間の経過とともに平等なものから、ふるい落とし競争へと転調することを示す。さらにある大企業の1966年入社者のデータをキャリア・ツリー法により分析し、やはり昇進パターンが「同期同時昇進」から「同期時間差昇進」へ、さらに「選抜／選別」へと、

入社後の時間の経過とともに変化していくことを明らかにしている。

　これらの研究成果は、「同一年次昇進」（日本労働研究機構編 1993）や「一斉昇格制度」（労働大臣官房政策調整部編 1995）の存在、役員候補者の 30 歳台後半での絞込みはあまり進んでいないこと（日本労働研究機構編 2000）を明らかにした他の調査結果とも符合する。

　こうした日本企業の「遅い選抜」の特徴を国際比較の中に位置づけたのが、すでに挙げた日本労働研究機構の「大卒ホワイトカラーの雇用管理に関する国際比較」研究プロジェクトである。日本・アメリカ・ドイツの部課長層を対象に実施したアンケート調査によると、社員の入社後、初めて昇進に差がつきはじめる時期の平均は日本 7.85 年に対し、アメリカ 3.42 年、ドイツ 3.71 年、また昇進の見込みのない人が 5 割に達する時期は日本 22.30 年に対し、アメリカ 9.10 年、ドイツ 11.48 年であった（日本労働研究機構編 1998：17、小池・猪木編著 2002）。

　このような日本企業に特徴的な「遅い選抜」のメリットとしては、①選抜されなかった社員のモチベーションの低下を防止できることや（石田 1983、今野・佐藤 2022：180）、②長期にわたり競争に参加する多数の社員について能力の向上を期待できること（今野・佐藤 2022：180）、③社員の能力・適性のより正確な把握が可能となること（島田 1984、今野・佐藤 2022：180）などが指摘される。他方で、デメリットとしては、①選抜の時期が遅いために企業の中枢幹部の育成において教育訓練投資の無駄が生じかねないこと、②長期にわたる競争から社員間に過度の競争状態を作り出しやすいことなどが挙げられる（今野・佐藤 2022：180）。

　Rosenbaum（1984）は企業の昇進管理には、①社員のモチベーションを維持していくための「機会の均等」と②選抜された社員に集中的に教育訓練投資をしていくための「効率」の二つが求められるとしている。日本企業における「遅い選抜」の慣行は、このうち前者を優先する度合いが高いと考えることができる。

　とはいえ、こうした「遅い選抜」という特徴には、日本企業のあいだでも相違があることも確認されている。花田（1987）は、金融、保険、電機、運輸、流通の五つの業種の大企業の人事データを、キャリア・ツリー法により

分析した。その結果、①最初の選抜が行われる職位に最も速く昇進した社員が、それより上の職位への昇進も最も早く果たすという「保守的な」昇進・昇格管理を行う企業、②最初の選抜が行われる職位に最も速く昇進してもより上位の職位への昇進が保証されない、選抜的な昇進・昇格管理を行っている企業、③最初の選抜が行われる職位での昇進・昇格が遅れても、より上位の職位への昇進・昇格で追いついたり、逆転したりすることが可能な「革新的な」昇進管理を行う企業、といったように日本企業の昇進管理に見られる差異の内実を明らかにしている。

　さらに日本の大手銀行3社に勤務するホワイトカラーのキャリアをキャリア・ツリー法により分析した上原（2003）は、3社のうち2社で、入社後の早期での選抜とかなり大きな昇進格差といった、「遅い選抜」とは異なる昇進管理が行われていることを示している。

　このように、他国と比べて「遅い」傾向にある日本企業の昇進選抜のタイミングも、国内の企業間で比較すると一定の相違が見られることが確認できる。この背景として、1980年代後半には、安定成長への移行によって企業規模の拡大が鈍化し、それにともない管理職ポスト数の増加にも歯止めがかかるようになった。他方で、社員の高齢化・高学歴化や男女雇用機会均等法の施行などを背景に、管理職候補者が増加していく。こうしたなか、管理職ポストの不足という事態が見通されるようになり（八代1989）、多くの日本企業が昇進管理における選抜の機能を強めていく。

　こうした変化は、「抜擢人事」（＝後で入社した社員を先に入社した社員より先に役職に登用すること）や、「逆転人事」（＝先に入社した社員が、昇進格差の拡大により、後で入社した社員に昇進において追い越されること）といったかたちで現れるようになる。

　先に触れた日本労働研究機構編（1993）によると、主に従業員1,000人以上のアンケート回答企業のうち、抜擢人事が「かなり一般的に行われている」と答えた割合は、課長クラスの昇進で33.1％、部長クラスの昇進で35.5％である。また、逆転人事が「かなり一般的に行われている」という企業は課長クラスの昇進で50.9％、部長クラスの昇進で51.4％であった。逆転人事や抜擢人事がすでに1990年代前半の時点で大企業においてかなりの程

度、広がっていたことがわかる。

　また抜擢人事が「かなり一般的に行われている」企業は、他企業と比べて役職初任年齢（＝社員が初めて役職につく年齢）が早く、年次に関係なく優秀な社員を役職に登用する傾向がより強い（日本労働研究機構編 1993：16-17）。こうした事実は、同時期に行われた調査研究やその後の調査研究においても繰り返し確認されることとなる（労働大臣官房政策調整部編 1995、日本労働研究機構編 1998、1999、2000、労働政策研究・研修機構編 2004 など）。

　日本企業では、このように管理職ポストの不足等を背景に年功にこだわらない管理職ポストの配分が広がる一方で、管理職への昇進が遅れる社員や、管理職昇進の可能性が早期になくなる社員に対応するため、専門職制度の整備が進展した（八代 1989）。ただし高年齢者雇用開発協会編（1985）は、専門職制度のもとで専門職として位置づけられている社員について、「処遇的専門職」と「本格的専門職」に分けられるとする。このうち前者では、制度が管理職ポストにつけない社員を処遇することを主な目的として設けられているため、専門職の仕事の内容や組織内での位置づけが不明確であることが多いと指摘する。労働大臣官房政策調整部編（1995）の調査結果も、大企業における専門職の多くが、ラインとは別に担当業務の専門性にもとづき設けられたポストとしてよりも、職場管理者に準じる存在として位置づけられていることを示している。

　以上のように、日本企業は、社員の入社後、決定的な選抜の時期までの期間の長い「遅い選抜」の慣行により、広い範囲の社員に対し、昇進に向けた長期的な仕事・能力向上へのインセンティブを付与してきた。ただし、早くも 1990 年代の調査研究は、「抜擢人事」などとして決定的な昇進選抜の早期化を指摘している。近年の研究も、継続して、昇進選抜の早期化の傾向を指摘する（佐藤 2020、吉川・坂爪・高村 2023）。このような決定的な選抜の早期化のもとでは、社員の企業内キャリアは、そのぶん早い時期から、管理職昇進のほか、高度な専門人材や職場を支える中堅人材への分化が進むと考えられる。それぞれのキャリアに応じた高い能力を社員に習得させるうえでは、（c）能力開発においても早期分化が求められると考える。

本書では、日本企業の中での決定的な昇進選抜時期の早期化の実態を確認するとともに、これに応じた（c）能力開発の早期分化の実態に焦点をあてる。以上の先行研究は、主に昇進選抜のあり方（タイミング）に焦点をあてており、昇進に向けたOJTなどの能力開発への関心は弱いように見える。とはいえRosenbaum（1984）も指摘するように、昇進選抜のあり方は、教育訓練投資の「効率性」とも深く関わる。昇進選抜の早期化の能力開発への影響として、とくに管理職や専門職への昇進・昇格にいたる前のキャリア段階において、（c）能力開発の早期分化が生じているかを論点とすることとしたい（第4章）。

3.　知的熟練論とホワイトカラーのキャリア

　本節の上記1のレビューからは、日本企業が配置転換に関する企業側の強い権限をもとに、社員に対して主な職能を中心とする幅広い仕事経験の機会を与えていることを確認した。それでは、その過程における職場でのOJTをつうじた社員の能力形成のプロセスはどのようなものか。

　これに関する先行研究としては、「知的熟練」形成に関する一連の研究が挙げられる（小池 1977、小池編著 1986、小池編 1991、小池・猪木編 1987、村松 1996、小池・中馬・太田 2001 など）。「問題と変化をこなすノウハウ」である「知的熟練」（小池 1997：1）は、働く人々の経験の「幅」と「深さ」に由来し、それらはOJTによって習得されるとする。そしてこのOJTを、個々の労働者が「長期間に経験する関連の深い仕事群」の経験としての「キャリア」としてとらえている（小池 1997：11）。

　それでは、知的熟練の形成につながっていく「キャリア」の内実はどのようなものか。それは各労働者が担当する仕事の「幅」を広げ、「深さ」を増していくものである（小池 1997：5-6）。例えば自動車産業の製造現場で働く技能者の技能レベルは、四つの段階としてとらえることができる。すなわち、レベルⅠ：職場の中で一つの職務しかできないレベル、レベルⅡ：職場内で3〜5程度の職務をこなし、しかも品質不具合の検出ができるレベル、レベルⅢ：職場内のほとんどの職務をこなすことができ、品質不具合の原因究明と難しくない問題への対応ができるレベル、レベルⅣ：モデルチェンジ

など新たな事態に対応するための現場の体制づくりや準備ができるレベルである。

このうちレベル I から III までは、レベルが上がるにつれて担当できる職務の範囲が広がり、現場での問題をその原因にまでさかのぼって理解できるようになる過程である。かなりの割合の社員がレベル III には到達しているものの、到達するには 10 年近い勤続が求められる。レベル IV は、レベル III を上回る問題原因究明能力を発揮できるレベルであり、このレベルに到達できる社員はごく一部である。また、レベル III までは同一職場内での経験で到達できるが、レベル IV に到達するには他の職場での経験も必要となってくる（小池・中馬・太田 2001：6-13）。

生産労働からホワイトカラー職種へと目を移すと、かれらの技能形成においては「はば広い専門性」が重要となる（小池編 1991：14）。ここで「専門性」とは、一つの「領域」にキャリアがほぼ収まることを意味する。例えばデパートであれば、「紳士服」や「婦人服」、「家具」といった一つ一つの商品群が、それぞれ一つの「領域」に該当する。一方「はば広さ」とは、例えば「紳士服」という領域の中の小分野（「スーツ・コートなどのフォーマル類」、「シャツ類」、「紳士雑貨類」など）をすべて経験することを指す。

ホワイトカラーの「はば広い専門性」は、第 1 に、取り扱う製品・サービスの多様性に対応するうえで必須となる。例えば、国内事業所に比べ社員数の少ない海外事業所に勤務する商社の社員は、それぞれより多くの商品を担当しなければならない。あるいはメーカーの国内営業の社員には、その取引相手が海外に進出した場合に海外営業もこなす必要が生じる。第 2 に、製品・サービスに対する需要の変化、取り扱う製品やサービス自体の変化に対応するうえで必須となる。土木施工を例に取ると、鉄道や港湾から土木造成、道路へといった需要の変化が見られる。こうした需要の変化に、より少ないコストで対応するうえで、「はば広い専門性」の構築が有効となる（小池編 1991：16-18）。

さらに、ホワイトカラーの OJT においても「深さ」を増していく過程が観察される。デパートの例を見ると、店頭販売担当者がシャツなど特定の商品の仕入れや開発の担当に一定の期間、移ったりする。この場合、受けもつ

商品の幅は狭くなるものの、仕入れや開発といった商品販売の前段階の工程について知識や経験を蓄積するかたちで、担当する仕事の深みが増していく。企業は、こうして担当者の仕事の深みが増していくことで、消費者のニーズを踏まえた仕入れや商品の開発、店頭販売と仕入れの連携ができるようになるといった「重層的効果」を期待できる（小池編 1991：18-19）。

　それでは、仕事における「はば広い専門性」や「深さ」はどのようなプロセスを経て習得されるのか。大企業のホワイトカラーは、①中枢管理者、②部門管理者、③非管理者の三つのグループに分けられ、これらへの分化が進む時期を「第二期」、その前の時期を「第一期」とする（小池編 1991：6-7）。ホワイトカラーが幅広い専門性や深さを習得するのは第一期であり、この時期は i ）「基礎専門レベル」と ii ）「高度専門レベル」とに分けてとらえることができる。「基礎専門レベル」に該当するのは、学卒後入社してから 2 〜 4 年程度の期間であり、専門領域の中で一つの小分野をひととおりこなせるようになる段階である。これを経て、幅広さや深さを習得していくのは「高度専門レベル」の段階であり、専門領域内の小分野を数年ごとに経験したり、前工程や後工程の業務を経験したりする（小池 1991：20）。この「高度専門レベル」の期間は「基礎専門レベル」の期間の後、入社 15 〜 20 年目ごろまで続くとされる。

　以上のように、知的熟練論やこれを踏まえたホワイトカラーの技能形成についての研究からは、日本企業の社員が、生産労働では主に職場内、ホワイトカラーでは「はば広い」専門領域内での仕事経験と、その過程での OJT をつうじて、能力を広げ高めていることがわかる。本節 1 で見たような、特定の職能を中心とする配置転換の慣行との対応関係が確認できる。すなわち、日本企業は、人事部門の関与する配置転換をつうじて社員の仕事経験の幅を広げるとともに、その過程では配置された職場での仕事配分の工夫をともなう OJT をつうじて「はば広さ」や「深さ」をもつ高い能力の、社員による習得を促している。配置や仕事配分をつうじた OJT を中心とする能力開発の慣行が確認できる。

　さらに先行研究は、併せてキャリア初期の基礎的な研修のほか、OJT を基本としつつも「間にさしはさむ」Off-JT をつうじて実務経験を整理し体

系化することの重要性も指摘する（小池 2005：31）。日本企業は、OJT を中心に Off-JT や自己啓発への支援を補完的に用いることで、能力開発をはかってきたと見ることができる。稲上（1999）は、昇進・昇格や配置転換によるインセンティブの付与も含め、OJT を中心とするこのような日本企業の能力開発（「人的資源形成」）の慣行の特徴を「OJT プラス」と表現している（稲上 1999：11）。

　こうした慣行に対しては、企業による雇用保障への信頼がゆらぐなか転職や就業継続を可能にする能力を社員が習得するうえでの、社外での研修（Off-JT）や自己啓発のいっそうの重要性を指摘する意見も見られる（藤村 2003）。また製造企業に関する調査からも、教育訓練の投資効率の観点から、「OJT をベースに社内で技能系正社員を育成する」という「自前主義」を見直し、社外の教育訓練機関を活用する動きが広がっている可能性が示されている（藤本・大木 2010）。このほか能力開発の（a）分権化や（c）個別化にともない、もし人事部門が関与する配置転換やその過程での OJT の機能が弱まるとしたら、これを補完する Off-JT や自己啓発の相対的な重要性は高まることも考えられる。これにともない（d）能力開発の職場外化の要請は強まるかもしれない。

　ただし実際には、2000 年代以降、日本企業における Off-JT や自己啓発の機会はむしろ減ってきているとの指摘もある（原 2014：19）[6]。また国際比較的に見ると、企業の Off-JT への投資は低調な傾向にもある（厚生労働省 2018）。

　こうしたなか日本企業は、OJT、Off-JT、自己啓発をどのように組み合

6　原（2014：19）がこの根拠として挙げるデータの一つは、厚生労働省『能力開発基本調査』（企業票）による「労働者一人あたりの Off-JT 支出額（支出があった企業のみ）」の集計であり、2006 年度 2.3 万円、2007 年度 2.5 万円、2008 年度 1.3 万円、2009 年度 1.3 万円、2010 年度 1.5 万円、2011 年度 1.4 万円と、およそ「リーマンショック」の時期を境に Off-JT への投資が低調化している。しかし、同じく厚生労働省『能力開発基本調査』のその後の期間における集計を見ると、同額は 2012 年度 1.3 万円、2013 年度 1.4 万円、2014 年度 1.7 万円、2015 年度 2.1 万円、2016 年度 1.7 万円というように、本書で用いる調査の調査時点に向けて、やや投資が増える傾向にあった。Off-JT への教育訓練投資は、景気状況等の影響を受けて増減する傾向も見られる（田中・大木編著 2007）。それゆえ、より広く期間をとって観察すると、必ずしも一律に減少しているわけではない。

わせて、能力開発を行っているか。このうち社員の自発的な取組みである自己啓発についても、勤務先の上司から必要な能力についての説明を受ける就業者ほど自己啓発を実施する傾向にあるなど、これを促す企業側の取組みが重要とされる（原 2014）。本書では、教育訓練の方法に関して、OJT に加えて Off-JT や、人事部門や職場管理者による自己啓発への支援も視野に入れ、日本企業の能力開発の現状と課題を明らかにすることを基本的な研究課題としたい。

また日本企業において Off-JT への投資が低調である要因の一つに、企業の費用負担上の制約があるとすれば、重点的な能力開発の対象の選択が行われているかもしれない。本書でのミクロな視点からの「能力開発システム」への関心にもとづくと、職場での OJT 等の能力開発の担い手である職場管理者の教育訓練投資の対象としての位置づけが重要となる。企業における Off-JT の費用配分等を手がかりにして、能力開発の対象としての職場管理者の位置づけについても確認することとしたい（第 2 章）。

4. 経験学習論

社員が OJT 等をつうじて仕事上の能力（技能）を形成することは、社員が経験をつうじて学習する過程と見ることもできる。このように、仕事上の能力形成を「経験（による）学習」という観点からとらえようとする代表的な研究として Kolb（1984）を挙げることができる。同研究は、仕事における能力形成を、学習者（＝働く人）による①「具体的経験」、②「内省的観察」、③「抽象的概念化」、④「能動的実験」という四つの段階からなる、循環的な「経験学習モデル（Experiential learning model）」としてとらえることを提唱した。

Kolb（1984）と同様、経験による学習のプロセスに着目し、経営幹部がリーダーシップを習得していく過程を明らかにしたものとして、McCall らが 1980 年代に実施した一連の調査研究が挙げられる（McCall Lombardo and Morrison 1988、McCall 1989、1998、McCall and Hollenbeck 2002 など）。このうち McCall Lombardo and Morrison（1988）は、アメリカの主要企業の経営幹部に対するインタビュー調査から、かれらに、自らのキャリ

アにおいて、自身の現在の管理のし方に大きな影響を与えた出来事と、そこから学んだことを回顧してもらい、その内容について共通項を整理している。

McCall（1998）ではさらに踏み込んで、リーダーシップを習得するために必要な要素の一般化を試み、「経験」、「戦略」、「触媒」をリーダーシップ習得につながる要素であるとした。すなわち、リーダーシップの習得のためには、プロジェクトチームへの参画や、新規事業の立ち上げといった業務において主導的な役割を果たすという「経験」が、企業の「戦略」に沿うかたちで与えられ、その「経験」を行うことを支援する他者からのフィードバックや、インセンティブなどの「触媒」が必要であるという。

McCall の調査研究と同様の枠組みと手法を用い、日本企業に勤める経営幹部の経験学習の過程について明らかにしたのが、金井（2002）である。同研究は 20 人の経営幹部から、自身の成長につながった「一皮むけた経験」をききとり、「入社初期段階での配属・異動」や「初めての管理職」、「降格・左遷を含む困難な環境」などが、成長につながっていると認識されていることを示した。

谷口（2006）は、個人や企業を取り巻く環境（「コンテクスト」）との関係を視野に入れて、定性的および定量的分析から、管理職層（マネジャー）の仕事経験における学習内容の特徴を分析している。事実発見として、①配置転換にともなう地位・役割の変化や、仕事配分にともなう課題が最も学習に影響し、とくに初めて管理職になる経験から重要な教訓（レッスン）を得ていること、②製造部門と営業部門の拠点長のあいだでも重要な教訓を得たポジションに相違があり、前者では工場長の補佐的職務をつうじた現場（製造部門内）での経験、後者では若手中堅層としての対外的な折衝や調整の経験といった本社での経験をつうじて重要な能力を開発していること、③新規事業への参入・拡大や人員削減をともなう合理化など、企業全体に関わる大きなイベントが、個人の学習に多大な影響を与えていることなどを見出している。

同じく管理職層（マネジャー）の「一皮むけた経験」に焦点をあてた松尾（2013）は、定量的分析から、「過去の経験、目標志向性（学習志向・成果志

向）、上位者との対話機会」が、「変革に参加した経験」や「部門を越えた連携」、「部下を育成した経験」といった仕事経験を積む機会に影響を与え、これらがそれぞれ順に「事業実行力」、「情報分析力」、「目標共有力」という管理職に求められる能力の獲得を促していることを明らかにしている。

　管理職以外の職種についての経験学習プロセスに関する研究としては、松尾（2006）、笠井（2007）、松浦（2011）、三輪（2013）、松尾編著（2018）などを挙げることができる。

　松尾（2006）は、IT系職種の従事者を対象としたインタビュー調査の分析から、キャリアの初期に「職務関連の知識」を、後期に「大規模プロジェクト」や「厳しい顧客」を経験することで、高度な「顧客管理スキル」を身につけることを明らかにした。

　また笠井（2007）は、小学校教師、看護師、客室乗務員、保険営業という「対人サービス職」の「熟達者」32人へのインタビュー調査をもとに、熟達に役立ったとする経験の内容を分析した。その結果、「顧客の働きかけと反応」を意識することや、顧客との関係を「方向性をもって『つなぐ』」ことで意識的に作り出すなどの経験が、熟達を促しているとする。また松浦（2011）は、営業管理職へのアンケート調査をもとに、営業職社員を「一人前」に育成するうえで、先輩営業職との同行や、担当顧客をもつこと、企画書や提案書作成の手伝いなどが有益と認識されていることを示している。

　三輪（2013）は、製造業の技術者を対象としたアンケート調査の分析にもとづき、①ハードな仕事や先進的な仕事の経験が技術者の学習成果につながること、②新規事業や海外勤務などの経験は、それぞれ個人の適応力や顧客意識を高める効果があるものの、科学的な思考力を低下させる可能性もあること、③アカデミックな経験は、技術的リーダーシップを強化する一方で、顧客意識を低下させる面もあることといった関係を明らかにしている。

　さらに松尾編著（2018）は、インタビュー調査と自由回答によるものを含むアンケート調査を組み合わせ、看護師、保健師、薬剤部門長、診療放射線技師、救急救命士、病院事務職員、救急救命医師、公衆衛生医師といった「医療プロフェッショナル」の成長プロセスを経験学習の観点から分析している。これから、職種による学習プロセスの独自性とともに、「キャリア初

期」（1〜10 年目）から「後期」（11 年目以降）にかけて、おおむね技術的（テクニカル）能力、対人的能力、概念的（コンセプチュアル）能力の順で能力を獲得する傾向があることや、11 年目以降の「キャリア後期」に経験学習が「深化」する、すなわち経験と学習の関係性が強まり難易度の高い経験から学ぶ傾向があること、という共通点を明らかにしている。

　ここまでに挙げた日本企業で働く人々の経験学習プロセスに関する研究は、いずれも特定の職種を対象としたものである。より一般的な観点からの分析として、木村（2012）は、Kolb の経験学習モデルの提唱する四つの要素について定量的な尺度を作成し、それぞれの要素が個人の能力向上に寄与していることを検証した。また中原（2012）は、社会人歴 1〜2 年目の「駆け出し」の社員と、3〜9 年目の社員の経験学習モデルを比較し、社会人経験が浅いころは具体的経験を積むことが能力向上にとり重要であるものの、社会人経験をある程度積んだ段階では、経験学習行動の諸要素をバランスよく担うことが能力向上にとって重要であることを明らかにしている。さらに、能力向上に影響を与える経験学習行動は、職種によってちがいがあることを示す。

　以上のように、経験学習に関わる研究は、能力開発の当事者としての社員が、仕事に関わる様々な経験から学ぶプロセスを重視する。そうしたプロセスの中で学習につながる重要な経験としては、新規事業への配置やプロジェクト、現場第一線での仕事や本社での仕事、段階的に高度となる仕事の担当、管理者の補佐的役割、初めての管理者としての仕事などが挙げられている。こうした事実発見からは、企業としての施策である配置転換や昇進選抜、職場管理者が主に担う職場での仕事配分などが、社員の経験学習を促す契機となっていることが読み取れる。とりわけ谷口（2006）では、これら社員の経験学習に影響を与える企業の施策や取組みを経験学習の「コンテクスト」として重視している。

　本書ではこのような先行研究の知見を踏まえ、「能力開発システム」をとらえるミクロな視点から、能力開発をめぐる企業内各層の当事者の取組みを広く見ることとしたい。すなわち、経験学習に関する研究が焦点をあてる社員による自身の能力開発に向けた取組みに加え、「コンテクスト」としてこ

れに影響を与える企業レベルでの人事部門の施策や、職場管理者による職場での取組み、これらの相互関係についても視野に入れて、能力開発の実態と課題をとらえたい。

　また経験学習に関わる研究からは、管理職のほか、技術職や営業職、その他の様々な対人サービス職といった主にホワイトカラーの多様な職種において、社員はそれぞれ職種内の特定の仕事経験をつうじて、高度な仕事に求められる能力を学習していることがわかる。そうした経験の質に関しては共通の要素が指摘される一方で、その具体的な内容としては職種ごとの個性も読み取れる。またOJTのほか、Off-JTや自己啓発についても視野に入れた場合、専門的知識が求められる職種では、それを社外の専門家からも得るうえで、Off-JTや自己啓発の重要性がとくに高い可能性もある。(d) 能力開発の職場外化の要請といえる。そこで本書では、ホワイトカラーの職種間の相違も考慮して、OJTをはじめとする能力開発の機会と能力向上との関係について分析したい（第8章）。

　さらに、とりわけ職場管理者として職場での能力開発を担う管理職社員の能力開発の機会についても焦点をあてた分析を行いたい。上記の先行研究からは、職場管理者も、OJTに関わる仕事経験をつうじて能力を伸ばしていることが示されている。本書では、さらにOff-JTや自己啓発も含め、管理職社員の能力開発の機会の現状と課題を明らかにする。そのうえで、管理職社員への能力開発が、かれらを担い手とする職場での能力開発を促すという関係についても検証を試みたい（第9章）。

　このような関係の解明は、人事部門による職場管理者の配置への関与や、職場管理者への研修（Off-JT）の機会提供や自己啓発支援などの取組みが、職場での能力開発を促し、企業としての能力開発を充実させるという、人事部門と職場管理者のあいだの連携の効果を検討するうえで重要と考える。

5. 職場学習論

　さらに職場学習論の一連の研究では、社員の経験学習を左右する「社会的要因」として、「経験学習における他者の役割」を重視し、上司としての職場管理者や、同僚といった職場における他者の存在に着目した研究が進めら

れている（中原 2013：11）。

　例えば、北村・中原・荒木・坂本（2009）は、40 歳以下のホワイトカラーへのアンケート調査の分析から、信頼や互酬性の規範といった組織レベルの社会関係資本の蓄積が、挑戦性や柔軟性といった社員各人の特性と作用して、社員各人の能力向上に影響を与えることを明らかにしている。また関根（2012）は、職場の OJT 指導員が新規参入者の能力向上に与える効果について分析し、指導員が周囲の協力を得ながら OJT を進めることと、新入社員に対して親しく会話をすることが「能力向上」につながることを示している。

　代表的な研究として中原（2010）は、28 〜 35 歳の正社員を対象としたアンケート調査の分析をもとに、社員の能力向上に資する職場での他者からの支援や、そうした支援を促す条件の解明を試みている。

　同研究によると、社員が職場で他者から得られる支援は、①「業務支援」、②「精神支援」、③「内省支援」の３つに分けられる。このうち「業務支援」は、業務に関する助言や指導、「内省支援」は、客観的な意見を与えたり、振り返りをさせたりすること、「精神支援」は、精神的安らぎを与えることを指す。「業務支援」は上司、「精神支援」は同僚・同期が最も行っており、「内省支援」は上位者・先輩や部下を含む職場内の様々な人から社員が等しく受けている。こうしたなか、上司からの「精神支援」と「内省支援」、上位者・先輩からの「内省支援」、同僚・同期からの「内省支援」と「業務支援」がそれぞれ社員の能力向上を促す。そして、助け合いや協力に関わる「互酬性規範」を職場メンバーが共有することが相互の支援を促すとしている。

　さらに近年の研究としては、中原・保田（2021）が、中小企業の能力開発に焦点をあて、職場学習論のほか、経験学習論や顧客からの学習の視点も含めて分析を行っている。これから、中小企業の一般社員については、上司からの支援は限定的であり、精神支援のみに能力向上に対する影響が見られるものの、その程度は必ずしも大きくないことを示す。他方で、経験学習論でいう具体的経験や内省的観察、能動的実験のほか、顧客を接点とする学習が能力向上に貢献していることを明らかにしている。また管理職社員について

は、管理職研修での学習内容の職場での実践や、経営者による日々のコミュニケーションや面談をつうじた支援が、管理職としての能力向上に資する可能性を指摘する。

以上のように、職場学習の研究に見られる、上司や同僚からの支援が社員の能力向上を促すという関係をとらえる視点は、職場でのOJTのプロセスに関して、上司や同僚といった当事者の支援行動に着目することの重要性を示す。本書では、これを踏まえ、とくに職場におけるOJTの主な担い手と考えられる職場管理者による部下の能力開発のための行動について、その実態と課題を分析することとしたい。

この点に関し、厚生労働省による『能力開発基本調査』などの既存のマクロなアンケート調査では、制度化された計画的OJTを除くと、OJTに関わる職場管理者による能力開発に関わる取組みについて、これまで必ずしも十分に把握されてこなかった。こうしたなか、佐藤編著（2010）や労働政策研究・研修機構編（2013）のように一部の調査研究は、アンケート調査により、計画的OJTに限定されないOJTの実態を広くとらえようとしている[7]。このうち例えば労働政策研究・研修機構編（2013）では、「上司や同僚から、仕事上の指導やアドバイスを受けること」や「上司や同僚のやり方を見て学ぶこと」の頻度、「仕事の担当範囲」や「仕事のレベル」の変化を社員に尋ねるなどの調査票上の工夫が見られる。

本書の研究でも、これを受け継ぎ、さらに能力開発の担い手である職場管理者に対して、OJTに関わる自身の取組みを尋ねるかたちで職場でのOJTの実態をとらえたい。また「能力開発システム」の当事者間の取組みの整合性を問う観点からは、職場管理者による能力開発への取組みと、これについての社員の側の期待との対応関係をとらえることが重要と考える。社員の側から見た上司の能力開発への取組みへの評価を手がかりにこれを分析することとしたい（第3章および第7章）。

7　より以前の調査に関して、例えば藤村（2003）は、上司から受けたことのある指導・指示の内容として「仕事についてのアドバイス」や「特定の仕事について責任を与える」、「よりレベルの高い仕事にチャレンジ」などの該当の有無を尋ねたアンケート調査（2000年3月に実施）の結果を紹介している。

　さらに同じく「能力開発システム」の当事者間の関係に着目するミクロな視点からは、職場での OJT を担う職場管理者への企業としての支援も重要となるはずである。この点に関して、中小企業では経営者による管理者への支援が重要であるとする中原・保田（2021）の指摘は示唆的である。ただしより大きな企業では、経営者によるそうした直接の支援には限界があろう。人事部門による職場管理者に対する支援が重要となると考える。

　すなわち、人事部門が職場管理者に対して、企業としての視点から専門的知識をもとに、能力開発の方針を明確に示したり、育成すべき人材像の共有をはかったり、能力開発に関する研修の機会を設けたり、情報提供や個別相談への対応をはかったりといった支援を行うことが重要と考える。本書では、その実態を明らかにする。さらに、そうした人事部門による職場管理者との連携への働きかけが、職場管理者による職場での能力開発への取組みに与える効果についても分析したい。またこれらについて、マクロな視点からの「能力開発システム」の多様性をとらえる視点からは、とくに能力開発をめぐる人事部門と職場管理者のあいだの関係の変化をともなう、(a) 能力開発の分権化との関係についても確認することとしたい（第3章および第6章）。

第3節　分析に用いるアンケート調査の概要

　以上のような研究課題を果たすうえで、本書では、2016 年に労働政策研究・研修機構（JILPT）が実施したアンケート調査『企業内の育成・能力開発、キャリア管理に関する調査』の個票データを用いる。

　確かに上記の先行研究の検討が示唆するように、既存の様々な調査・研究を組み合わせることでも、マクロな視点からの日本企業の「能力開発システム」の現状の把握や、ミクロな視点からの「能力開発システム」の実態と課題の解明に向けて、企業内各層の当事者による能力開発（**第1-2 表**では「各層の当事者の主な取組み」）の現状を広くとらえることはある程度、可能かもしれない。

　しかし、そうしたやり方では、時系列的に前後し、対象も異なる複数の調

査・研究の事実発見が組み合わさることになる。これに対し、われわれが一つの調査をもとにして、同一時点の同一対象の企業における「能力開発システム」の実態と課題を広くとらえておくことには、一定の意義があると考える。これを準拠点として、これからの「能力開発システム」のあり方を展望したり、やがて一定の期間をおいての調査研究をつうじて、その間の「能力開発システム」の変化をより明確にとらえたりすることができると考えるためである。さらに、とりわけ「連携に向けた働きかけ」（**第1-2表**の右列「連携に向けた取組み」）の実態や課題について分析するには、同一対象の企業内における各層の当事者の取組みを広くとらえる調査データにもとづく研究が有効と考える。

　こうした関心から、本書では各章とも、あえて一つのアンケート調査を用いて分析を行っている。調査設計においては、調査対象の各企業について、人事部門、職場管理者、社員のそれぞれを調査対象とし、これら企業内各層の当事者における能力開発の施策や取組み、さらには各層の当事者間の連携関係（相互の期待と施策や取組みとのあいだの対応関係や、相互への働きかけ）を把握できるようにした。こうした調査の個票データを用いることで、日本企業の「能力開発システム」の実態と課題を明らかにしていきたい。

　本書で用いる『企業内の育成・能力開発、キャリア管理に関する調査』は、①企業（人事部門）、②その企業の職場で社員を管理する職場管理者、③その企業・職場で勤務する社員（正社員）のそれぞれを対象とした3種類の調査からなる。

　このうち、企業（人事部門）を対象としたアンケート調査（以下「企業調査」と記載）は、主として企業の人事担当者に回答を依頼し、a.正社員のキャリア管理に関する施策、b.能力開発に関する施策、c.評価・処遇に関する施策、d.労働時間管理に関する施策、e.能力開発に関わる公共政策の活用状況、f.各人事管理施策の実行に際しての職場との連携状況、などを尋ねている。

　職場管理者を対象としたアンケート調査（以下、「職場管理者調査」と記載）は、企業調査の対象企業の部門を、①総務、経理・財務、人事、法務、広報・秘書部門、②営業・販売、購買・物流、サービス提供部門、③商品・

サービス企画部門、研究開発部門、マーケティング部門、の三つのグループ
に分け、それぞれのグループに属する部門を一つずつ、企業調査の対象企業
に選択してもらい、その部門の職場管理者に対し実施した。職場管理者調査
では、a. 部門構成員の仕事の管理、b. 能力開発・キャリア形成に関わる施策
を実施するにあたっての人事部門との連携状況、c. 能力開発・キャリア形成
にかかる行動を進めるうえでの動機、d. 会社の人事管理施策の進め方に対す
る評価、などを尋ねている。

　社員（正社員）を対象とした調査（以下、「社員調査」と記載）は、職場
管理者調査の対象となる職場管理者が管理している部門で、正社員として働
く社員 2 名を対象とした。回答の依頼は、企業および職場管理者を経由して
行い、その際、人事部門や職場管理者に対しては、調査対象とする正社員の
年齢・性別・職種について規定をしていない。社員調査では、a. 能力開発・
キャリア形成に関して進めている取組み、b. キャリア志向、c. 能力開発・
キャリア形成に関わる部門管理者の活動の評価、d. 勤務先企業に対する評
価・コミットメント、e. 能力開発・キャリア形成に関して感じている課題な
どを尋ねている。

　以上のように、本調査は、調査対象とする企業（人事部門）と、その企業
の職場管理者、その職場管理者の管理する職場に所属する社員（正社員）に
対し、能力開発をテーマとする互いに対応する事項について尋ねている。三
つの調査から、能力開発に関する企業・人事部門、職場管理者、社員という
各層の当事者の取組みや期待・認識を広くとらえることができる。また、こ
れら三つの調査の個票データを組み合わせて分析することで、これら三つの
レベルの能力開発に関する施策や取組み、期待・認識のあいだの対応関係
（整合・不整合の関係）を明らかにすることができる。したがって「能力開
発システム」として、日本企業の能力開発の実態と課題をとらえるうえで有
効なアンケート調査となっていると考える。

　本調査の調査票は、本書の著者 4 人が設計したものである。設計にあたっ
ては、それぞれの質問および選択肢が能力開発に関わる具体的な制度や取組
みとできるだけ明確な対応関係をもつように心がけた。選択肢の回答分布を
見るだけで、日本企業の能力開発の状況や傾向をイメージできるような質問

を目指している。そのために、選択肢の作成にあたっては、実態との関係を十分に吟味しながら文言の検討・確定に時間をかけた。こうした関心に応じて、本書の各章の分析においても、普遍的な因果関係の解明よりも、調査時点における「能力開発システム」の実態と課題を個性的に記述することを重視している。

　調査は2016年の1〜3月にかけて実施された。まず、調査票を配布する1週間前に、調査対象企業に事前依頼状を送付し、調査の趣旨、対象、進め方について案内をするとともに、企業調査への回答と、職場管理者調査・社員調査の実施における協力を依頼した。調査票は、1月中旬に調査対象企業に対して、企業調査票1票・職場管理者調査票3票・社員調査票6票を、郵送で送付した（**第1-2図**）。

　各調査ともとくに断りのないかぎり、2016年1月時点の状況を回答してもらうよう依頼をした。調査への回答方法は、調査票に直接回答して、郵送にて返送してもらう方法とともに、インターネットの特設ホームページにアクセスし、インターネット上で回答する方法も、回答者が選択できるように

第1-2図　調査票の配布方法

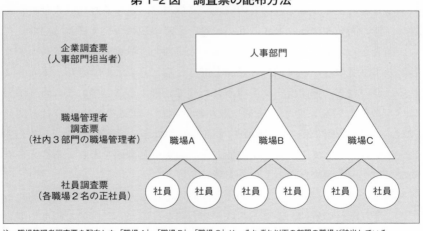

注. 職場管理者調査票を配布した「職場A」、「職場B」、「職場C」は、それぞれ以下の部門の職場が該当している。
　　職場A：総務、経理・財務、人事、法務、広報・秘書部門
　　職場B：営業・販売、購買・物流、サービス提供部門
　　職場C：商品・サービス企画部門、研究開発部門、マーケティング部門

した。企業調査は、農林漁業、複合サービス業を営む企業・法人、政治・経済・宗教団体等を除いた、日本全国の従業員 300 人以上の民間の企業・法人から、層化無作為抽出した 9,854 組織を対象とし、531 組織から有効回答を得た（有効回答率：5.4％）。また職場管理者調査には 954 人の職場管理者から、社員調査には 1,871 人の社員（正社員）から回答を得ている。調査票の内容を含む調査の詳細および基礎的な集計にもとづく事実発見については、労働政策研究・研修機構編（2017a）を参照されたい[8]。

　調査の有効回答率は 5.4％ であり、他の企業アンケート調査と比べても低いといえる。調査設計上、人事部門のみでなく、同じ企業の職場管理者、さらには一般の社員にも回答を求める点で、調査への対応の負担が大きくなった点が、低い回収率の要因となったと考えている。結果としてではあるものの、調査の趣旨から企業調査票と職場管理者調査票、社員調査票の個票間の紐づけ（マッチング）をはかる調査設計としたことが、回収率の確保とトレードオフの関係になってしまった。より調査協力の負担の少ない簡潔かつ効果的な調査の設計は今後の課題としたい。とはいえ、調査票の配布・回答にともなう負担にかかわらず協力を得た調査票の回答については高い信憑性があるとわれわれは考えている。

　なお本調査における業種の構成の偏りについて検討するため、『平成 26 年度経済センサス』での集計値と比べると、業種別構成については、医療・福祉、教育・学習支援の割合がやや高く、そのぶん卸売・小売業や飲食・宿泊業の割合がやや低い。また従業員規模については、集計対象が「従業員」（本調査）と「常用雇用者」（『平成 26 年度経済センサス』）とで若干異なるものの、両カテゴリーは近似していると考えると、従業員 1,000 人未満と 1,000 人以上の組織の構成比で見た場合に、両者に大きな差はないことを確認している。業種および従業員規模の構成の点で、母集団とする日本企業と大きな相違はないと考える。

　本書で分析の対象とするアンケート調査の調査時点は 2016 年である。そ

8　企業調査、職場管理者調査、社員調査は、現在個票データがそれぞれ単独で JILPT のデータアーカイブにて公開されており、JILPT に申請を行うことで利用できる。これら複数の調査のマッチングデータの作成が可能なかたちにもなっている。

れゆえ、2024年の刊行時点から見ると、本書に描かれているのは、いわば少し前の時点のスナップショットとなる。公に出すまでに時間がかかったことには、われわれの遅筆その他の事情があったものの、時をおいて今、調査にもとづくまとまった成果を公にすることの意味は大きいと考えている。

というのも、調査時点である2016年以降、いわゆる「働き方改革」関連法への対応にともなう働き方の変化、コロナ禍のもとでのテレワークの普及など、能力開発、とりわけ職場でのOJTのあり方に対して少なからず影響を与える変化をわれわれは経験している。また調査時点は、いわゆる「ジョブ型」の議論が実務の関心を大きく集める前であり、これに向けた採用や社員格付け制度、賃金制度などの変更の動きなどが見られる前の時点となる。DX（デジタル・トランスフォーメーション）やリスキリングの議論や取組み、生成AIへの対応の動きなども顕在化していなかったと見られる。これら現在進行中の変化が生じる前の実態を示す調査データとなっている。

もちろん、これらの直近の環境変化が「能力開発システム」をどう変え、新たにどのような課題をもたらすかの解明は実践的に重要な研究課題となりうる。本書で用いる調査データからは、調査後により顕在的になったと考えられるこれらの影響についての検証は十分に行うことはできない。とはいえ、そのための検討を可能にするうえでも、これら直近の変化が本格的に影響を与える前の時点における能力開発の状況を明らかにしておくことの意義は大きいと考える。

さらに、より長期的な変化を促す要因として、労働人口の高齢化や日本経済の停滞のもとでの企業成長の維持や実現など、企業が能力開発をつうじて対処すべき課題は、容易に変わらない性格をもつと考える。こうした現在も企業に広く共有される長期的な課題を背景とした能力開発の実態を明らかにしておくことは、現在と今後の能力開発のあり方を考えるうえで十分に有効と考える。

このように、少し前の時点の調査にもとづく制約はあるものの、本書で用いる調査から明らかになる「能力開発システム」の実態と課題は、現在そして今後の日本企業の能力開発のあり方を考えるうえで有益な資料を提供すると考える。

　本書の分析対象は、日本型雇用システムのサブシステムとしての「能力開発システム」の現状と課題を明らかにする関心から、日本型雇用システムの特徴が典型的にあてはまると考えられてきた正社員規模の大きな企業を主な分析対象とする。具体的には、企業調査の個票データを用いる場合は、職場管理者調査や社員調査の個票データに企業調査の情報をマッチさせ反映させる場合も含めて、正社員数 300 人以上に限定することとする。ただし、職場管理者調査および社員調査の個票データをそれぞれ単独で用いる場合は、サンプルサイズの確保を重視して、正社員規模による限定は加えないこととする。それゆえ、これらの場合には、調査対象とした従業員（非正社員を含む）300 人以上に所属する職場管理者や社員（正社員）が集計対象となる。

　このような比較的規模の大きな企業では、「能力開発システム」の当事者間の関係に関して、人事部門と職場管理者や一般社員との組織上の距離が遠いぶん、これら当事者間の連携が課題になりがちと考えられる。また、それゆえ人事部門による職場管理者への支援を起点とする当事者間の意識的な連携の効果が見えやすい対象でもあると考える。そうした効果や課題は、より小規模な企業においてもある程度の共通性をもつ可能性があると考える。

第 4 節　長期雇用方針と「能力開発システム」の多様性

　さて以降の章で、個別のテーマに即した分析に入る前に、本書で用いる調査データにより、日本企業の「能力開発システム」の特徴と多様性についての基礎的な集計を示し、その見通しを示しておくことは有意義であろう。

　本章の第 1 節で考察したとおり、「能力開発システム」は日本型雇用システムのサブシステムとしての特徴をもつと考える。それゆえ、日本型雇用システムの基本的な規範となる長期雇用の方針に対する企業の支持がゆらげば、「能力開発システム」の特徴も変わる可能性がある。

　すなわち、**第 1-1 表**に示したような、（1）人事部門の権限にもとづく配置転換への関与をつうじた、社員への幅広い仕事経験の付与、（2）「遅い」選抜による広い範囲の社員への長期的インセンティブ付与と管理職登用に向けた能力開発、（3）配置した職場での OJT を中心とし、補完的に Off-JT

や自己啓発を用いる能力開発といった古典的「能力開発システム」の特徴は、いずれも長期雇用を支える企業内での長期的な能力開発に適合的な慣行と考えることができる。

それゆえ、もし企業が長期雇用の方針から距離を置くようであれば、「能力開発システム」において、これらの特徴を維持する必要性は低下し、(a)分権化、(b) 個別化、(c) 早期分化、(d) 職場外化といった方向への能力開発の変化が進展するかもしれない。はたしてどうか。こうした見通しに関して、本書で用いる企業調査のデータをもとに確認しておくこととしたい。

第1-3図は、まず「日本型雇用システム」の規範としての長期雇用方針に対する日本企業の支持の現状について集計したものである。既述のとおり「日本型雇用システム」は大手・製造企業に典型的に見られる慣行として特徴づけられてきた経緯がある（稲上 1999、高橋 2017）。そこで、業種および正社員規模との関係も示している。

第1-3図　日本企業における長期雇用方針への支持：業種別・正社員規模別

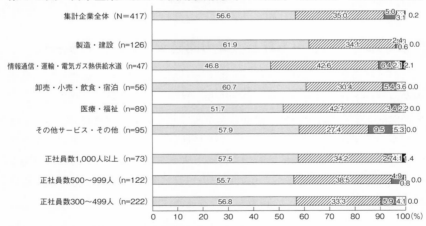

注. 1) 質問は、「貴社における正社員の人事管理に関する方針は、AとBのどちらに近いですか」である。
　　2) 正社員数 300 人以上の 417 社を集計。
　　3) 集計企業全体のグラフには、業種について無回答の票（n=4）も含めて集計している。

　これから、企業全体では、「正社員全員の雇用保障に努める」という方針に「近い」ないし「どちらかといえば近い」とする企業が 91.6% と大多数を占める。業種別では、この割合は「製造・建設」で最も高く 96.0% を占め、「その他サービス・その他」で 85.3% と最も低い。とはいえ両者の差は必ずしも大きいとはいえない。長期雇用の基本的な方針は、業種を問わず日本企業の多くに共有されていることが確認できる。また正社員数 300 人以上の企業の中では、企業規模ごとの差も小さい。なおカイ二乗検定によると、業種別の相違は 10% 水準で統計的に有意である。一方、規模による相違は統計的に有意ではない。

　長期雇雇用方針についての回答の構成をより詳しく見ると、「正社員全員の雇用保障に努める」という考え方に「近い」とするいわば「長期雇用遵守」型の企業は、全体では 56.6% と半数を超える高い割合を占める。こうした企業と、それ以外の、長期雇用の規範から何らかの程度に距離を置くいわば「長期雇用緩和」型の企業とでは、「能力開発システム」の特徴にもちがいがありそうである。すなわち後者の「長期雇用緩和」型の企業では、能力開発の（a）分権化、（b）個別化、（c）早期分化、（d）職場外化が進展するかたちで、古典的「能力開発システム」とは、距離を置く傾向にあるかもしれない。以下、これら（a）～（d）の指標と解釈できる質問への回答を用いて、こうした関係について確認してみたい。

　第 1-3 表は、（a）能力開発の分権化の指標として、部門間の配置転換についての人事部門と職場管理者のあいだの権限配分に着目している。企業の長期雇用方針への支持との関係を見るため、「長期雇用遵守」型と「長期雇用緩和」型の企業のあいだでの同指標の回答の相違を見たものである。

　集計から、「長期雇用緩和」型の企業のほうが、部門間の配置転換の権限が職場管理者の側へと分権化する程度がやや高い傾向にある。そのぶん（a）能力開発の分権化の程度は高い可能性がある。ただしカイ二乗検定では、統計的に有意な関係は認められなかった。

　第 1-4 表は、（b）能力開発の個別化の指標として、配置転換への社員の意向の反映の方針に着目し、やはり「長期雇用遵守」型か「長期雇用緩和」型かという長期雇用方針への支持との関係を見たものである。集計から、後

第1-3表　長期雇用方針への支持と、部門間の配置転換に関する権限配分（(a) 能力開発の分権化の指標として）との関係

（単位・%）

	n	もっぱら人事部門が決める	各部署の管理職の意見を聞いたうえで人事部門が決める	人事部門から意見はするが、各部署の管理職が決める	もっぱら各部署の管理職が決める	無回答
集計企業全体	417	11.8	45.1	20.9	19.2	3.1
「長期雇用遵守」型	236	11.9	50.4	20.3	14.8	2.5
「長期雇用緩和」型	180	11.7	38.3	21.7	24.4	3.9

注. 1) 質問は、「部門を超えた異動」について「人事部門（総務部門など、本社で人事管理を担当する部門を含む）と各部署の管理職のどちらが実質的に決めていますか」である。
　　2) 正社員数 300 人以上の 417 社を集計。
　　3) 集計企業全体の集計には、長期雇用方針への支持に関して無回答の票（n=1）も含めている。

第1-4表　長期雇用方針への支持と、配置転換への社員の意向反映（(b) 能力開発の個別化の指標として）との関係

（単位・%）

	n	A「異動は会社主導で行う」に近い	どちらかといえばAに近い	どちらかといえばBに近い	B「異動には、社員の意見・希望をできるだけ反映させる」に近い	無回答
集計企業全体	417	28.3	58.3	12.2	0.7	0.5
「長期雇用遵守」型	236	31.8	55.5	11.4	0.8	0.4
「長期雇用緩和」型	180	23.9	62.2	13.3	0.6	0.0

注. 1) 質問は、「貴社における正社員の人事管理に関する方針は、AとBのどちらに近いですか」である。
　　2) 正社員数 300 人以上の 417 社を集計。
　　3) 集計企業全体の集計には、長期雇用方針への支持に関して無回答の票（n=1）も含めている。

者の「長期雇用緩和」型の企業のほうが、「異動は会社主導で行う」に「近い」とする割合が低く、「どちらかといえば」「近い」とする割合が高くなっている。カイ二乗検定では、1% の有意水準で両者の関係が認められる。こうした結果から、多くの企業が企業主導の配置転換の方針をとるなかでも、「長期雇用緩和」型の企業のほうが、社員の意向に配慮する程度が高い傾向にあることがわかる。そのぶん (b) 能力開発の個別化の程度も高いと解釈

表 1-5 表　長期雇用方針への支持と、昇進選抜における年功重視・抜擢の
　　　　　方針（（c）能力開発の早期分化に関わる昇進選抜の早期化の指
　　　　　標として）との関係

（単位・%）

	n	A「勤続年数を重んじて、昇進させる」に近い	どちらかといえばAに近い	どちらかといえばBに近い	B「勤続年数に関係なく、抜擢する」に近い	無回答
集計企業全体	417	5.8	36.9	39.8	16.8	0.7
「長期雇用遵守」型	236	7.6	42.8	36.4	13.1	0.0
「長期雇用緩和」型	180	3.3	29.4	44.4	21.7	1.1

注. 1）質問は「貴社における正社員の人事管理に関する方針は、AとBのどちらに近いですか」である。
　　2）正社員数300人以上の417社を集計。
　　3）集計企業全体の集計には、長期雇用方針への支持に関して無回答の票（n=1）も含めている。

できる。

　第 1-5 表では、（c）能力開発の早期分化に関わる指標として、昇進選抜の早期化に関わる方針に着目した。昇進において勤続を重視するほど、決定的な差のつく昇進選抜の時期は遅く、抜擢を重視するほど、そうした昇進選抜の時期は早まる傾向にあると考えられる。もしそうであれば、後者ほど、社員のキャリアは入社後のより早い段階で、管理職への昇進に向けたものと、それ以外とに分かれ、これに応じた能力開発の早期分化が進むと考えられる。もちろんこうした関係が、実際に成り立つかは、慎重な分析が求められる。これについては、本書の後の分析（第4章）で行う。ここでは、そうした能力開発の早期化に関わる要因として、昇進選抜の時期に関する方針に着目することとする。

　集計から、「長期雇用緩和」型の企業のほうが、昇進において抜擢を重視する傾向にあることがわかる。こうした関係は、カイ二乗検定によると1%水準で統計的に有意であった。「長期雇用緩和」型の企業のほうが、決定的な昇進の時期は早く、そのぶん（c）能力開発の早期分化の必要性は高いと考えられる。

　第 1-6 表では、（d）能力開発の職場外化の指標として、過去5年間の社員一人あたりの教育訓練費用（Off-JT と自己啓発支援にかかった費用の合

第 1-6 表　長期雇用方針への支持と、過去 5 年間の社員（「正社員」）一人
　　　　　あたりの教育訓練費用の変化（（d）能力開発の職場外化の指標
　　　　　として）との関係

（単位・%）

	n	増加	変化なし	減少	無回答
集計企業全体	417	41.5	52.3	4.1	2.2
「長期雇用遵守」型	236	46.2	48.3	3.4	2.1
「長期雇用緩和」型	180	35.6	57.8	4.4	2.2

注. 1）質問は、「社員 1 人あたり平均の教育訓練費用は、①過去 5 年間でどのように変化しましたか」である。
　　2）正社員数 300 人以上の 417 社を集計。
　　3）集計企業全体の集計には、長期雇用方針への支持に関して無回答の票（n=1）も含めている。

計）の変化に着目する。これと長期雇用方針への支持との関係を見ている。
集計から、むしろ「長期雇用遵守」型の企業で、一人あたりの教育訓練費用
の増加が見られる。カイ二乗検定ではこうした関係は 1% 水準で統計的に有
意である。このような関係が見られる理由としては、「長期雇用遵守」型の
企業では、長期雇用を前提として、企業内での教育訓練に積極的であり、そ
の手段として OJT だけでなく Off-JT や自己啓発支援への投資にも積極的
である可能性が考えられる。

　以上から、日本企業の「能力開発システム」における（a）分権化、（b）
個別化、（c）早期分化（これに関わる昇進選抜の早期化）の程度は、日本型
雇用システムを支える規範と考えられる長期雇用方針への支持と一定の関係
をもつ可能性がある。すなわち、長期雇用方針への支持がゆるやかな企業ほ
ど、これらの程度は高い傾向にある。逆にいうと、長期雇用方針を強く支持
する企業では、これらの程度の低い古典的「能力開発システム」モデルに近
い特徴を維持する傾向にあると考えられる。日本型雇用システムを支える規
範としての長期雇用方針と「能力開発システム」とのあいだには一定の対応
関係があることが読み取れる。

　ただし、Off-JT や自己啓発支援への投資を増やすという意味での（d）能
力開発の職場外化については、むしろ長期雇用方針を強く支持する企業で進
展していた。また全体としても、一人あたりの教育訓練費用を減らしている
企業はごく少数にとどまる。能力開発の手段としてこれら Off-JT や自己啓

発を重視する傾向は、長期雇用方針支持の程度を問わず、日本企業の中で広く進展している可能性がある。

　このように、現在の日本企業の「能力開発システム」においては、（a）分権化、（b）個別化、（c）早期分化（これに関わる昇進選抜の早期化）、（d）職場外化がそれぞれ進展していることがわかる。ただし、長期雇用方針の支持とも関連して、これらの進展の程度の低い企業も見られる。これらの側面に関して、日本企業の中に多様性があることが確認できる。その実態はどのようなものか。またすでに検討したように、これらの進展にともない、あるいは企業がこれらを進展させるうえでは、新たな能力開発上の課題も生じよう。本書の以降の章では、これら諸側面の変化についてより多角的に分析するとともに、これらの変化にともなう課題の把握を試みたい。

　本書ではさらにミクロな視点、すなわち「能力開発システム」を支える当事者間の関係への視点から、とくに人事部門と職場管理者のあいだの連携関係に焦点をあてる。能力開発に向けた両者の連携関係が機能することが、企業としての能力開発を充実させることについて確かめたい。こうした関係は、上で見たような「能力開発システム」の特徴の相違にかかわらず成り立つと予想される。

　この点に関して**第1-4図**は、①人事部門と職場管理者のあいだの能力開発における連携関係と、②社員（「正社員全体」）の能力開発の状況、の２点についての企業（人事部門）による評価間の関係を見たものである。集計では、「能力開発システム」の特徴の相違を超えた関係を見るため、とくに人事部門と職場管理者のあいだの能力開発をめぐる関係に関わる、（a）能力開発の分権化の程度によるちがいにも着目している。すなわち、（a）能力開発の分権化の指標として部門間の配置転換の決定における権限配分に着目し、これに関して人事部門の側が決定権限をもつ「集権的企業」のグループと、職場管理者の側が決定権限をもつ「分権的企業」のグループとに分けた集計結果も示している。

　グラフから、全体としても、また「集権的企業」グループと「分権的企業」グループのいずれにおいても、能力開発に向けて人事部門と職場管理者とのあいだで「連携できている」とする企業ほど、能力開発についての総合

第 1-4 図　人事部門と職場管理者の連携への評価と、社員（「正社員全体」）の能力開発への評価との関係：配置転換の決定権限の分権度別

（単位・%）

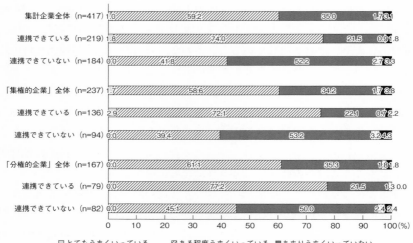

注.　1）連携への評価に関する質問は「社の育成・能力開発に関する人事部門と各部署との連携について、どのように評価しますか」、能力開発への評価に関する質問は、「貴社では、同業・同規模の他社に比べて、正社員の育成・能力開発がうまくいっていますか」である。

　　　2）正社員数300人以上の417社を集計。

　　　3）グラフには、全体についての集計のほか、「集権的企業」として部門間の配置転換を「人事部門が決める」企業、「分権的企業」として部門間の配置転換を「各部署の管理職が決める」企業のみにそれぞれ限定した集計も示している。なおいずれも連携への評価について無回答の集計は示していない（それぞれn=7とn=6）。ただし集計企業全体および「集権的企業」全体と「分権的企業」全体についての集計にはこれら無回答の票も加えている。

的な評価も高く、「うまくいっている」とする割合が高い。いずれもカイ二乗検定により1％水準で統計的に有意な関係にある。能力開発の手段となる配置転換への人事部門の関与の有無や程度のちがいを超えて、人事部門と職場管理者のあいだの連携が、企業としての能力開発を充実させるという関係が示唆される。

　とはいえ、同じ集計からは、全体としても、また配置転換の決定に関する権限配分にかかわらず、「連携できていない」とする企業は半数前後を占めている。こうした評価の背景として、人事部門と職場管理者の関係やそれぞれの取組みには、どのような課題があるのか。またどのようにしたら能力開

48

発に向けた両者の連携が機能するのか。各章の分析をつうじて明らかにしたい。

▍第 5 節　本書の研究課題と各章の概要

　以上のように、本書では、『企業内の育成・能力開発、キャリア管理に関する調査』の個票データの分析により、日本企業の「能力開発システム」の特徴と多様性の現状について確認する。このうち多様性の側面に関しては日本企業の中での能力開発の（a）分権化、（b）個別化、（c）早期分化、（d）職場外化の程度の相違に着目し、これにともなう能力開発上の課題を明らかにする。さらに、「能力開発システム」の制度や慣行を支える企業内各層の当事者の取組み（行為）を広く視野に入れ、それぞれの取組みやその相互関係、意識的な連携に向けた働きかけの実態と課題の解明を目指す。

　以下に続く各章は、それぞれのテーマでこうした研究目的に貢献するものである。本章に続く第 2 章と第 3 章では、アンケート調査の基礎的な集計をもとに、日本企業の能力開発システムの実態を概観する。

　まず第 2 章「社員の能力開発に関わる企業の取組み」では、日本企業の企業レベルでの能力開発の制度や取組みの現状を確認する。その際、これらに影響を与える企業の経営方針等との関係についても考察する。

　第 3 章「人事部門・職場管理者・社員における能力開発の取組み」では、企業の能力開発システムの当事者である人事部門、職場管理者、社員が、それぞれ能力開発にどう関わっているかを確認する。

　以上で明らかとなる日本企業の能力開発の現状についての概要をもとに、第 4 章以降の各章では、より論点を絞った分析を行う。このうち、まず第 4 章は（c）能力開発の早期分化に関わると考える昇進選抜の早期化、第 5 章は（b）能力開発の個別化といった「能力開発システム」の変化に関わる側面に焦点をあてる。

　第 4 章「『遅い』昇進選抜からの移行と昇進意思・教育訓練」では、昇進選抜のタイミングと社員の管理職昇進への意思、能力開発の機会との関係に焦点をあてる。これをもとに、昇進選抜の早期化が社員の能力開発の機会に

与える影響を考察する。

　第5章「『キャリア自律』を進める企業の能力開発」では、企業の経営方針や人事管理方針とキャリア自律促進との関係を確認するとともに、キャリア自律促進の方針と、自己申告制度や社内公募制度などの個人選択型の配置転換を含む能力開発に関わる施策との関係について分析する。

　第6章と第7章は、能力開発をめぐる人事部門と職場管理者、社員のあいだの関係に焦点をあてる点で、ミクロな視点から「能力開発システム」の当事者間の関係を問う本書の特徴がとくに現れる研究と考える。

　第6章「能力開発に関する人事部門と職場管理者の連携」では、（a）能力開発の分権化との関係も視野に入れ、職場での能力開発を担う職場管理者への人事部門による支援と、職場管理者による人事部門との連携関係への評価、職場管理者による能力開発行動との関係を分析する。能力開発に関わる人事部門と職場管理者の連携が、職場での能力開発を充実させる関係を見る。

　第7章「社員の能力開発と職場管理者の能力開発支援」では、職場管理者に対する社員の評価を手がかりに、職場管理者による能力開発行動と、職場メンバーとしてその対象となる社員の能力開発への期待との対応関係について分析する。

　第8章と第9章は、社員の能力開発の機会と能力向上との関係を見ている。その際には、OJT や Off-JT、自己啓発を広く視野に入れ、（d）能力開発の職場外化の現状や課題についても確認する。

　第8章「職種特性に応じた能力開発のマネジメント」では、「事務系」、「営業・販売系」、「企画・開発系」という大くくりの職種のちがいと、仕事に求められる資質や能力、効果的な能力開発の方法との関係について分析を行う。

　第9章「管理職社員の教育訓練機会と能力開発への取組み」では、管理職社員に焦点をあて、能力開発を促す OJT や Off-JT、自己啓発の機会を確認する。さらにかれらの職場での能力開発の担い手としての側面にも着目し、これらの能力開発の機会をつうじた管理職社員（職場管理者）の能力向上が、かれらによる部下に対する能力開発の取組みに結びついているかについ

ても分析を加える。

　終章では、以上の事実発見をもとに、日本企業の「能力開発システム」の現状と課題について考察することとしたい。

第2章 社員の能力開発に関わる企業の取組み

藤本　真

第1節　はじめに

　本書では企業内各層の当事者の連携にもとづく能力開発の全体像を「能力開発システム」としてとらえ、日本企業における実態の解明をはかろうとしている。この「能力開発システム」において基軸となるのは、企業が現在および将来の事業活動のために実施する社員の能力開発やキャリア形成に向けての取組みであり、そのための諸制度である。この第2章では企業調査をもとに、こうした企業の取組みや企業内に設けられた諸制度の運用状況、取組みや運用状況をめぐる企業の意向を明らかにしていく。

　日本企業における社員の能力開発やキャリア形成の特徴としてこれまで指摘されてきたのは、その取組みが社員の長期的な能力活用（能力発揮）をはかることを主眼においている点であった。社員の能力を長期にわたって活用していくことは、①長期安定雇用と、②長期の企業内経験をつうじた能力形成により可能となる。長期の企業内経験による能力形成は、勤続年数に沿った昇進管理と、昇進をめぐる社員間の長期的な競争関係がもつ動機づけ機能、および日々の仕事のなかでの OJT とによっている（稲上 1999）。

　こうした日本企業における能力開発やキャリア形成のありように対しては、低成長経済、少子高齢化といった社会環境の変化にともない企業組織の拡大が難しくなることや、より高齢期になるまでの雇用継続や女性のキャリア形成機会の拡大に対する社会的な要請、経営活動の国際化をいっそう進展させる必要といった要因から、見直しのための様々な取組みが、とりわけ1990年代後半以降模索・実施されてきた[1]。第1章で言及した日本企業における配置転換や昇進管理に関する諸研究は、長期的な能力開発・能力発揮と

---

[1]　能力開発やキャリア形成に関わる企業の様々な取組みについての実態を、「日本的雇用システム」と関連づけて分析・検討したものとして、労働政策研究・研修機構編（2017b）を参照。

いう目的を反映した日本企業の特徴を明らかにしながらも、その特徴とは異なる動きが随所に生じていることもまた示している。

本章では、企業内における能力開発に関して、これまでの特徴を維持する動きと新たな動きが交錯していたと見られる 2010 年代後半の日本企業における状況を詳細に見ていく。こうした交錯は、現在の能力開発をめぐる日本企業の姿勢や取組みにも影響を与えていると考えられる。

また、企業レベルにおける能力開発に関わる慣行に焦点をあてた配置転換や昇進管理に関する諸研究では、日本企業における配置転換や昇進管理そのものの特徴やその変化は明らかにされてきたが、そうした特徴や変化にも関わっていると考えられる、社員の能力開発に関する企業の方針や、能力開発の方針が企業経営とどのように関連しているかについては、十分には明らかにされてこなかった[2]。本章ではこれらの点についても企業調査の分析から明らかにしていく。

さらに、本書で定義する「能力開発システム」をかたち作る社員と職場管理者について、企業はどのように位置づけ、また社員の能力開発をめぐってどのように関係しているのか。これらの点も「能力開発システム」をとらえるうえで看過することはできない。

以下、本章では第 2 節において、社員の能力開発に関する企業全体の方針を示すものとして、企業が力を入れてきた取組み・今後力を入れたいと考えている取組みに着目し、そこに見られる傾向を明らかにする。第 3 節では力を入れてきた取組みと経営方針との関連について集計結果を示し、両者の関連についての検討を行う。第 4 節では能力開発のための具体的な取組みともいえる教育訓練費用の配分や自己啓発支援の動向を見ていくとともに、教育

2　日本企業における経営と人事管理との関連を分析した研究としては、日本労働研究機構編（2000）、竹内（2005）、藤本（2007）、宮本（2007）、西村・守島（2009）、竹内（2011）などがある。日本労働研究機構編（2000）、藤本（2007）、宮本（2007）は、企業のコーポレート・ガバナンスに関わる方針・取組みと、評価・処遇や長期雇用慣行に関わる方針・取組みとの関連を分析しており、西村・守島（2009）は、企業の競争優位についての認識と雇用区分の活用との関連を明らかにしている。また、竹内（2011）は経営戦略論で提起された戦略モデルと、人事管理における成果主義やフレキシビリティなどとの関連性を示している。しかし、いずれの研究でも、企業の経営に関わる方針・戦略・活動と、能力開発の方針や施策との関連については明らかにされていない。

訓練費用の配分が社員の能力開発に関する企業の方針とどのように関連しているかについて、分析・検討する。第 4 節では、社員のキャリア形成に関わる取組みを取り上げ、社員の意向や実態について企業がどのようにとらえ、位置づけているのかを明らかにする。第 5 節では社員の能力開発に関わる取組みに関して、企業の人事部門と職場管理者がどのような分担関係を形成しており、企業は職場管理者にどのような役割を期待しているか、またその役割を実現するため企業が職場管理者に対し行っている支援に着目する。第 6 節では、能力開発に対する企業側の評価・認識を取り上げる。第 7 節では本章での知見をまとめ、その含意について検討する。

▎第 2 節　社員の能力開発に関して力を入れていること

　まず、日本企業が社員の能力開発に関連してどのような事項に配慮を傾け、力を入れていたのかを確認していく。企業調査に回答した正社員 300 人以上の企業 417 社のうち、最も多くの企業が力を入れていると答えたのは「社員全体の能力の底上げ」で、回答の割合は 67.6% に上っている（**第 2-1 図**）。この取組みと対照的ととらえられがちな「一部の社員を対象とする選抜的な教育訓練（選抜型研修等）」に力を入れているという企業は 30.0% であった[3]。「社員全体の能力の底上げ」に次いで回答が多いのは、「会社全体として共有したい価値観の明確化」であり 5 割を超える。社員全体の能力の底上げといい、会社全体で共有したい価値観の明確化といい、組織全体を見渡した取組みに力を入れているという回答が多数を占めている点は注目に値する。成果主義に代表されるような評価処遇制度や「自律的なキャリア形成」といった、人事管理の「個別化」のベクトルが強調されるなかで（あるいは強調されるからこそ）、多くの企業で組織全体としての機能や存在価値を高めようという動きが起こっていたとも考えることができる。

　3 番目に回答が多かったのは 44.8% の企業が答えた「経営計画・方針と育

3　もっとも「社員全体の底上げにも、選抜的な教育訓練にも力を入れる」という企業は存在しうるし、実際、正社員 300 人以上の回答企業の 20.4% にあたる 85 社は両方の取組みに力を入れていた。

第2-1図 社員の能力開発に関する取組み～現在力を入れている取組みと今後力を入れたい取組み

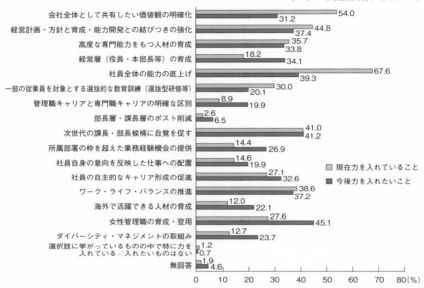

（いずれも複数回答、単位・%）

- 会社全体として共有したい価値観の明確化: 54.0 / 31.2
- 経営計画・方針と育成・能力開発との結びつきの強化: 44.8 / 37.4
- 高度な専門能力をもつ人材の育成: 35.7 / 33.8
- 経営層（役員・本部長等）の育成: 18.2 / 34.1
- 社員全体の能力の底上げ: 67.6 / 39.3
- 一部の従業員を対象とする選抜的な教育訓練（選抜型研修等）: 30.0 / 20.1
- 管理職キャリアと専門職キャリアの明確な区別: 8.9 / 19.9
- 部長層・課長層のポスト削減: 2.6 / 6.5
- 次世代の課長・部長候補に自覚を促す: 41.0 / 41.2
- 所属部署の枠を超えた業務経験機会の提供: 14.4 / 26.9
- 社員自身の意向を反映した仕事への配置: 14.6 / 19.9
- 社員の自主的なキャリア形成の促進: 27.1 / 32.6
- ワーク・ライフ・バランスの推進: 38.6 / 37.2
- 海外で活躍できる人材の育成: 12.0 / 22.1
- 女性管理職の育成・登用: 27.6 / 45.1
- ダイバーシティ・マネジメントの取組み: 12.7 / 23.7
- 選択肢に挙がっているものの中で特に力を入れている／入れたいものはない: 1.2 / 0.7
- 無回答: 1.9 / 4.6

■ 現在力を入れていること
■ 今後力を入れたいこと

注. 1）正社員300人以上の企業417社の回答を集計。
　　2）「無回答」は、いずれの選択肢にも、「選択肢に挙がっているものの中で特に力を入れている／入れたいものはない」にも回答しなかった企業の割合である。

成・能力開発の結びつきの強化」である。この取組みも経営計画や方針といった組織全体の活動の方向性を念頭に置いたものであり、社員全体の能力の底上げや会社として共有したい価値観の明確化と同様、組織全体を見渡した能力開発の取組みといえるだろう。

　回答の割合が高かった上位の4～6番目は、「次世代の課長・部長候補に自覚を促す」（41.0％）、「ワーク・ライフ・バランスの推進」（38.6％）、「高度な専門能力をもつ人材の育成」（35.7％）といった取組みである。これらに続くのが、先に触れた「一部の社員を対象とする選抜的な教育訓練」（30.0％）、「女性管理職の育成・登用」（27.6％）、「社員の自主的なキャリア形成の促進」（27.1％）、で、ともに3割程度の企業が力を入れてきたと回答している。他方、「ダイバーシティ・マネジメントの取組み」（12.7％）や「海外

で活躍できる人材の育成」（12.0％）、「管理職キャリアと専門職キャリアの明確な区別」（8.9％）は、回答の割合がいずれも 10％ 前後にとどまっており、力を入れている企業はかぎられていた。

　一方、今後力を入れたい能力開発に関する取組みについて企業はどのように考えていただろうか。同じく**第 2-1 図**に示した。回答の割合が高かった上位 5 項目は、「女性管理職の育成・登用」（45.1％）、「次世代の課長・部長候補に自覚を促す」（41.2％）、「社員全体の能力の底上げ」（39.3％）、「ワーク・ライフ・バランスの推進」（37.2％）、「経営計画・方針と育成・能力開発との結びつきの強化」（37.4％）であり、いずれも 30％ 台後半から 40％台の回答割合となっている。女性管理職の育成・登用は、2015 年 8 月に「女性の職業生活における活躍の推進に関する法律」（女性活躍推進法）が制定され、2016 年 4 月から労働者 301 人以上の大企業に、女性の活躍推進に向けた行動計画の策定などが義務づけられたために、大企業のあいだで関心が高まっていたものと見られる。ワーク・ライフ・バランスの推進は、女性正社員の活躍や管理職への登用を支える取組みとして今後進めていこうと考えている企業が少なくなかったと推測できる。次世代の課長・部長候補への働きかけは、大企業を中心に高まっていた、ミドルマネジャー層の育成・確保への問題関心[4] を反映していたと考えられる。

　各取組みについて今後力を入れたいと答えた企業の割合と、現在力を入れていると答えた企業の割合を比較したとき、前者のほうが後者よりも 10 ポイント以上高い取組みは、「女性管理職の育成・登用」（今後－現在＝17.5 ポイント、以下同様）、「経営層（役員・本部長等の育成）」（15.9 ポイント）、「所属部署の枠を超えた業務経験機会の提供」（12.5 ポイント）、「ダイバーシティ・マネジメントへの取組み」（11.0 ポイント）、「管理職キャリアと専門職キャリアの区別」（11.0 ポイント）、である。これらの取組みを進めていくための諸制度の整備や、取組みの進行にともなう組織・職場・個人の働き方の変化－例えば、①女性管理職の育成・登用に配慮した、ポジティブ・アク

4　そうした関心の高さを示すものとしては、日本経団連編（2012）を参照。この問題関心は、産業能率大学総合研究所によるミドルマネジャーについての一連の調査（産業能率大学総合研究所編 2020、2023）などに引き継がれている。

ションの性格が強い昇進・昇格の実施、②経営幹部育成のためのファスト・トラックのよりいっそうの整備・定着、③複線的人事管理の進展とそれにともなう正社員キャリアの分化、④外国人社員の増加などを背景とする「遅い昇進」慣行の修正などが、日本の大企業セクターにおいて広がってきていたと推測される。

逆に今後力を入れたいと答えた企業の割合が、現在力を入れている企業の割合よりも 10 ポイント以上低かったのは、「社員全体の能力の底上げ」（−28.3 ポイント）、「会社全体として共有したい価値観の明確化」（−22.8 ポイント）で、現在力を入れているという企業の割合が高かった上位二つの取組みである。この結果については、現在それぞれの取組みに力を入れている企業が、取組みが一定の成果を得ていると評価していたり、あるいはすでに力を入れている取組みなのであらためて今後力を入れていく必要はないと感じていたりするため、今後力を入れたいとは答えなかったと見ることができる。しかし他方で、取組みの方向性を変えた企業が少なからずあった（例えば、「社員全体の能力の底上げ」に関していえば、社員全体の能力の底上げを志向する企業が減り、限定された社員の能力向上に注力するように方向性を変える企業が現れた）と推測することもできる。

第3節　経営活動における方針と力を入れている能力開発の取組みとの関係

正社員の能力開発に関わる取組みは、人材確保の主要手段であることから、各企業の経営のあり方とも何らかの関係をもつものと思われる。そこで、経営のあり方についての方針を尋ねた質問の結果を用い、正社員の能力開発に関して力を入れていることとどのような関連をもつかを確かめた。

企業調査では、企業経営に関わる各企業の方針を、九つの事項についての見解を尋ねる質問により把握している。**第 2-1 表**は、正社員 300 人以上の企業の回答結果である。①高品質か低コストかという点については 8 割の企業が高付加価値化を志向し、⑦国内か海外かという点については 8 割が国内マーケットを重視している。⑨意思決定についてはトップダウンの意思決定

第 2-1 表　経営活動に関する方針

(単位・%)

①高品質か 低コストか	A	高付加価値化による競争力強化	80.1
	B	低コスト化による競争力強化	14.4
②品質向上か 営業・販売力強化か	A	製品・サービスの品質向上に力を入れる	71.5
	B	営業・販売の強化に力を入れる	23.0
③企業規模	A	企業規模の維持を重視	54.0
	B	企業規模の拡大を重視	40.8
④自前主義か 専業主義か	A	開発から生産・営業まですべて自社で行う	49.2
	B	自社の得意分野に注力する	40.0
⑤事業戦略と 人材の関係	A	既存の人材に合わせて事業戦略を立てる	33.3
	B	事業戦略に合わせて人材を採用する	61.9
⑥開拓か深耕か	A	新規事業の開拓を重視	29.3
	B	既存事業の継続・強化を重視	65.2
⑦国内か海外か	A	国内マーケットを重視	83.0
	B	海外マーケットを重視	10.1
⑧事業展開のスピード	A	事業展開にあたってスピードを重視	46.3
	B	事業展開は慎重に行う	49.4
⑨意思決定の あり方	A	トップダウンの意思決定を重視	82.3
	B	ボトムアップの意思決定を重視	13.9

注. 1) 正社員 300 人以上の企業 417 社の回答を集計。
　　2) ①～⑨の事項について、それぞれ「A」「B」のいずれに企業の方針が近いかを尋ねており、「A に近い」、「どちらか
　　　と言えば A に近い」と答えた企業を「A」の方針をもつ企業、「B に近い」、「どちらかと言えば B に近い」と答えた
　　　企業を「B」の方針をもつ企業として集計している

を重視するという回答が 8 割を超える。これらの方針についての回答分布には かなり偏りがある。また、②品質向上か営業・販売力強化か、⑤事業戦略と人材の関係、⑥開拓か深耕かという点についても、多数派と少数派がはっきりしており、②は製品・サービスの品質向上、⑤は事業戦略に合わせた人材採用、⑥は既存事業の継続・強化を重視（深耕）という企業が多数派を占める。他方、③企業規模、④自前主義か専業主義か、⑧事業展開のスピードについては、対照的な考え方をとる企業の分布が比較的均衡している。

　第 2-2 表は、各事項について A の方針をもつ企業と、B の方針をもつ企業で、正社員の能力開発に関して重視していることについての回答状況を比

較したものである。能力開発に関する各取組みについて重視していると回答した割合を対象として、方針別のクロス集計を行い、カイ二乗検定の結果、有意水準 5% で統計的に有意な差があった集計結果に網掛けをしている。

　能力開発に関わる取組みに着目すると、経営方針のちがいにより統計的に有意な差が比較的現れやすいのは、「経営計画・方針と育成・能力開発との結びつきの強化」と「一部の社員を対象とする選抜的な教育訓練」である。「経営計画・方針と育成・能力開発との結びつきの強化」は、新規事業の開拓を重視する企業、事業展開にあたってスピードを重視する企業、トップダウンの意思決定を重視する企業において、重視するという回答の割合がより高くなる。経営陣のイニシアティブで積極的に事業展開を進めていく企業において、社員の能力開発が、経営計画・方針から実行への流れを妨げず、効果的な進行を支えるべきものとしてとらえられているものと考えられる。

　「一部の社員を対象とする選抜的な教育訓練」は、企業規模の拡大を志向する企業、事業戦略に合わせて人材を採用していくという企業、海外マーケットを重視している企業において、力を入れていると回答する傾向がより強くなる。企業規模の拡大を重視している企業は、企業規模を拡大していくなかで、事業を推進したり組織を管理したりする、より能力の高い人材へのニーズが高まり、選抜的な教育訓練の実施へとつながっていると見られる。海外マーケットを重視する企業においても同様のニーズが生じているのだろう。また、事業戦略に合わせて人材を採用するという企業は、事業展開に必要な能力や資質をもつ人材を絞り込んで教育訓練を施すという行動を選択しやすいのではないかと考えられる。

　経営方針のうち、社員の能力開発に関する取組みを重視しているかどうかの回答と関連をもちやすいのは、事業戦略と人材の関係、国外マーケットか海外マーケットか、事業展開のスピード、意思決定のあり方といった項目である。いずれも三つ以上の能力開発に関する取組みで、方針による統計的に有意な差が認められる。事業戦略と人材の関係では、事業戦略に合わせて人材を採用するという方針の企業のほうが、先に見たように「一部の社員を対象とする選抜的な教育訓練」を重視する傾向が強いほか、「会社全体として共有したい価値観の明確化」、「経営層（役員・本部長等）の育成」、「社員自

第 2-2 表　経営活動に関する方針と現在力を入れている社員の能力開発に関する取組み

（単位・%）

項目	方針の内容		n	会社全体として共有したい価値観の明確化・強化	経営計画と能力開発との結びつきの明確化・強化	高度な専門能力をもつ人材の育成	経営層（役員・本部長等）の育成の能力	社員全体の能力の底上げ	一部の選抜的従業員を対象とする教育訓練と対策を継続する	管理職・キャリア・専門職を区別し明確	部長・課長職層のポスト削減に伴う	次世代の課長・部長候補を自覚を促す	所属部署の経験機会の提供を配置えた	社員自身の意向を反映した仕事への配置	キャリア形成の促進を自主的な	ワーク・ライフ・バランスの推進	海外で活躍できる人材の育成・登用	女性管理職の育成・登用	ダイバーシティ・マネジメントの取組み
①高品質か低コストか	高付加価値化による競争力強化	A	334	55.1	47.0	36.8	18.6	68.0	30.8	8.7	3.0	41.0	15.9	15.3	27.5	40.4	12.3	28.4	12.6
	低コスト化による競争力強化	B	60	53.3	41.7	33.3	18.3	71.7	26.7	11.7	1.7	46.7	6.7	10.0	18.3	30.0	13.3	26.7	16.7
②品質向上か営業・販売力強化か	製品・サービスの品質向上に力を入れる	A	298	56.0	47.0	39.3	18.5	68.8	28.9	9.1	3.0	39.9	14.4	14.4	27.2	40.3	13.1	29.9	12.8
	営業・販売の強化に力を入れる	B	96	50.0	42.7	27.1	18.8	68.8	35.4	9.4	2.1	46.9	14.6	16.7	25.0	35.4	9.4	22.9	13.5
③企業規模	企業規模の維持を重視	A	225	52.9	41.8	38.7	16.9	67.6	24.9	8.0	4.0	41.8	12.4	13.8	29.8	41.3	12.9	25.3	11.6
	企業規模の拡大を重視	B	170	56.5	50.6	32.9	20.6	70.0	37.6	10.0	1.2	41.2	17.1	16.5	23.5	37.1	10.6	31.2	14.7
④自前主義か事業主義か	開発から生産・営業まですべて自社で行う	A	205	54.1	48.3	32.7	17.6	63.4	29.8	8.3	3.4	42.9	13.2	13.2	26.8	36.1	16.1	27.3	11.7
	自社の得意分野に注力する	B	167	54.5	41.9	40.1	21.0	73.7	33.5	10.8	1.8	42.5	15.6	16.8	25.1	40.1	8.4	27.5	15.6
⑤事業戦略と人材の関係	既存の人材に合わせて事業戦略を立てる	A	139	47.5	41.0	33.1	12.9	66.2	21.6	7.2	1.4	43.2	13.7	9.4	30.2	40.3	10.8	23.0	10.8
	事業戦略に合わせて人材を採用する	B	258	58.5	48.5	38.4	21.3	69.4	34.9	10.1	3.5	41.1	14.7	18.2	25.2	38.4	13.2	31.0	14.3
⑥開拓か深化か	新規事業の開拓を重視	A	122	55.7	53.3	35.2	20.5	72.1	36.1	11.5	1.6	41.8	13.1	17.2	29.5	43.4	13.1	34.4	20.5
	既存事業の継続・強化を重視	B	272	54.0	42.3	36.8	17.3	66.9	27.6	8.1	3.3	41.5	14.7	13.6	24.3	37.1	11.8	25.4	9.6
⑦国内か海外か	国内マーケットを重視	A	346	55.5	45.1	35.0	17.6	69.1	28.6	8.1	2.9	41.3	14.5	14.5	24.9	39.6	7.8	28.6	12.1
	海外マーケットを重視	B	42	52.4	47.6	45.2	26.2	66.7	47.6	19.0	2.4	47.6	16.7	19.0	31.0	38.1	50.0	23.8	21.4
⑧事業展開のスピード	事業展開にあたってスピードを重視	A	193	59.6	52.3	36.8	21.8	72.0	32.6	9.8	2.6	47.2	15.0	18.1	30.1	38.9	13.5	32.6	19.2
	事業展開は慎重に行う	B	206	50.5	38.8	35.9	15.0	65.0	27.7	8.3	2.9	35.9	13.6	12.1	22.8	39.3	11.2	24.3	7.3
⑨意思決定のあり方	トップダウンの意思決定を重視	A	343	56.6	47.8	37.0	19.2	68.2	29.4	9.0	2.6	42.6	16.0	15.5	28.6	41.1	11.4	30.3	14.0
	ボトムアップの意思決定を重視	B	58	44.8	31.0	32.8	12.1	69.0	32.8	8.6	3.4	34.5	3.4	12.1	17.2	31.0	17.2	17.2	6.9

注 1）経営活動についての各項目について、[B] または [A] のどちらを採るか企業が、正社員の能力開発に関するそれぞれの取組みを重視している割合を示している。
2）網掛けをしているのは、方針別のクロス集計が、カイ二乗検定で統計的に有意な差を示したもの（5%有意水準）。

身の意向を反映した仕事への配置」を重視する企業の割合がより高い。事業戦略に合わせて人材を確保しようとしていることから、会社として共有したり目指したりする価値観を明確にすることで、そこに向けての戦略も併せて明確にしようとする意図がうかがえる。また事業戦略を進める経営層の育成は、事業戦略に合わせての人材の採用・確保の一端を担っているのだろう。「社員自身の意向を反映した仕事への配置」により力を入れるのは、事業戦略の推進により意欲的な人材の確保を意図してのことではないかと考えられる。

　国外マーケットか海外マーケットかについての企業方針では、集計企業に占める割合は小さいが、海外マーケットを重視する企業において、正社員の能力開発に関する特定の取組みが、より積極的に進められている。「海外で活躍できる人材の育成」は、国内マーケットを重視する企業との回答割合の差が40ポイント以上におよぶほか、「一部の社員を対象とする選抜的な教育訓練」も国内マーケットを重視する企業との回答割合の差が顕著である。選抜的な教育訓練は、海外進出にともない複雑化する事業や組織の管理を担う人材を育成するために、必要性が高まっていると推測される。また「管理職キャリアと専門職キャリアの分化」においても統計的に有意な差が認められるが、海外マーケットを重視する企業が、管理を担当する人材、専門人材双方の高度化を進め、効果的な育成やキャリア管理をはかるなかで、徐々に課題として意識されるようになっているのかもしれない。

　事業展開のスピードに関する方針については、事業展開にあたってスピードを重視するという企業において、「経営計画・方針と育成・能力開発との結びつきの強化」のほか、「次世代の課長・部長候補に自覚を促す」、「ダイバーシティ・マネジメントの取組み」を重視する傾向がより強い。事業展開の鍵を握る中間管理職の重要性を認識し、かれらの能力向上を望んでより積極的に働きかけを行っている様子をうかがうことができる。「ダイバーシティ・マネジメントの取組み」は、スピードを重視して様々な事業を展開していこうとした時に、多様な人材の必要性がより高まることを反映しているのではないかと考えられる。

　意思決定のあり方については、トップダウンの意思決定を重視する企業に

おいて、「経営計画・方針と育成・能力開発との結びつきの強化」、「所属部署の枠を超えた業務経験機会の提供」、「女性管理職の育成・登用」を重視するという企業の割合がより高い。「経営計画・方針と育成・能力開発との結びつきの強化」は先に見たように、トップダウンの意思決定を現実化していくときに必要だとみなされているのだろう。「所属部署の枠を超えた業務経験機会の提供」は、事業展開にあたってスピードを重視するという企業において「ダイバーシティ・マネジメントの取組み」を重視する割合がより高かったのと同様に、トップダウンの意思決定による迅速な、あるいは多様な事業展開に対応するためではないかと考えられる。「女性管理職の育成・登用」の回答割合がより高くなっているのは、トップダウンの意思決定による多様な事業展開への対応のほか、「女性管理職の育成・登用」そのものが、トップダウンの意思決定によって進められやすいことをうかがわせる。

▎第4節　能力開発施策

1. 教育訓練費用の配分

　教育訓練の取組みに関わる費用（教育訓練費用）について、調査回答時までの過去5年間に、重点的に配分している分野として最も回答が多かったのは「新入社員・若年社員向け研修」で、8割近くの企業が回答している。次いで回答が多かったのは、「管理職向けの階層別研修」（56.6％）、「リーダーシップやマネジメントスキルに関する研修」（46.8％）、「専門技術・スキルの習得のための研修」（42.7％）であった（**第2-2図**）。

　一方、今後重点的に配分しようと考えている分野の回答では、「管理職向けの階層別研修」という回答が52.3％で最も多く、「新入社員・若年社員向け研修」（47.0％）、「リーダーシップやマネジメントスキルに関する研修」（43.9％）と続く。過去5年間に重点的に配分してきた分野についての回答と比べると、「新入社員・若年社員向け研修」の回答の割合がかなり低下しているほか、各分野に対する回答の割合の差が小さくなっており、新入社員・若手社員の教育訓練を重視する傾向が、経営層や管理職層の教育訓練にも配慮するという方向に変化してきた可能性を示唆している。

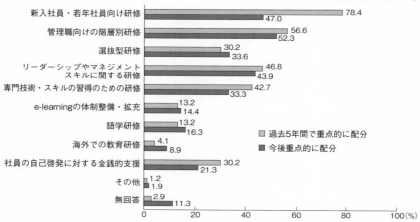

第 2-2 図　教育訓練費用の重点的配分分野～過去 5 年間と今後

（いずれも複数回答、単位・％）

注. 正社員 300 人以上の企業 417 社の回答を集計。

　教育訓練費用の重点的な配分分野は、各企業が正社員の能力開発に関して
力を入れてきた取組みとどのような関連をもつであろうか。各取組みに力を
入れてきた企業それぞれについて、過去 5 年間に重点的に配分を行った分野
を集計した（**第 2-3 表**）。網掛けをしたのは、カイ二乗検定の結果、その取
組みに力を入れてこなかった企業に比べて、回答の割合が統計的に有意に高
かった分野を示している。

　第 2-3 表から、「新入社員・若年社員向け研修」、「管理職向けの階層別研
修」といった、正社員 300 人以上企業全体で 1 番目、2 番目に回答の割合が
高かった分野は、正社員の能力開発に関して力を入れてきた取組みにあまり
左右されることなく、教育訓練費用の重点的な配分先として選択されている
ことがわかる。教育訓練費用が配分される分野について見ると、「選抜型研
修」、「リーダーシップやマネジメントスキルに関する研修」、「語学研修」、
「海外での教育研修」が、四つ以上の能力開発に関して力を入れてきた取組
みの有無によって回答割合に統計的に有意な差が生じており、能力開発に関
して力を入れてきた取組みとの関連が比較的強い配分分野であるといえる。

　このうち「リーダーシップやマネジメントスキルに関する研修」は、「高

第2-3表　社員の能力開発に関して力を入れている取組みと教育訓練費用の重点的配分分野

(単位・%)

	企業数（社）	新入社員・若年社員向け研修	管理職向けの階層別研修	選抜型研修	リーダーシップやマネジメントに関する研修	専門的技術・スキルの習得のための研修	e-learning の体制整備・拡充	語学研修	海外での教育研修	社員の自己啓発に対する金銭的支援
正社員 300 人以上企業全体	417	78.4	56.6	30.2	46.8	42.7	13.2	13.2	4.1	30.2
会社全体として共有したい価値観の明確化	225	81.3	58.2	31.1	51.1	40.9	13.8	12.0	3.6	31.1
経営計画・方針と育成・能力開発との結びつきの強化	187	78.6	59.4	30.5	52.4	41.7	10.7	17.6	5.9	33.7
高度な専門能力をもつ人材の育成	149	77.2	57.7	32.9	57.0	62.4	18.1	14.8	5.4	29.5
経営層（役員・本部長等）の育成	76	77.6	57.9	44.7	56.6	44.7	15.8	13.2	7.9	38.2
社員全体の能力の底上げ	282	80.1	58.2	30.9	53.5	42.6	14.5	12.8	4.3	34.0
一部の従業員を対象とする選抜的な教育訓練	125	80.8	64.8	55.2	54.4	44.0	16.0	20.8	5.6	35.2
管理職キャリアと専門職キャリアの明確な区別	37	83.8	56.8	37.8	56.8	56.8	18.9	32.4	2.7	37.8
部長層・課長層のポスト削減	11	81.8	81.8	36.4	81.8	63.6	18.2	18.2	27.3	27.3
次世代の課長・部長候補に自覚を促す	171	80.7	59.1	38.6	53.2	41.5	11.7	15.2	4.7	35.1
所属部署の枠を超えた業務経験機会の提供	60	88.3	60.0	40.0	53.3	38.3	11.7	15.0	11.7	38.3
社員自身の意向を反映した仕事への配置	61	90.2	62.3	41.0	52.5	49.2	14.8	19.7	6.6	36.1
社員の自主的なキャリア形成の促進	113	82.3	61.9	33.6	54.9	45.1	18.6	15.0	8.0	42.5
ワーク・ライフ・バランスの推進	161	82.0	57.1	34.8	50.3	42.9	17.4	14.9	6.8	34.8
海外で活躍できる人材の育成	50	80.0	62.0	42.0	54.0	42.0	18.0	56.0	16.0	42.0
女性管理職の育成・登用	115	76.5	58.3	39.1	60.9	43.5	20.9	11.3	6.1	40.0
ダイバーシティ・マネジメントの取組み	53	79.2	52.8	41.5	58.5	41.5	22.6	20.8	15.1	32.1

注）1）表側に挙げた正社員の能力開発に関する各取組みに力を入れている企業が、過去5年間、どの教育訓練費用を重点的に配分できたかについての回答の結果を示している。
　　2）網掛けをしているのは、その取組みを重視してこなかった企業に比べて、回答の割合が統計的に有意に高かった分野。カイ二乗検定による（5%有意水準）。

度な専門能力を持つ人材の育成」、「社員全体の能力の底上げ」、「部長層・課長層のポスト削減」、「次世代の課長・部長候補に自覚を促す」、「女性管理職の育成・登用」といった取組みに力を入れている企業で、そうでない企業に比べて重点的配分分野とする傾向が強い（ただし、「部長層・課長層のポスト削減」は力を入れている企業が 11 社にとどまるので留意が必要である）。管理職人材の能力開発のほか、会社全体として人材の力を上げていくことや、社内における高度専門能力の養成においても重要な手段とみなされていることがうかがえる。

　また、「海外での教育研修」の回答割合は、「部長層・課長層のポスト削減」、「所属部署の枠を超えた業務経験機会の提供」、「社員の自主的なキャリア形成の促進」、「ワーク・ライフ・バランスの推進」、「海外で活躍できる人材の育成」、「ダイバーシティ・マネジメントの取組み」に力を入れている企業において、力を入れていない企業に比べて高くなる。「海外での教育研修」に教育訓練費用を重点的に配分したという企業は正社員 300 人以上企業全体では 4.1％ にとどまっているものの、ここに挙げた能力開発に関する取組みに力を入れる企業においては、取組みを具体化するうえで重要な分野としてとらえられているものと見られる。

　「選抜型研修」は、「一部の社員を対象とする選抜的な教育訓練」に力を入れている企業のほか、「経営層（役員・本部長等）の育成」、「次世代の課長・部長候補に自覚を促す」、「女性管理職の育成・登用」といった取組みに力を入れている企業で、力を入れていない企業に比べて、教育訓練費用が重点的に配分される傾向が強い。事業遂行の中核を担う経営層・管理職層の能力開発を進めていこうとする企業が、選抜型研修の必要性をより強く感じていることがうかがえる。

2．自己啓発支援の取組み

　一方、社員が自主的に行う能力開発である「自己啓発」に対する支援として行っている取組み（第 2-3 図）については、「研修・セミナーの受講に関する金銭補助」（57.8％）、「研修・セミナーに関する情報の社員への提供」（57.6％）と、情報提供と金銭補助に回答が集まる。この二つの取組みに次

いで回答が多いのは、「各部署の管理職に対する情報提供」（24.7%）や「e-learning の実施」（21.3%）であったが、いずれも回答する企業の割合は 20% 台にとどまっている。

第 2-3 図　自己啓発支援の状況

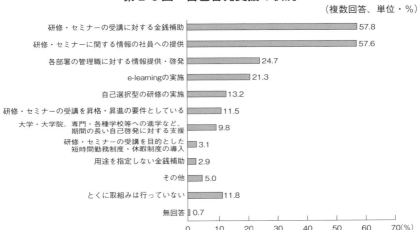

（複数回答、単位・%）

注．正社員 300 人以上の企業 417 社の回答を集計。「その他」、「とくに取組みは行っていない」、「無回答」以外の項目は、回答の多かった項目から順に、上から掲示している。

第 5 節　社員のキャリア形成に関わる取組み

　能力開発やキャリア形成を左右する、仕事への配置については、正社員 300 人以上の 417 社のうち 14.1% が「社員本人の意向を聞くことなく決める」、79.9% が「社員本人の意向を聞くが、会社主導で決める」というかたちで実施している。「社員本人の意向を優先して決める」という企業は 5.8% にとどまっていた（無回答が 0.2%）。

　社員の意向を反映した配置を可能とする社内公募については、正社員 300 人以上の企業 417 社の 17.3% にあたる 72 社が実施していた。この 72 社のうち、社内公募の対象となる役職を限定していない企業は 50.0%、また対象とする職種を限定していない企業は 72.2% で、社内公募を実施している企業の多くは役職や職種に限定をかけていなかった。

第2-4図　社員各自の能力開発、キャリア形成に関する実態・意向を把握するための制度・取組み

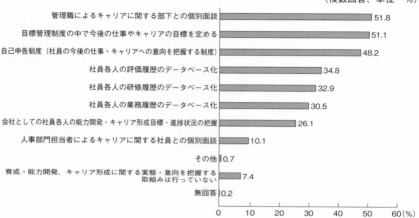

（複数回答、単位・%）

注．正社員 300 人以上の企業 417 社の回答を集計。「その他」、「取組みは行っていない」、「無回答」以外の項目は、回答の多かった項目から順に、上から掲示している。

　能力開発やキャリア形成に関して各正社員の実態・意向を把握する取組み・制度について、その実施状況を**第 2-4 図**にまとめた。「管理職によるキャリアに関する部下との個別面談」（51.8％）、「目標管理制度のなかで今後の仕事やキャリアの目標を定める」（51.1％）、「自己申告制度」（48.2%）を実施しているという企業がいずれも 50％ 前後を占め、目標管理制度や自己申告制度といった正社員の意向を確認することができる諸制度や、管理職をつうじた実態・意向の把握が一定程度広がっていることがわかる。これらの実態・意向の把握に続くのが、社員各人の履歴（評価履歴・業務履歴・研修履歴）のデータベース化で、いずれも 30％ 台の企業が回答している。

第 6 節　社員の能力開発における職場管理者との分担と連携

1.　人事部門と職場管理者との分担

　正社員の能力開発において、企業は職場管理者をどのように位置づけているだろうか。また、いかなる連携・支援の取組みを行っているか。まず、社員の能力開発に関わる人事管理上の事項につき、会社と職場管理者とのあいだでどのように分担しているかについて、企業の回答を集計した（**第 2-4 表**）。

　「新卒採用者の人選」、「中途採用の人選」、「要員計画」、「各部門の人件

第 2-4 表　社員の能力開発に関わる人事管理事項についての人事部門と職場管理者との分担

(単位・%)

	もっぱら人事部門が決める	各部署の管理職の意見を聞いたうえで人事部門が決める	人事部門から意見はするが、各部署の管理職が決める	もっぱら各部署の管理職が決める	無回答
a.　新卒採用者の人選	38.6	33.8	18.7	6.5	2.4
b.　中途採用の人選	18.2	37.6	28.3	14.6	1.2
c.　要員計画	14.4	45.3	21.6	17.3	1.4
d.　各部門の人件費	26.9	29.5	16.5	21.8	5.3
e.　部門内の異動	5.8	25.2	26.4	40.8	1.9
f.　部門を超えた異動	11.8	45.1	20.9	19.2	3.1
g.　人事評価	4.8	30.2	27.8	33.8	3.4
h.　部長層への昇進・昇格	23.0	39.8	18.5	14.6	4.1
i.　課長層への昇進・昇格	15.8	44.8	19.9	15.3	4.1
j.　各部門の育成・能力開発の目標・方針	8.9	19.4	27.8	40.8	3.1
k.　職場における OJT の進め方	5.8	9.6	24.5	58.3	1.9
l.　研修・セミナー等への参加者の人選	11.3	21.1	25.2	40.5	1.9

注．正社員 300 人以上の企業 417 社の回答を集計。

費」、「部門を超えた異動」、「部長層への昇進・昇格」、「課長層への昇進・昇格」は、人事部門が決める（「もっぱら人事部門が決める」、「各部署の管理職の意見を聞いたうえで人事部門が決める」）と回答した企業が半数を超える。これに対し、「部門内の異動」、「人事評価」、「各部門の育成・能力開発の目標・方針」、「職場における OJT の進め方」、「研修・セミナー等への参加者の人選」は、職場管理者が決める（「もっぱら各部署の管理職が決める」、「人事部門から意見はするが、各部署の管理職が決める」）という回答が半数を超える。つまり採用、昇進・昇格、要員・人件費に関わること、部門を超える異動など、特定の職場にとどまらない会社全体に関わってくるような事項は会社が意思決定の権限をもち、特定の職場での仕事やそこでの能力開発については職場管理者が意思決定の権限をもつという傾向を確認することができる。

　ただし、人事部門が決めるまたは職場管理者が決めるという回答が 80% を超える事項は、「職場における OJT の進め方」のみである。すなわち、正社員の能力開発に関わる人事管理上の事項については、多数派の企業で見られる人事部門と職場管理者との分担関係がある一方で、そうした分担関係とは異なる分担関係を実施している企業も少なからずあり、分担関係のあり方は一様ではないといえる。

2. 職場管理者に期待する役割と職場管理者に担当させるメリット

　正社員の育成において職場管理者に期待する役割を企業に尋ねたところ、「部署を担う次の管理職を育成する」ことを期待しているという企業が 77.2% と最も多く、「部署での育成・能力開発（OJT）を担う」（76.3%）、「新人・若手社員の育成」（70.3%）を期待するという回答が続く。後継者となる職場管理者の育成、管理している部門での OJT の推進、新人・若手社員の育成が、各部署の管理職に対する能力開発に関わる期待の中心的な内容である（第 2-5 図）。

　能力開発において職場管理者に期待するこうした役割は、今後「大きくなる」と答えた企業が 72.4% と大半を占めていた。「変わらない」と答えた企業が 25.9% で、「小さくなる」と答えた企業はわずか 0.4% に過ぎない（正

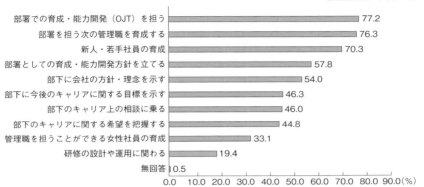

第 2-5 図　人材育成面において管理職に期待する役割

（複数回答、単位・%）

項目	%
部署での育成・能力開発（OJT）を担う	77.2
部署を担う次の管理職を育成する	76.3
新人・若手社員の育成	70.3
部署としての育成・能力開発方針を立てる	57.8
部下に会社の方針・理念を示す	54.0
部下に今後のキャリアに関する目標を示す	46.3
部下のキャリア上の相談に乗る	46.0
部下のキャリアに関する希望を把握する	44.8
管理職を担うことができる女性社員の育成	33.1
研修の設計や運用に関わる	19.4
無回答	0.5

注．正社員 300 人以上の企業 417 社の回答を集計。「無回答」以外の項目は、回答の割合が高かった項目から順に、上から掲示している。

社員 300 人以上の 417 社における回答結果、無回答は 1.2%）。

　職場管理者に正社員の能力開発を担当させることについて、約 8 割の企業が「各部署の仕事内容や仕事上のニーズを踏まえた育成・能力開発ができる」ことにメリットを感じている。「人事部門のみでは実行しきれない育成・能力開発ができる」という回答の割合も 65.0% に達しており、大半の企業が、人事部門だけでは十分に実施しきれない、現場のニーズに沿うかたちでの能力開発内容の具体化を職場管理者に期待しているといえる。また 66.9% が「管理職自身の育成・能力開発につながる」と回答しており、各部署での能力開発の取組みを職場管理者に任せることが、職場管理者自身の能力開発につながることを期待している企業も多数を占める（**第 2-6 図**）。

3. 職場管理者に対する支援

　能力開発の面で多くを期待している職場管理者に対して、企業はどのような支援を行っているか（**第 2-7 図**）。回答の多い上位 3 項目は、「部下育成に関する管理職研修」（57.1%）、「セミナー・研修に関する情報の提供」（50.4%）、「全体としての育成・能力開発方針の作成・周知」（41.7%）である。いずれの取組みも回答の割合は 40〜50% 台で、日本の大企業において

71

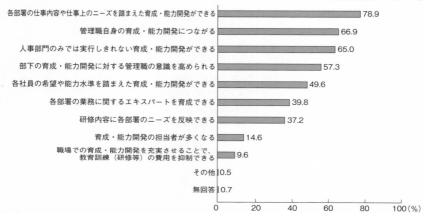

第2-6図　職場管理者に社員の能力開発を担当させるメリット

（複数回答、単位・%）

項目	割合
各部署の仕事内容や仕事上のニーズを踏まえた育成・能力開発ができる	78.9
管理職自身の育成・能力開発につながる	66.9
人事部門のみでは実行しきれない育成・能力開発ができる	65.0
部下の育成・能力開発に対する管理職の意識を高められる	57.3
各社員の希望や能力水準を踏まえた育成・能力開発ができる	49.6
各部署の業務に関するエキスパートを育成できる	39.8
研修内容に各部署のニーズを反映できる	37.2
育成・能力開発の担当者が多くなる	14.6
職場での育成・能力開発を充実させることで、教育訓練（研修等）の費用を抑制できる	9.6
その他	0.5
無回答	0.7

注．正社員300人以上の企業417社の回答を集計。「その他」と「無回答」以外の項目は、回答の割合が高かった順に上から掲示している。

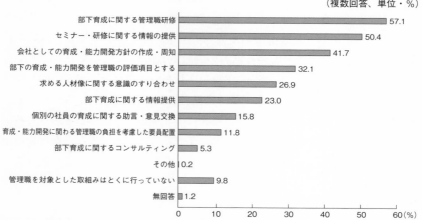

第2-7図　管理職に対する支援

（複数回答、単位・%）

項目	割合
部下育成に関する管理職研修	57.1
セミナー・研修に関する情報の提供	50.4
会社としての育成・能力開発方針の作成・周知	41.7
部下の育成・能力開発を管理職の評価項目とする	32.1
求める人材像に関する意識のすり合わせ	26.9
部下育成に関する情報提供	23.0
個別の社員の育成に関する助言・意見交換	15.8
育成・能力開発に関わる管理職の負担を考慮した要員配置	11.8
部下育成に関するコンサルティング	5.3
その他	0.2
管理職を対象とした取組みはとくに行っていない	9.8
無回答	1.2

注．正社員300人以上の企業417社の回答を集計。「その他」、「管理職を対象とした取組みはとくに行っていない」、「無回答」以外の項目は、回答の割合が高かった順に上から掲示している。

はこれらの取組みが企業から管理職に対する支援の中心である。こうした研修や情報提供、会社としての方針の周知といった取組みに比べると、「求める人材像に対する意識のすり合わせ」（26.9%）は取り組む企業が少ない。

また「部下育成に対するコンサルティング」を、管理職に対する支援として行っている企業はわずか 5.3% にとどまっていた。

第 7 節　社員の能力開発に対する評価と課題の認識

　社員の能力開発の評価について、正社員全体としては 60.2% の企業が「うまくいっている」(「とてもうまくいっている」+「ややうまくいっている」) と答えた。人材の種類ごとに回答結果を見ていくと、「若年社員」の能力開発について「うまくいっている」という企業の割合が 64.7% と最も高く、「各現場を第一線で担う人材」についても「うまくいっている」という企業が 6 割を超える。一方、「専門職人材」については、能力開発が「うまくいっている」という企業が 56.4% と、「若年社員」や「各現場を第一線で担う人材」についてよりも「うまくいっている」と評価する企業の割合がやや低下し、「管理職人材」については「うまくいっている」という企業が 47.0% と、他の人材に比べると 10 ポイント近く割合が低くなっている (**第2-5 表**)。

　社員の能力開発に関して、各企業が課題に感じている点は何か (**第 2-6 表**)。最も回答が多かったのは「育成・能力開発に十分な時間が取れない」(52.3%)、次いで「指導する人材が不足している」(51.3%) で、この二つは回答の割合が 50% を超える。その他、「各部署の管理職における育成・能力

第 2-5 表　社員の能力開発に対する評価

(単位・%)

	とてもうまくいっている	ある程度うまくいっている	あまりうまくいっていない	まったくうまくいっていない	無回答
a.　管理職人材	1.0	46.0	44.6	4.8	3.6
b.　専門職人材	2.2	54.2	35.3	3.8	4.6
c.　各現場を第一線で担う人材	2.6	59.0	33.8	1.4	3.1
d.　若年社員	4.3	60.4	29.3	2.2	3.8
e.　正社員全体として	1.0	59.2	35.0	1.7	3.1

注．正社員 300 人以上の企業 417 社の回答を集計。

第 2-6 表　社員の能力開発に関する課題

（複数回答、単位・%）

	集計企業全体 （417 社）	うまくいって いる企業 （251 社）	うまくいって いない企業 （153 社）
会社としての支援体制が十分に整っていない**	27.6	15.5	48.4
指導する人材が不足している**	51.3	42.2	66.7
社員の能力向上への意欲が低い**	22.8	17.1	32.0
育成・能力開発に十分な時間が取れない	52.3	49.8	54.9
上司と部下、先輩と後輩との間でのコミュニケーションがうまく取れていない**	28.1	21.5	39.2
各部署の管理職による育成・能力開発の取組みが不十分である**	39.6	33.9	49.0
育成しがいのある人材が集まらない*	10.6	8.0	14.4
育成してもすぐに辞めてしまう*	14.6	12.0	19.6
育成・能力開発にコストがかかりすぎる	9.6	8.8	11.8
効果的な育成・能力開発の方法がわからない**	11.3	7.2	17.6
業務変更や技術革新が頻繁なため、育成・能力開発が無駄になる*	1.7	0.4	3.9
その他	1.2	1.6	0.7
とくに問題はない**	5.0	8.0	0.0
無回答	1.2	1.2	0.0

注. 1) 「集計企業全体」のなかには、正社員全体としての能力開発がうまくいるかどうかに無回答だった企業も含まれる。
　　2) *をつけているのは、正社員全体としての育成がうまくいっている企業と、うまくいっていない企業とのあいだで、回答の割合の差に、カイ二乗検定の結果、統計的な有意性が認められた取組みである。
　　3) **< .01　*< .05

開発の取組みが不十分である」（39.6％）、「上司と部下、先輩と後輩との間でのコミュニケーションがうまくとれていない」（28.1％）、「会社としての支援体制が十分に整っていない」（27.6％）といった課題の指摘が相対的に多い。

　第 2-6 表においては、正社員全体として能力開発がうまくいっている（「とてもうまくいっている」＋「ある程度うまくいっている」）企業と、うまくいっていない（「あまりうまくいっていない」＋「まったくうまくいっていない」）企業とのあいだで、課題として感じる点に相違がないかも確認した。各課題の回答割合を対象として、うまくいっている企業とうまくいっていない企業のあいだでカイ二乗検定を実施したところ、統計的に有意な差が見られたのは、「会社としての支援体制が十分に整っていない」（差は32.9

ポイント、以下同様)、「指導する人材が不足している」(24.5 ポイント)、「上司と部下、先輩と後輩との間でのコミュニケーションがうまくとれていない」(17.7 ポイント)、「各部署の管理職における育成・能力開発の取組みが不十分である」(15.1 ポイント)、「社員の能力向上への意欲が低い」(14.9 ポイント)、「効果的な育成・能力開発の方法がわからない」(10.4 ポイント)、「育成してもすぐやめてしまう」(7.6 ポイント)、「育成しがいのある人材が集まらない」(6.4 ポイント) といった事項で、いずれもうまくいっていない企業における回答の割合のほうが高い。

　うまくいっていない企業における各項目の回答の割合も併せて見ると、社員の能力開発がうまくいっていないという企業は、指導する人材の確保や会社としての支援体制の整備、職場管理者による能力開発支援の取組みといった、各職場も含めた組織全体で能力開発を支える体制ができあがっていないことに課題を感じる傾向が、社員の能力開発がうまくいっている企業に比べて顕著に強い。

┃ 第 8 節　小括

　本書で企業内能力開発の全体像としてとらえている「能力開発システム」において基軸となるのは、企業が現在および将来の事業活動のために実施する、社員の能力開発やキャリア形成に向けての取組みであり、そのための諸制度である。本章では、こうした企業の取組みや制度の運用状況、取組みや運用状況をめぐる企業の意向を明らかにした。以下、本章での知見をその含意の検討とともに振り返る。

　第 1 に、配置や昇進の管理についての既存研究などではあまり言及されてこなかった、企業の能力開発に関する方針について、正社員の能力開発に関わる取組みとして企業が力を入れている取組みに着目すると、企業調査で最も多くの企業が力を入れていると答えたのは「社員全体の能力の底上げ」で、回答の割合は約 7 割に上った。次いで回答が多かったのは、「会社全体として共有したい価値観の明確化」であり 5 割を超えていた。一方、今後力を入れたい能力開発に関する取組みとして回答の割合が高かった上位 5 項目

は、「女性管理職の育成・登用」、「次世代の課長・部長候補に自覚を促す」、「社員全体の能力の底上げ」、「ワーク・ライフ・バランスの推進」、「経営計画・方針と育成・能力開発との結びつきの強化」であった。

　現在力を入れている／今後力を入れている取組みを見ると、2010年代後半の日本企業では、社員全体の能力底上げ、会社全体としての価値観の共有といった、「集団としての企業」を意識した能力開発を進めていこうとする動きが依然強かったことがわかる。一方で今後力を入れたいという回答が比較的多かった取組みを見ると、「集団としての企業」を意識した能力開発を重要視する傾向とともに、2020年代の現在にもつながる、女性管理職の育成などの人材の多様性を拡げていく取組みや、ワーク・ライフ・バランスの推進などの社員の生活やwell-beingへの配慮、企業経営と人材活用・人材育成との連動の強化といった動きが強まる兆しがあり、これまでの傾向とこれからの傾向の交錯を確認することができる。

　第2に、これも既存の調査研究ではあまり焦点があたってこなかった社員の能力開発の方針と企業経営との関連について、経営活動の方針のなかで正社員の能力開発に関する取組みを重視しているかどうかの回答と関連をもちやすいのは、事業戦略と人材の関係、国内マーケットと海外マーケットのいずれを重視するか、事業展開のスピード、意思決定のあり方といった事項であった。事業戦略と人材の関係に関して、事業戦略に合わせて人材を採用するという方針の企業は、「一部の社員を対象とする選抜的な教育訓練」を重視する傾向が強いほか、「会社全体として共有したい価値観の明確化」、「経営層の育成」、「社員自身の意向を反映した仕事への配置」を重視する企業の割合がより高い。事業戦略に合わせて人材を確保しようとしていることから、会社として共有したり目指したりする価値観を明確にすることで、そこに向けての戦略も併せて明確にしようとする意図がうかがえる。

　また集計企業に占める割合は小さいが、海外マーケットを重視する企業において、正社員の能力開発に関する特定の取組みが、より積極的に進められていた。「海外で活躍できる人材の育成」のほか、「一部の社員を対象とする選抜的な教育訓練」も国内マーケットを重視する企業との回答割合の差が顕著である。選抜的な教育訓練は、海外進出にともない複雑化する事業や組織

の管理を担う人材を育成するために、より必要性が高まっていると推測される。事業展開にあたってスピードを重視しているという企業は、「経営計画・方針と育成・能力開発との結びつきの強化」のほか、「次世代の課長・部長候補に自覚を促す」ことを重視する傾向がより強い。事業展開の鍵を握る中間管理職の重要性を認識し、かれらの能力向上を望んで積極的に働きかけを行っている様子をうかがうことができる。

　第 3 に企業による能力開発施策について、過去 5 年間、教育訓練費用を重点的に配分してきた分野としては「新入社員・若年社員向け研修」という回答が最も多く、次いで回答が多かったのは、「管理職向けの階層別研修」であった。社員が自主的に行う能力開発である「自己啓発」に対する支援として行っている取組みについては、情報提供と金銭補助に回答が集まった。

　第 4 に、社員の能力開発に関して力を入れてきた取組みと教育訓練費用の重点的な配分分野との関連について分析すると、「新入社員・若年社員向け研修」、「管理職向けの階層別研修」は、正社員の能力開発に関して力を入れてきた取組みの内容にあまり左右されることなく、教育訓練費用の重点的な配分先として選択されている。一方で、「選抜型研修」、「リーダーシップやマネジメントスキルに関する研修」、「語学研修」、「海外での教育研修」は、能力開発に関して力を入れてきた取組みとの関連が比較的強い。

　「リーダーシップやマネジメントスキルに関する研修」は、「高度な専門能力を持つ人材の育成」、「社員全体の能力の底上げ」、「次世代の課長・部長候補に自覚を促す」、「女性管理職の育成・登用」といった取組みに力を入れている企業で、そうでない企業に比べて重点的配分分野とする傾向が強く、管理職人材の能力開発のほか、会社全体として人材の力を上げていくことや、高度専門能力の養成においても重要な手段とみなされていることがうかがえる。「選抜型研修」は、「一部の社員を対象とする選抜的な教育訓練」に力を入れている企業のほか、「経営層の育成」、「次世代の課長・部長候補に自覚を促す」、「女性管理職の育成・登用」といった取組みに力を入れている企業で、教育訓練費用が重点的に配分される傾向が強かった。事業遂行の中核を担う経営層・管理職層の能力開発を進めていこうとする企業において、必要性がより強く感じられていることが推測される。

第5に社員の能力開発を左右する仕事への配置については、約8割の企業が「社員本人の意向を聞くが、会社主導で決める」というかたちで実施している。「社員本人の意向を優先して決める」という企業は5.8％にとどまり、「社員本人の意向を聞くことなく決める」と答えた企業のほうが2倍以上多かった。社内公募を実施しているのは2割弱である。社員の能力開発に関わる企業と社員の意向の調整について、2010年代後半の時点では、従来と同様企業主導で調整していく傾向が強いことを確認できる結果であるが、こうした状況のなか、近年話題になることが多い、能力開発やキャリア形成を個々の社員の意思や自発性を反映して進めていくという「キャリア自律」の動きが、どのように展開されているのかが興味深い。

　第6に社員の能力開発に関わる職場管理者の位置づけについて、社員の能力開発に関わる人事管理の事項における人事部門と職場管理者との権限を見たところ、採用、昇進・昇格、要員・人件費に関わること、部門を超える異動など、特定の職場にとどまらない、会社全体に関わってくるような事項は会社が意思決定の権限を持ち、特定の職場での仕事やそこでの能力開発については職場管理者が意思決定の権限をもつという基本的な傾向が認められる。しかしこうした傾向とは異なる分担関係を実施している企業も少なからずあり、分担関係のあり方は一様ではない。

　第7に、社員の能力開発に関して企業が職場管理者に対して期待するのは、後継者となる職場管理者の育成、管理している部門でのOJTの推進、新人・若手社員の育成であり、こうした能力開発において職場管理者に期待する役割は、今後「大きくなる」と答えた企業が大半を占める。また、職場管理者に対する支援の取組みとしては、研修や情報提供、会社としての方針の周知などが中心で、「求める人材像に対する意識のすり合わせ」、「部下育成に対するコンサルティング」を、管理職に対する支援として行っている企業は少なかった。

　第8に社員の能力開発についての評価と課題について、能力開発がうまくいっていないという企業は、指導する人材の確保や会社としての支援体制の整備、職場管理者による能力開発支援の取組みといった、組織全体で能力開発を支える体制ができあがっていないことに課題を感じる傾向が、能力開発

がうまくいっている企業に比べて顕著に強い。企業としての能力開発のパフォーマンス向上をはかるうえでも、能力開発に関わる企業－職場管理者－社員の連携についてより理解を深め、取組みを進めていく必要のあることが示唆される。

第**3**章 | 人事部門・職場管理者・社員における能力開発の取組み

藤本　真・佐野　嘉秀

第1節　はじめに

　第2章では、日本企業が社員の能力開発に関連してどのような取組みを進めてきているかを明らかにし、さらにそれらの取組みが企業経営に関わる方針といかに関連してきたかを分析した。また、社員の能力開発やキャリア形成に関わる取組みに関して、企業・人事部門と職場管理者とのあいだでどのような分担関係が構築されており、職場管理者に対しての支援については企業がいかなる意図をもって、取組みを進めているかを確認した。

　しかし、能力開発に関わる取組みは、企業の意向や行動にのみ左右されるものではない。能力開発に関わる取組みが実際にどのように遂行されていくか、またそれらの取組みがどのような成果や影響をもたらすかには、企業としての能力開発に関わる施策を企画・管理する人事部門のほか、「職場」としてとらえられる企業内の各業務担当部門の職場管理者、および企業で働く個々の社員の行動や状況が大きく関わってくる。職場の状況や社員の行動と能力開発との関連については、第1章で振り返った「経験学習論」や「職場学習論」に該当する諸研究のなかで多くの知見が得られている。

　企業内各層の当事者の連携をともなう能力開発の全体像を「能力開発システム」としてとらえる本書においても、企業内各部門の管理者や社員の行動・状況は、企業・人事部門の能力開発に関わる意向や行動と並んで、実態把握や分析の中心的な対象となる。そこで本章では人事部門の担当者や企業内の各部門の管理者（職場管理者）、企業で働く社員が、それぞれ能力開発にどのように関わっているかをアンケート調査の集計・分析にもとづいて明らかにしていく。

　まず第2節では、企業調査をもとに、各企業が人事部門に期待する役割の相違と、その役割のちがいによって社員の能力開発につながる個別の配置転

換への人事部門の関わり方がどのように異なるかを示したうえで、そうした個別の配置転換への関与と人事部門の組織や人事部員のキャリアとの関連を分析する。これらをつうじて、社員の能力開発をめぐり、人事部門が他の部門の職場管理者や社員とどのように連携関係を築こうとしているのかを明らかにする。

　第3節では、職場管理者調査をもとに、職場管理者が自分の管理する職場において、部下の能力開発に関わる取組みをいかに進めているかを明らかにし、さらに、部下である社員の能力開発に関する企業・人事部門との分担や連携をどのようにとらえ、評価しているかについて見ていく。ここでは、企業・人事部門と社員との「結節点」としての職場管理者の役割に着目している。第4節では、社員における能力開発に関わる活動・状況を分析する。ここでは日本企業で働く社員の能力開発に関わる活動・状況について基本的な傾向を確認するとともに、社員のあいだに生じている相違についても分析していく。第5節は第2〜4節の分析結果をまとめたうえで、その含意について検討する。

第2節　人事部門の役割と能力開発

　本節では、企業における能力開発の重要な担い手である人事部門の役割に焦点をあてる。人事部門は社内でどのような役割を担おうとしているか。とくに本書の関心事である能力開発や、日本企業においてその手段と位置づけられる配置転換への関与に関してはどうか。また、これらの役割の実行を支える人事部門の組織と人事部員のキャリアはどうなっているか。企業調査の個票データの集計をもとにこれらを確認したい。

1. 人事部門の役割と能力開発の方針

　まず人事部門の役割についての基本方針について確認する。調査では、人事部門の担う役割として、①「経営戦略を実現するために、人事計画や要員計画の立案、経営層育成などの面で貢献する役割」、②「社員の要望や意見を把握し、社員を支援する役割」、③「配置や昇進、賃金の管理などを効果

的に進める、人事管理の専門職としての役割」、④「各部署の管理職と協力して、組織の再設計や変革を促す役割」の四つを用意した。それぞれ順に、Ulrich（1997）の整理による①「戦略の実現」、②「従業員からの貢献の促進」、③「管理の効率性向上」、④「変革とトランスフォーメーションの推進」という役割におよそ対応するイメージで作成した選択肢である[1]。簡略化のため、ここでは各役割を順に、①「戦略貢献」、②「社員支援」、③「管理遂行」、④「変革推進」と呼ぶ。

　設問では、調査票に示したこれら四つの役割が自社の人事部門にあてはまるかを尋ねている。**第3-1表**はその集計結果である[2]。ただし集計の対象は正社員数300人以上の企業に限定した。表には、企業の基本属性として、企業規模（正社員規模を指す。以下同じ）と業種別の集計も示している。

　第3-1表から、企業規模や業種を問わない全体としては、いずれの役割についても、半数前後の企業が自社の人事部門にあてはまるとしている。企業規模との関係を見ると、とくに①「戦略貢献」と③「管理遂行」の役割は、企業規模が大きくなるほど該当する割合が高い。また正社員数1,000人以上の企業では、いずれの役割についても自社にあてはまるとする割合が高くなっている。正社員数1,000人を超えるとくに大規模な企業で、人事部門が広い役割を担おうとしていることがわかる。

　職種別に見ると、全体の割合と比べて、製造・建設ではとくに①「戦略貢献」と②「社員支援」、情報通信・運輸・電気ガス熱供給水道では③「管理遂行」、サービス・その他では①「戦略貢献」が該当する割合が高い。卸売・小売・飲食・宿泊はいずれの役割も全体についての割合と近い。医療・福祉も②「戦略貢献」の割合が低いほかは全体の特徴に近い。このように人事部門の基本的な役割には、企業規模や業種によるちがいも見られる。各企業は事業の性格なども踏まえて、人事部門の基本的な役割を選択しているも

1　Ulrich（1997）は、これら基本的な役割にそれぞれ対応する人事部門のイメージを①「戦略パートナー」、②「従業員チャンピョン（旗手）」、③「管理のエキスパート」、③「変革推進者」と名づけている。

2　設問はそれぞれの役割について「当てはまる」「どちらとも言えない」「当てはまらない」の3択で尋ねている。第3-1表では、その結果をもとに、「当てはまる」を選択した票をそれぞれの役割に該当する票とみなして複数回答の形式で集計している。

第 3-1 表　人事部門の基本的な役割：正社員規模別・業種別

（複数回答、単位・%）

	n	【戦略貢献】経営戦略を実現するために、人事計画や要員計画の立案、経営層育成などの面で貢献する役割	【社員支援】社員の要望や意見を把握し、社員を支援する役割	【管理遂行】配置や昇進、賃金の管理などを効果的に進める、人事管理の専門職としての役割	【変革促進】部署の管理職と協力して、組織の再設計や変革を促す役割	無回答
集計企業全体	417	53.2	53.7	64.3	45.1	2.9
【正社員数】						
300〜499 人	222	50.0	53.2	59.0	46.4	3.6
500〜999 人	122	54.1	52.5	66.4	36.9	2.5
1,000 人以上	73	61.6	57.5	76.7	54.8	1.4
【業種】						
製造・建設	126	60.3	63.5	66.7	48.4	3.2
情報通信・運輸・電気ガス熱供給水道	47	48.9	46.8	74.5	42.6	2.1
卸売・小売・飲食・宿泊	56	48.2	53.6	62.5	44.6	1.8
医療・福祉	89	42.7	52.8	58.4	48.3	5.6
サービス・その他	95	58.9	45.3	63.2	38.9	1.1

注. 1）正社員数 300 人以上の企業 417 社の回答を集計。
　　2）業種について無回答の企業（n=4）の集計は省略している。
　　3）元の設問では、表頭の各役割についてそれぞれ「当てはまる」、「どちらとも言えない」、「当てはまらない」の３段階で尋ねており、このうち「当てはまる」を該当とみなすかたちで表頭の役割に関する複数回答として集計している。

のと考えられる。

　それではこうした人事部門の基本的な役割は、能力開発に関わる方針とどのような関係にあるか。ここではとくに①「戦略貢献」と②「社員支援」という二つの基本的な役割との関係に焦点をあてて分析することとしたい。いずれも最終的には経営への貢献を目指す人事部門の役割と考えられる。とはいえ、①「戦略貢献」はより直接的に経営への貢献を目指し、②「社員支援」は直接的には社員の利害の実現に向けた役割と見ることができる。それゆえ人事部門による①「戦略貢献」と②「社員支援」の役割の選択は、経営の求める人材の確保と、社員の利害に関わる技能形成やキャリアの支援とい

う二つの側面をもつ能力開発についての企業の方針にも影響を与えていると考える。

　人事部門において①「戦略貢献」と②「社員支援」は、必ずしも両立不可能な役割とはとらえられていない[3]。図や表としては示さないものの、両役割の組み合わせにより四つの類型に分類すると、①「戦略貢献」と②「社員支援」の両立を目指す「戦略貢献・社員支援」型が37.4％と最も高い割合を占める。このほか「戦略貢献のみ」型が15.3％、「社員支援のみ」型が16.1％、「いずれも役割としない」型が28.3％となっている（n＝417、無回答は2.9％）。

　第3-2表は、こうした人事部門の基本的な役割に関する類型と、企業の重視する能力開発のための取組みとの関係を見たものである。後者に関する設問では、企業が「正社員の育成・能力開発、キャリア管理に関連してどのような点に力を入れて」いるかを尋ねている。**第3-2表**では、表頭に示した事項に「力を入れ」る割合が、全体の平均よりも高いセルに網掛けして示している。

　集計から、「戦略貢献・社員支援」型では、指摘割合の低い「管理職キャリアと専門職キャリアの明確な区分」と「部長層・課長層のポスト削減」を除くすべての取組みを重視する割合が平均と比べて高い。このように、「戦略貢献」と「社員支援」をともに人事部門が担おうとする企業で、能力開発に関わる広い範囲の取組みを行おうとする傾向にある。反対に、いずれの役割にも消極的な「いずれも役割としない」型では、能力開発に関する取組みについても全般的に積極的ではない。

　直接、能力開発に関わる事項について、「戦略貢献のみ」型と「社員支援のみ」型とで、5ポイント以上の差を目安として相違点を見ると、「戦略貢

3　Ulrich（1997）は人事部門が付加価値を生む「ビジネスパートナー」として企業への貢献を果たすには、四つの役割を同時に遂行していくことが重要とした。こうした主張に対して、実証的根拠に乏しいとの批判もある。例えばHailey, Frandale and Truss（2005）は、イギリスでの実態を踏まえ、人事部門が事業戦略との連携に取り組む場合、結果として社員から距離を置くことにつながりかねない。また経営層と社員からの要請が競合する場合、人事部門は役割間の葛藤に直面することになるとする。Ulrich（1997）も、こうした①「戦略パートナー」と②「従業員チャンピオン」としての役割間に加え、③「管理のエキスパート」と④「変革推進者」としての役割間の矛盾についても指摘し、役割間のバランスを保つことを主張していた。

第3-2表　能力開発で重視する取組み：人事部門の役割類型別

（複数回答、単位・％）

	n	会社全体として共有したい価値観の明確化	経営計画・方針と育成・能力開発との結びつきの強化	高度な専門能力をもつ人材の育成	経営層（役員・本部長等）の育成	社員全体の能力の底上げ	一部の従業員を対象とする選抜的な教育訓練（選抜型研修等）	管理職キャリアと専門職キャリアの明確な区別	部長層・課長層のポスト削減	次世代の課長・部長層候補に自覚を促す	所属部署の枠を超えた業務経験機会の提供	社員自身の自主的なキャリア形成の促進	ワーク・ライフ・バランスの推進	海外で活躍できる人材の育成	女性管理職の育成・登用	ダイバーシティ・マネジメントの取組み	（選択肢の中で）力を入れていることはない	無回答
集計企業全体	417	54.0	44.8	35.7	18.2	67.6	30.0	8.9	2.6	41.0	14.4	27.1	38.6	12.0	27.6	12.7	1.2	1.9
戦略貢献・社員支援	156	58.3	53.2	41.0	21.8	72.4	32.7	7.1	1.9	43.6	20.5	28.8	47.4	17.9	28.8	16.0	0.0	1.9
戦略貢献のみ	64	56.3	48.4	28.1	12.5	67.2	32.8	9.4	6.3	39.1	6.3	28.1	37.5	7.8	31.3	17.2	3.1	0.0
社員支援のみ	67	50.7	40.3	40.3	20.9	76.1	32.8	11.9	1.5	49.3	16.4	29.9	40.3	14.9	26.9	14.9	1.5	3.0
いずれも役割としない	118	48.3	34.7	29.7	16.9	58.5	25.4	10.2	2.5	36.4	11.0	22.9	28.0	5.1	25.4	5.9	1.7	1.7

注：1）正社員数300人以上の企業417社の回答を集計。
2）類型全体の平均より割合の高いセルを網掛けしている。
3）全体の集計には、人事部門の役割について無回答の企業（n=12）も合わせて集計。

献のみ」型のほうが「企業全体として共有したい価値観の明確化」、「経営計画・方針と育成・能力開発との結びつきの強化」を重視する割合が高い。これに対し「社員支援のみ」型のほうが「高度な専門能力をもつ人材の育成」、「経営層（役員・本部長等）の育成」、「社員全体の能力の底上げ」、「次世代の課長・部長候補に自覚を促す」、「所属部署の枠を超えた業務経験機会の提供」、「社員自身の意向を反映した仕事への配置」「海外で活躍できる人材の育成」を挙げる企業が多い。

　このように「戦略貢献のみ」型では、企業としての価値や経営方針の能力開発への反映をやはり重視している。これに対し「社員支援のみ」型では、経営層の能力開発も含めて、社員の能力開発を支援する取組みを重視する傾向にある[4]。

2.　人事部門による配置転換への関与

　次に、人事部門の具体的な役割として、配置転換への関与に着目することとしたい。人事部門が個別の社員の配置転換の決定に関わることは、国際比較的に見た日本企業の特徴とされる（Jacoby 2005）。日本企業では、人事部門が配置転換に関与することで、雇用調整を円滑に行うだけでなく、社内での社員の能力開発を促していると考えられる（平野 2006b）。

　こうした人事部門による配置転換への関与は、人事部門がこれ以外に遂行する役割とどのような関係にあるか。これについて**第 3-3 表**は、人事部門の配置転換への関与の有無別に、人事部門が「現在果たしている役割」を集計したものである。設問では、個別の配置転換への関与（「個別の社員の配置・異動の決定」）も複数回答の選択肢の一つであった。**第 3-3 表**では同選択肢を表側において、人事部門が担う他の役割との関係を見ている。

　第 3-3 表から、今回の調査で人事部門が「現在果たしている役割」として「個別の社員の配置・異動の決定」を挙げる割合は、全体では 58.5% と

4　調査票に示した定義では、「経営層育成」は経営戦略の実現との関係で①「戦略貢献」の役割の中に位置づけた。しかし第 3-2 表で示したように集計上は、経営層の人材育成は②「社員支援」の役割に結びつく傾向にある。この点から、企業の実務においては、経営層の人材育成は社員の能力開発の延長線上に位置づけられることが多いと見られる。日本の大企業を中心とする経営層の人材の内部昇進をつうじた確保の慣行がこの背景にあると考えられる（野田 1995）。

第3-3表　人事部門の遂行する役割：人事部門による個別の配置転換への関与の有無別

(複数回答、単位・%)

	n	人事制度の設計・見直し	総額人件費の管理	各部門・事業所などの人件費の管理	個別の社員の配置・異動の決定	個別の社員の昇進・昇格管理	個別の社員の処遇決定	能力開発機会の社員への提供	キャリア形成への支援	社員・各部署に対し、労働法など人事管理に関わる情報を提供	無回答
集計企業全体	417	69.5	59.2	39.8	58.5	68.3	57.3	45.1	35.7	58.3	3.6
人事部門が個別の配置転換に関与	244	75.0	66.4	45.1	100.0	91.8	80.3	55.7	41.8	61.5	0.0
人事部門が個別の配置転換に非関与	158	67.7	53.8	35.4	0.0	38.6	27.2	32.9	29.7	58.9	0.0

注. 1) 正社員数300人以上の企業417社の回答を集計。
　　2) 全体の集計には、人事部門の配置転換への関与について無回答の企業（n=15）も合わせて集計。

なっている。今回の調査では、過半数を占める高い割合の企業で、人事部門が個別の配置転換に関与していることが確認できる[5]。

　人事部門の役割について、人事部門による個別の配置転換への関与の有無によるちがいを見ると、個別の配置転換に関与する人事部門では、非関与の人事部門と比べて、表頭に示した人事管理上の役割をより広く行っていることがわかる。とくに「個別の社員の昇進・昇格管理」、「個別の社員の処遇決定」に関して差が大きい。このように、個別の配置転換に関与する人事部門は、併せて昇進・昇格や処遇の決定といった個別的人事管理にも関わる傾向にある。能力開発に関しては、個別の配置転換に関与する人事部門において「能力開発機会の社員への提供」や「キャリア形成への支援」を担当する割合がより高い（順に、55.7％と41.8％）。こうした企業の人事部門は、これ

5　人事部門が個別の配置転換に関与する場合も、必ずしも人事部門のみで社員各人の配置転換を決定するわけではない。多くは、職場管理者と調整のうえ決定していると考えられる（八代2002、平野2011、一守2016、青木2018）。図や表としては示さないものの、今回の調査でも「部門内の異動」や「部門間の異動」を「もっぱら人事部門が決める」とした割合は、人事部門が個別の配置転換に関与する企業のうちそれぞれ7.8％と14.3％の低い割合にとどまる。部門間の配置転換への人事部門の関与の仕方としては、「各部署の意見を聞いたうえで人事部門が決める」（59.0％）かたちで関わることが多い（以上、n＝244）。

第 3-4 表　人事部門の基本的な役割：人事部門による個別の配置転換への関与の有無別

（単位・%）

	n	【戦略貢献】 経営戦略を実現するために、人事計画や要員計画の立案、経営層育成などの面で貢献する役割	【社員支援】 社員の要望や意見を把握し、社員を支援する役割	【管理遂行】 配置や昇進、賃金の管理などを効果的に進める、人事管理の専門職としての役割	【変革促進】 部署の管理職と協力して、組織の再設計や変革を促す役割	無回答
集計企業全体	417	53.2	53.7	64.3	45.1	2.9
人事部門が個別の配置転換に関与	244	63.9	61.1	77.5	53.3	2.5
人事部門が個別の配置転換に非関与	158	41.1	43.7	46.8	35.4	1.9

注．1）正社員数 300 人以上の企業 417 社の回答を集計。
　　2）全体の集計には、人事部門の配置転換への関与について無回答の企業（n=15）も合わせて集計。

ら能力開発の観点からも社員の個別の配置転換の決定に関わっていると考えられる。

　さらに**第 3-4 表**は、人事部門による個別の配置転換への関与の有無と、人事部門の基本的な役割との関係を見たものである。集計から、人事部門が個別の配置転換に関与する企業のほうが、いずれの役割についてもそれぞれ該当する割合が高い。これに対応して、**第 3-3 表**で確認したように、能力開発を含む人事管理上の役割を広く担当する傾向にあるのだと考えられる。

　ところで人事部門が個別の配置転換への関与により、適所適材の配置を行ったり、社員の能力開発を促したりするうえでは、人事部門として、社員各人の能力や仕事の希望といった人材情報を得ることがいっそう重要となろう。これに関して**第 3-5 表**は、個別の配置転換への関与の有無別に、人事部門が「各部署の正社員の人材情報（＝能力、仕事の希望等に関する情報）を、どのように把握」しているかを尋ねた結果を集計したものである。

　第 3-5 表から、個別の配置転換への関与の有無を問わない全体としては、「各部署の管理職の報告を通じて」や「人事評価、能力評価を通じて」、「自己申告制度を通じて」といった方法で人事情報を収集している割合が高い。多くの企業において、人事部門は職場管理者からの報告に加え、人事評価制

第3-5表　人材情報の収集方法：人事部門による個別の配置転換への関与
　　　　の有無別

（複数回答、単位・％）

	n	人事部門として社員全員と個別に面談	人事部門として一部の社員と個別に面談	各部署の管理職の報告を通じて	人事評価、能力評価を通じて	自己申告制度を通じて	社員からの相談の受付によって	労働組合・従業員組織との情報交換を通じて	その他	把握のための取組みは行っていない	無回答
集計企業全体	417	4.6	21.3	78.7	73.4	43.4	25.9	15.8	0.5	2.9	0.5
人事部門が個別の配置転換に関与	244	4.1	27.0	82.8	82.4	50.0	29.1	20.1	0.0	0.8	0.8
人事部門が個別の配置転換に非関与	158	4.4	13.9	71.5	62.0	36.1	22.2	10.1	1.3	5.7	0.0

注. 1）正社員数300人以上の企業417社の回答を集計。
　　2）全体の集計には、人事部門の配置転換への関与について無回答の企業（n=15）も合わせて集計。

度や自己申告制度といった人事制度をつうじて人材情報を得ていることがわ
かる。

　個別の配置転換への関与の有無別に見ると、個別の配置転換に関与する人
事部門では、これら「各部署の管理職の報告を通じて」や「人事評価、能力
評価を通じて」、「自己申告制度を通じて」といったフォーマルな人事制度に
よる人材情報の収集を行う割合がより高い。また実施割合自体はより低いも
のの「人事部門として一部の社員と個別に面談」や「社員からの相談の受付
によって」、「労働組合・従業員組織との情報交換を通じて」人材情報を収集
する割合もより高い。

　以上の結果から、とくに個別の配置転換に関与する人事部門では、ライン
管理者からの報告のほか、人事評価制度や自己申告制度からの情報の取得、
一部の社員との直接の面談や相談対応、労働組合等との情報交換といった
様々なルートを利用して、人材情報の収集を行う傾向にある。これにより配
置転換をはじめとする個別的人事管理のための質の高い人材情報の収集がは
かられているものと考える[6]。

3.　人事部門の役割の変化

　各企業の人事部門の役割は必ずしも固定的なものではない。その近年の変

化について確認しておきたい。調査では、人事部門における担当する役割も含めた「過去 5 年間」の変化を尋ねている。**第 3-6 表**は、その具体的な内容について集計したものである。同表から、そうした変化の一つとして「人事部門の役割の拡大」を挙げる企業は、全体では 42.4% の少なくない割合を占める。同表では、さらに「人事部門の役割の拡大」の有無別に、同じ設問で回答されたその他の変化を集計している。

第 3-6 表から、まず「人事部門の役割の拡大」の有無を問わない全体に

第 3-6 表　過去 5 年間の人事部門における変化：人事部門の役割拡大の有無別

（複数回答、単位・%）

	n	人事部門の増員	人事部門の要員削減	人事管理業務の一部外注化	人事部門の役割の拡大	人事部門の役割の縮小	育成・能力開発に関する役割の拡大	育成・能力開発に関する役割の縮小	経営戦略、経営計画に関与する機会の増加
集計企業全体	417	31.7	12.9	9.6	42.4	3.4	45.6	2.6	21.1
人事部門の役割拡大あり	177	44.1	13.6	11.3	100.0	0.0	66.7	1.7	39.0
人事部門の役割拡大なし	235	23.0	12.8	8.5	0.0	6.0	30.6	3.4	8.1

	企業組織再編に関わる業務の増加	人事管理に関連する法改正に対応する業務の増加	労働組合・従業員組織との間の労使コミュニケーションの増加	労働組合・従業員組織との間の労使コミュニケーションの減少	個別社員の配置や処遇に対する関与の拡大	個別社員からの相談・苦情への対応の増加	その他	とくに変化はない	無回答
正社員 300 人以上企業全体	19.7	62.6	18.5	2.2	21.1	25.4	0.5	11.8	1.2
人事部門の役割拡大あり	29.4	70.6	26.6	4.0	35.6	33.3	0.0	0.0	0.0
人事部門の役割拡大なし	12.8	57.9	12.8	0.9	10.6	20.0	0.9	20.9	0.0

注．1）正社員数 300 人以上の企業 417 社の回答を集計。
　　2）全体の集計には、人事部門の役割拡大の有無について無回答の企業（n=5）も合わせて集計。

6　青木（2018）は事例の分析から、事業部門を越える配置転換について本社人事部門が強い決定権をもつ事例では、本社人事部門が細密な社員情報の収集を行うことで、事業部門とのあいだの情報の非対称性を相対的に小さくしていることを指摘する。人事部門による質の高い人材情報の収集は、人事部門が配置転換に関与するうえでの権限の基盤ともなることが示唆される。人事部門のもつ人材情報が個別的人事管理における人事部門のパワーの源泉であるとの指摘は平野（2011）にも見られる。

ついての集計を見ると、最も指摘の多い「人事管理に関連する法改正に対応する業務の増加」（62.6％）に次ぐ割合で、「育成・能力開発に関する役割の拡大」を挙げる企業が多い（45.6％）。本書が焦点をあてる能力開発に関しては、調査時点の 2016 年に向けて、人事部門の役割が大きくなったとする企業が多いことがわかる。このほか「経営戦略、経営計画に関与する機会の増加」や「個別社員の配置や処遇に対する関与の拡大」、「企業組織再編に関わる業務の増加」、「労働組合・従業員組織との間の労使コミュニケーションの増加」、「個別社員からの相談・苦情への対応の増加」を指摘する割合もそれぞれ 2 割程度を占める。こうした様々な役割について拡大が指摘されるなかで、「人事部門の増員」があったとする割合は全体でも 31.7％ の少なくない割合を占める。他方で「人事部門の役割の縮小」（3.4％）や「人事部員の要員削減」（12.9％）を指摘する企業はより少数にとどまる。

　人事部門の「役割の拡大」の有無別の集計を見ると、「役割の拡大」を経験した人事部門では、とくに「育成・能力開発に関する役割の拡大」や「経営戦略、経営計画に関与する機会の増加」、「個別社員の配置や処遇に対する関与の拡大」を経験する割合が高くなっている。これから近年では、とくに能力開発や経営計画への参画、社員の個別的な人事管理に関して人事部門の役割が拡大した企業が多かったと考えられる。また「役割の拡大」を経験した人事部門では「人事部員の増員」が行われたとする割合もより高い。人事部門の役割の拡大に併せて人事部員の増員を行った企業も少なくないと見られる。

　以上より、2010 年代前半においては、経営計画への参画や個別的な人事管理への関与、そして能力開発を中心に人事部門の役割が拡大し、これに対応して人事部員の増員をはかる企業が少なくなかったことがわかる[7]。

4．人事部門の組織と人事部員のキャリア

　それでは、人事部門は、どのような組織をもとに、このような能力開発を含む広い役割を実行しているか。また、どのようなキャリアの社員を人事部門に配置することで、役割の実行を担う人材を確保しているか。この節の最後に、人事部門の役割を支える組織と、人事部員のキャリアについて確認し

たい。

第 3-7 表は、人事部門を統括し代表する立場にあると考えられる人事担当取締役（「人事管理担当の取締役」）の有無について、企業の基本属性としての企業規模（正社員数）と、人事部門による個別の配置転換への関与の有無別に集計したものである。経営役員における人事担当者の有無は、企業での人事部門の位置づけ（権威）の高さを示すと考える（Jacoby 2005、島貫 2018）。そして人事部門の高い位置づけは、個別の配置転換への関与などの個別的人事管理を遂行するうえでの人事部門の権限の基盤ともなると考える。

第 3-7 表より、全体としては約 6 割の多くの企業が、人事担当取締役を

第 3-7 表　人事担当取締役の有無：正社員規模別・人事部門による個別の配置転換への関与の有無別

（単位・％）

	n	人事担当取締役がいる	人事担当取締役はいない	無回答
集計企業全体	417	58.3	37.6	4.1
【正社員数】				
300〜499 人	222	57.7	38.7	3.6
500〜999 人	122	56.6	37.7	5.7
1,000 人以上	73	63.0	34.2	2.7
【人事部門による個別の配置転換への関与の有無】				
人事部門が個別の配置転換に関与	244	63.5	32.4	4.1
人事部門が個別の配置転換に非関与	158	51.9	44.3	3.8

注. 1）正社員数 300 人以上の企業 417 社の回答を集計。
　　2）人事部門の配置転換への関与について無回答の企業（n=15）の集計は省略している。

7　この間の人事部門の権限の変化に関して、過去 5 年間の「人事管理に関する権限」の変化としては「人事部門の権限が大きくなる」とした割合は 9.4％、「どちらとも言えない」は 78.9％、「各部署の権限が大きくなる」が 11.0％、無回答 0.7％であった（N＝417）。これから 2010 年代前半において、人事部門とラインとのあいだの権限配分には大きな変化がなかった企業がほとんどと見られる。欧州で 2000 年前後に研究上も関心を集めた人事部門の権限のラインへの委譲の傾向（Larsen and Brewster 2003 など）は、少なくとも 2010 年代前半の日本企業にはあてはまらないと考えられる。とはいえ、例えば注 5 で示した集計結果からもわかるように、部門間の配置転換に関して、職場管理者の側が「決める」権限をもつ企業も一部に見られる。こうした側面では、人事管理の権限の職場管理者への委譲がすでに進展していると解釈できる。

第3-8表 人事部員の配置状況：正社員規模別・人事部門による個別の配置転換への関与の有無別

(単位・%)

	n	人事部門の社員は本社のみに配置	人事部門の社員は本社以外の事業部・事業所などにも配置	無回答
集計企業全体	417	78.9	19.9	1.2
【正社員数】				
300〜499人	222	82.9	15.8	1.4
500〜999人	122	82.8	17.2	0.0
1,000人以上	73	60.3	37.0	2.7
【人事部門による個別の配置転換への関与の有無】				
人事部門が個別の配置転換に関与	244	78.3	21.3	0.4
人事部門が個別の配置転換に非関与	158	81.6	17.7	0.6

注. 1) 正社員数300人以上の企業417社の回答を集計。
2) 人事部門の配置転換への関与について無回答の企業 (n=15) の集計は省略している。

配置している。企業における人事部門の位置づけの高さがうかがわれる。こうした人事担当取締役を配置する企業の割合には、企業規模による大きなちがいは見られない。他方で、人事部門が個別の配置転換に関与する企業のほうが、人事担当取締役を配置する割合が高い[8]。人事部門が高い位置づけにある企業において、これに対応する強い権限をもとに、人事部門が個別的人事管理に関与する傾向が読み取れる[9]。

人事部門の組織に関して、**第3-8表**は、同じく企業規模と、個別の配置転換への人事部門の関与の有無別に、人事部員（「人事部門の社員」）の本社

8　カイ二乗検定によると、企業規模と人事担当取締役の配置には統計的に有意な関係が見られない。他方、人事部門の配置転換への関与と人事担当取締役の配置には有意水準は10%ながら統計的に有意な関係が見られる。

9　島貫（2018）はオリジナルなアンケート調査にもとづく分析から、人事部門長が取締役会の一員であるかと、「管理職」の「異動・配置転換」、「昇進者決定」、「賃金決定」への本社人事部の意向の反映度のあいだに統計的な有意な関係が確認できないとの結果を示している。人事担当取締役の有無で示される人事部門の社内での位置づけ（権威）が、人事部門の関与する個別的人事管理における決定にどれだけ強い影響を与えるかについては、事例分析も含めたさらなる研究が必要と考える。

第 3-9 表　人事部員のキャリア：正社員規模別・人事部門による個別の配置転換への関与の有無別

（複数回答、単位・%）

	n	新卒で入社したときから人事部門に配属	新卒で入社後、他の部門を経験し、20歳台で人事部門に配属	新卒で入社後、他の部門を経験し、30歳台で人事部門に配属	新卒で入社後、他の部門を経験し、40歳台で人事部門に配属	新卒で入社後、他の部門を経験し、50歳台で人事部門に配属	その他	無回答
集計企業全体	417	44.4	34.8	46.0	34.1	12.7	32.4	1.9
【正社員数】								
300〜499 人	222	40.1	23.4	36.9	27.5	8.1	37.4	1.8
500〜999 人	122	42.6	41.8	52.5	41.0	15.6	27.0	2.5
1,000 人以上	73	60.3	57.5	63.0	42.5	21.9	26.0	1.4
【人事部門による個別の配置転換への関与の有無】								
人事部門が個別の配置転換に関与	244	44.3	41.0	49.2	39.3	16.4	30.3	1.6
人事部門が個別の配置転換に非関与	158	45.6	28.5	42.4	26.6	7.6	36.1	1.3

注.　1)　正社員数 300 人以上の企業 417 社の回答を集計。
　　2)　人事部門の配置転換への関与について無回答の企業（n=15）の集計は省略している。

以外の事業部・事業所への配置状況について集計したものである。正社員数 1,000 人以上の企業で、本社以外にも人事部門を配置する割合がやや高く 4 割弱を占める。これにより、本社人事部門のみでは対応しきれない事業部・事業所での人事管理の遂行を実現しているものと考えられる。他方で、人事部門による個別の配置転換への関与と、人事部員の事業部・事業所への配置のあいだには、必ずしも明確な関係は見られない[10]。

　人事部員のキャリアについてはどうか。**第 3-9 表**には、企業規模および個別の配置転換への人事部門の関与の有無別に、「本社人事部門の社員の人事部門配属までのキャリア」を集計している。これから、まず企業規模別では、およそ企業規模が大きいほど、多様な企業内キャリアの社員を人事部門に配置する傾向にある。すなわち、およそ企業規模が大きいほど、「新卒で入社したときから人事部門に配属」のほか、「新卒で入社後、他の部門を経験し」たうえで、「20 歳台」から「50 歳台」までのいずれかの年齢で「人事

10　カイ二乗検定によると、企業規模と本社以外への人事部員の配置には有意水準 1% で統計的に有意な関係が見られる。他方、人事部門による個別の配置転換への関与と本社以外への人事部員の配置とのあいだには統計的に有意な関係が見られない。

部門に配属」というキャリアを挙げる割合が高い[11]。

　人事部門の配置転換への関与の有無との関係では、人事部門が個別の配置転換に関与する企業のほうが、「他の部門を経験し」たうえでいずれかの年齢で「人事部門に配属」するキャリアを挙げる割合がより高い。こうした傾向の背景として、このような人事部門以外の職場での経験をつうじて、企業内のより広い範囲の職場における仕事や人材の知識、人的ネットワークを人事部門がもつことが、人事部門が配置転換を含む個別的人事管理を効果的に実行するうえで有益であるとの企業の判断が働いている可能性がある（八代1999：80-81）。

第3節　社員の能力開発をめぐる職場の状況と職場管理者の活動

1．職場管理者による部下の管理・指導

　次に職場管理者調査から、職場における能力開発の取組みやキャリア形成に関わる状況をとらえていくことしよう。「職場」が所属する部門は、「総務部門」（18.9％）という回答が最も多く、以下「人事労務・教育部門」（16.4％）、「営業・販売部門」（14.6％）、「サービス提供部門」（10.7％）、「経理・財務部門」（10.1％）などと続く。職場の正社員数の平均値は93.7人、中央値は11.0人、うち女性正社員数の平均値は29.2人、中央値は3.0人であった（無回答の職場管理者のデータは除いて集計）。調査前年1年間における部署の正社員の増減については、27.8％の管理職が「増加」、49.3％が「変わらない」、18.0％が「減少」と回答した。

　職場における能力開発やキャリア形成に関わる取組みにも影響を与えうると考えられるため、職場管理者が普段どのように部下の管理や指導を行っているかに着目した（**第3-1図**）。

11　「その他」には、選択肢として示さない中途採用者の人事部門への配置が含まれる可能性がある。第3-9表の集計において、正社員数300〜499人までの相対的に小規模な企業ほど「その他」が多いことは、そうした企業ほど中途採用者が多いために、人事部門への中途採用者の配置も多いことを反映している可能性が考えられる。

第 3-1 図　普段どのように部下の指導や管理を行っているか

（複数回答、単位・%）

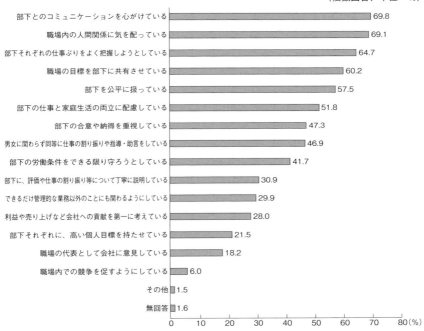

注. 職場管理者調査に回答した 954 人の職場管理者の回答を集計。「その他」、「無回答」以外の項目は、回答の多かった順に上から掲示している。

　最も回答が多かったのは「部下とのコミュニケーションを心がけている」（69.8％）で、「職場の人間関係に気を配っている」（69.1％）、「部下それぞれの仕事ぶりをよく把握しようとしている」（64.7％）、「職場の目標を部下に共有させている」（60.2％）と続く。多くの職場管理者が、職場が集団として有効に機能するように、部下とのコミュニケーションや、部下の仕事ぶりの把握を重視し、良好な人間関係の構築や職場としての目標の浸透をはかっていることがわかる。

　さらに部下の仕事上の目標や課題をどのように決めているかを職場管理者に尋ねたところ、「部下の意見は聞かずに決めることが多い」という回答が4.2％、「部下の意見は聞くものの、あまりそれを取り入れずに決めることが

多い」という回答が17.2％ で、75.8％ の職場管理者が「部下の意見を取り入れるかたちで決めることが多い」と回答している（無回答2.8％、n＝954）。部下とのコミュニケーションや、部下の仕事ぶりの把握の一環とも解釈できるが、日本企業の職場では、仕事上の目標や課題の設定にあたって、職場管理者と部下である社員とのあいだで意見を交換する機会がかなりあると見られる。そしてこうした機会が、職場管理者と社員との能力開発をめぐる連携の機会へとつながっていく可能性がある。

2. 部下の能力開発支援

では、能力開発をめぐって職場管理者と社員とのあいだにどのような連携が見られるか。職場管理者に部下の能力開発に対する支援の状況を尋ねたところ、「十分にできている」と答えた管理職は1.0％、「ある程度できている」と答えた管理職は31.9％ で、双方合わせて支援ができていると評価する職場管理者は約3分の1である。逆に「あまりできていない」という回答は24.2％、「まったくできていない」という回答は3.1％ で、3割弱の職場管理者は支援ができていないと評価している。「どちらとも言えない」という職場管理者は38.7％ であった（無回答1.0％、n＝954）。

部下の能力開発における支援の取組みとしては、多くの職場管理者が「仕事のやり方について助言している」（71.1％）、「仕事を行う上での心構えを示している」（54.2％）、「仕事に必要な知識を提供している」（52.6％）、「現在の仕事について相談に乗っている」（52.1％）といったことを実施している。助言や相談対応、知識面や心理面での支援が、部下支援の中心的な活動であるといえる（**第3-10表**）。

第3-10表には、部下の支援ができているという管理職と、できていないという管理職の各回答の割合を併記し、両者で15ポイント以上の割合の差が見られる取組みに網掛けしている。「身につけるべき知識や能力について説明している」（差は27.3ポイント、以下同様）、「仕事を行う上での心構えを示している」（23.0ポイント）、「次に目指すべき仕事や役割を示している」（22.8ポイント）、「仕事を振り返り、考えさせている」（21.8ポイント）といった取組みは、差が20ポイント以上あり、とりわけ回答傾向にちがいが

第 3-10 表　部下の能力開発に対する支援の取組み：支援についての自己評価別

（複数回答、単位：%）

	集計職場 管理者全体 （n=954）	支援が できている 職場管理者 （n=314）	支援が できていない 職場管理者 （n=261）
仕事を行う上での心構えを示している	54.2	65.9	42.9
身につけるべき知識や能力について説明している	48.2	61.8	34.5
仕事に必要な知識を提供している	52.6	58.6	41.8
仕事のやり方について助言している	71.1	73.6	67.0
仕事を振り返り、考えさせている	38.3	49.4	27.6
仕事のやり方を実際に見せている	38.9	46.5	35.2
より高度な仕事を割り振っている	20.5	31.5	12.3
仕事の幅を広げている	36.8	45.9	30.7
後輩の指導を任せている	26.5	36.0	21.5
業務に関するマニュアルを配布している	12.1	14.0	9.6
次に目指すべき仕事や役割を示している	30.4	44.6	21.8
目指すべき人材像を明確に示している	13.6	21.3	8.0
会社の人材育成方針について説明している	15.6	22.3	8.0
現在の仕事について相談に乗っている	52.1	62.4	43.3
今後のキャリアについて相談に乗っている	16.7	28.3	9.2
今後のキャリアについて目標を示している	10.5	16.6	5.7
能力向上を人事評価に反映している	28.3	37.3	20.3
自己啓発ができるよう勤務時間に配慮している	9.0	13.4	5.7
研修・セミナー等に関する情報を提供している	33.4	38.5	30.3
その他	0.4	0.6	0.0
能力開発に関する支援はしていない	1.6	0.0	4.6

注．1)「支援ができている職場管理者」：部下の能力開発に対する支援が「十分にできている」または「ある程度できてい
　　　る」と回答した職場管理者。
　　　「支援ができていない職場管理者」：部下の能力開発に対する支援が「あまりできていない」または「まったくでき
　　　ていない」と回答した職場管理者。
　　2) 網掛けをしているのは、部下の能力開発に対する支援ができている職場管理者と、できていない職場管理者とのあ
　　　いだで、回答の割合に 15 ポイント以上の差があった取組みである。
　　3) いずれの選択肢にも回答していない管理者（職場管理者全体で 1.7%）は表示していないが、集計対象には含まれ
　　　ている。

見られる。これらの項目からは、支援ができていないという管理職が、知識
面や心理面での支援といった管理職による主要な支援活動に取り組む傾向が
弱いことと同時に、支援ができているという管理職においては、部下に対す
る方向性の示唆や部下の振り返りを促すといった取組みが、主要な支援活動
とともに実施されていることが浮かび上がってくる。

3. 人事部門との分担と連携

(1) 人事部門との分担

　部下である社員の能力開発やキャリア形成に関し、職場管理者は会社人事部門との関係をどのようにとらえているか。

　職場管理者調査では、社員の能力開発やキャリア形成に関わる人事管理上の事項につき、会社と職場管理者とのあいだでどのように分担しているかについて、企業調査と同様の質問項目で尋ねている。その結果を**第3-11表**に示した。

　「新卒採用者の人選」、「中途採用の人選」、「要員計画」、「各部門の人件費」、「部門を超えた異動」、「部長層への昇進・昇格」、「課長層への昇進・昇格」は、人事部門が決める（「もっぱら人事部門が決める」、「各部署の管理職の意見を聞いたうえで人事部門が決める」）と回答した職場管理者が半数を超える。これに対し、「部門内の異動」、「人事評価」、「各部門の育成・能力開発の目標・方針」、「職場における OJT の進め方」、「研修・セミナー等

第3-11表　社員の能力開発に関わる人事管理事項についての人事部門と職場管理者との分担（職場管理者の回答）

(単位・%)

	もっぱら人事部門が決める	各部署の管理職の意見を聞いたうえで人事部門が決める	人事部門から意見はするが、各部署の管理職が決める	もっぱら各部署の管理職が決める	無回答
a. 新卒採用者の人選	47.0	31.6	11.2	6.7	3.6
b. 中途採用の人選	29.9	36.8	16.9	13.6	2.8
c. 要員計画	20.9	42.2	15.3	18.6	3.0
d. 各部門の人件費	34.3	27.6	14.2	18.9	5.1
e. 部門内の異動	15.4	29.2	20.5	31.8	3.0
f. 部門を超えた異動	22.2	43.5	19.2	11.4	3.7
g. 人事評価	9.9	30.7	22.5	33.2	3.7
h. 部長層への昇進・昇格	35.5	37.1	11.1	11.6	4.6
i. 課長層への昇進・昇格	26.9	42.3	13.6	12.5	4.6
j. 各部門の育成・能力開発の目標・方針	13.7	22.2	26.4	33.9	3.8
k. 職場における OJT の進め方	9.4	14.6	23.9	48.4	3.7
l. 研修・セミナー等への参加者の人選	10.7	18.6	25.7	42.6	2.5

注. 職場管理者調査に回答した954人の職場管理者の回答を集計。

への参加者の人選」は、職場管理者が決める（「もっぱら各部署の管理職が
決める」、「人事部門から意見はするが、各部署の管理職が決める」）という
回答が半数を超える。こうした回答の分布は、企業調査における回答分布
（第 2 章**第 2-4 表**）と同様であり、採用、昇進・昇格、要員・人件費に関わ
ること、部門を超える異動など、特定の職場にとどまらない、会社全体に関
わってくるような事項は人事部門が意思決定の権限をもち、特定の職場での
仕事やそこでの能力開発については職場管理者が意思決定の権限をもつとい
う傾向は、職場管理者の回答においても確認できる。

　ただ、いずれの事項についても、職場管理者調査の回答分布では、人事部
門が決めるという回答の割合が企業調査の回答分布におけるよりも高くなっ
ており、企業側が考えるほどには各事項についての意思決定を任されている
とは感じていないことがうかがえる。また、企業調査の回答分布よりは各事
項について人事部門が決めるという回答の割合が高くはなるものの、人事部
門が決めるまたは職場管理者が決めるという回答の割合が 8 割を超える事項
はなく、各事項の意思決定の分担関係は企業によって相違があり一様とはい
えないことが、企業調査の結果と同様にうかがえる。

（2）会社から期待されていること・職場管理者として力を入れていること

　第 3-2 図に、職場管理者が、部下の能力開発に関して会社から期待され
ていると感じていることについての回答をまとめた。「部署での育成・能力
開発（OJT）を担うこと」（66.5％）という回答が最も多く、「部署を担う次
の管理職を育成すること」（64.7％）、「部下に会社の方針・理念を示すこと」
（62.7％）、「新人・若手社員の育成」（62.1％）と続く。部署での能力開発を
担うことや、部署を担う次の管理職を育成すること、新人・若手社員の育成
は、企業調査の職場管理者に対しての期待を尋ねた質問においても、回答の
多い上位 3 項目であり（第 2 章**第 2-5 図**）、企業側の期待はおおむね職場管
理者にも伝わっていると見ることができる。

　第 3-2 図にはさらに、職場管理者が部下の能力開発について力を入れて
いることについての回答結果も掲載している。会社から期待されていること
としての回答が半数を超えていた項目（「部署での育成・能力開発（OJT）

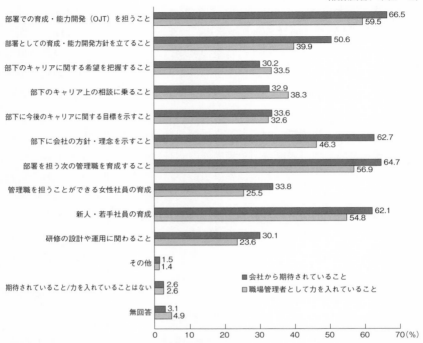

第3-2図　部下の能力開発に関して会社から期待されていること・職場管理者として力を入れていること

（複数回答、単位・%）

- 部署での育成・能力開発（OJT）を担うこと　66.5 / 59.5
- 部署としての育成・能力開発方針を立てること　50.6 / 39.9
- 部下のキャリアに関する希望を把握すること　30.2 / 33.5
- 部下のキャリア上の相談に乗ること　32.9 / 38.3
- 部下に今後のキャリアに関する目標を示すこと　33.6 / 32.6
- 部下に会社の方針・理念を示すこと　62.7 / 46.3
- 部署を担う次の管理職を育成すること　64.7 / 56.9
- 管理職を担うことができる女性社員の育成　33.8 / 25.5
- 新人・若手社員の育成　62.1 / 54.8
- 研修の設計や運用に関わること　30.1 / 23.6
- その他　1.5 / 1.4
- 期待されていること/力を入れていることはない　2.6 / 2.6
- 無回答　3.1 / 4.9

■ 会社から期待されていること
▨ 職場管理者として力を入れていること

注. 職場管理者調査に回答した954人の職場管理者の回答を集計。

を担うこと」、「部署を担う次の管理職を育成すること」、「部下に会社の方針・理念を示すこと」、「新人・若手社員の育成」、「部署としての育成・能力開発方針を立てること」）についてはいずれも、部下の能力開発について力を入れていることとしての回答の割合が会社から期待されていることとしての回答の割合を下回っており、会社からの期待を感じ取りやすい項目に注力しきれない職場管理者の状況をうかがうことができる。

　力を入れていることとしての回答の割合が会社から期待されていることとしての回答の割合を上回っているのは「部下のキャリアに関する希望を把握すること」、「部下のキャリア上の相談に乗ること」の2項目であるが、これらについては**第3-1図**に示したように、多くの職場管理者が部下とのコ

第 3-3 図　職場管理者が社員の能力開発を担うことのメリット

(複数回答、単位・%)

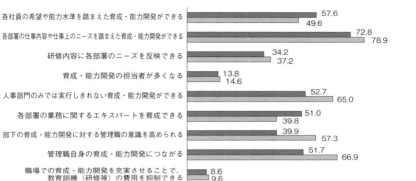

注. 1)「職場管理者」は企業調査とマッチング可能で正社員数 300 人以上の企業に勤める 596 人の職場管理者の回答の集計結果。「企業」は企業調査に回答した正社員数 300 人以上の 417 社の回答の集計結果。
2)「とくにメリットはない」は、正社員数 300 人以上の企業では回答がなかった。

ミュニケーションに力を入れるなかで、会社からの期待にかかわらずに進めているため、こうした結果が生じているのではないかと考えられる。

　職場管理者が社員の能力開発を担うことのメリットとして、職場管理者の中では、「各部署の仕事内容や仕事上のニーズを踏まえた育成・能力開発ができる」(72.8%)、「各社員の希望や能力水準を踏まえた育成・能力開発ができる」(57.6%)、「人事部門のみでは実行しきれない育成・能力開発ができる」(52.7%)、「管理職自身の育成・能力開発につながる」(51.7%)、「各部署の業務に関するエキスパートを育成できる」(51.0%) の指摘が比較的多い（**第 3-3 図**）。

　第 3-3 図に、第 2 章で示した職場管理者に能力開発を任せることについての企業側の回答結果（第 2 章**第 2-6 図**）を併せて掲載すると、職場管理者において回答が多かった項目のうち、「各社員の希望や能力水準を踏まえた育成・能力開発ができる」と「各部署の業務に関するエキスパートを育成

できる」については、職場管理者の回答の割合のほうが高いが、「各部署の仕事内容や仕事上のニーズを踏まえた育成・能力開発ができる」、「管理職自身の育成・能力開発につながる」、「人事部門のみでは実行しきれない育成・能力開発ができる」は、企業の回答の割合のほうが高い。職場管理者が、職場における仕事や仕事を担当する社員といった、職場管理者が目にする職場の実態を反映した能力開発が行えることをメリットとして挙げる傾向がより強い一方で、企業側は人事部門のみでは実行しきれない能力開発や、社員の能力開発に取り組む職場管理者への効果など、直接的な管理がおよびにくい面でのメリットを挙げる傾向がより強いといえる。

(3) 人事部門との連携についての認識

　部下の能力開発に関して、人事部門と十分に連携ができているか否かを職場管理者に尋ねたところ、「十分に連携できている」という回答が10.6%、「ある程度連携できている」という回答が29.5% で、合わせて 40% 近くの職場管理者が人事部門と連携ができていると感じている。反面、「あまり連携できていない」という職場管理者は16.1%、「全く連携できていない」という職場管理者は8.1% で、約 25% が人事部門との連携ができていないと感じている。「どちらともいえない」と回答した職場管理者の割合は32.5%であった（無回答 2.8%、n = 954）。

　職場管理者は会社の人事部門が行う支援・連携の取組みについてどのように認識しているだろうか。回答者である職場管理者が行う部下の能力開発のために、勤務先の人事部門が行っている取組みについて尋ねた結果を**第 3-4 図**にまとめた。

　「セミナー・研修に関する情報の提供」を挙げる職場管理者が51.8% と最も多く、以下、回答の多い順に「部下育成に関する管理職研修」（50.7%）、「会社としての育成・能力開発方針の作成・周知」（43.1%）と続く。一方で、「部下育成に関するコンサルティング」（7.4%）、「育成・能力開発に関わる管理職の負担を考慮した要員配置」（8.9%）を挙げた職場管理者は 10%に満たない。

　企業側の支援・連携に関する回答と比べると、職場管理者が比較的多く挙

第 3-4 図　職場管理者に対する能力開発のための支援・連携の取組み

(複数回答、単位・%)

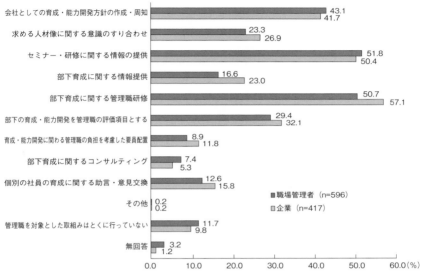

注. 「職場管理者」は企業調査とマッチング可能で正社員数 300 人以上の企業に勤める 596 人の職場管理者の回答の集計
　　結果。「企業」は企業調査に回答した正社員数 300 人以上の 417 社の回答の集計結果。

げている支援・連携の取組みと、企業側で回答の割合が高い取組みとのあい
だにちがいは見られない。また、職場管理者、企業側の各取組みに対する回
答の割合にも大きな差はなく、支援・連携の取組みに関しては、職場管理者
と企業側とで、全体的にはさほどの認識のちがいは見られないといってよ
い。

4.　職場における能力開発についての評価と課題

　自らが管理する部署における正社員の能力開発についての職場管理者の評
価を第 3-12 表に示した。表中 a〜b として記した正社員の人材タイプ別に、
「職場にいない」と「無回答」を差し引いたうえで、順調と評価した（「とて
も順調」または「ある程度順調」と回答した）職場管理者の割合を算出した
ところ、a. 63.0%、b. 61.7%、c. 57.0%、d. 63.5% となり、他の人材タ
イプに比べて、中堅の正社員で、割合がやや低くなっている。正社員メン

第3-12表　管理している部署の正社員の能力開発に関する評価

（単位・％）

	とても順調	ある程度順調	あまり順調でない	まったく順調でない	職場にいない	無回答
a.　男性の正社員	3.5	55.7	30.6	4.2	3.8	2.3
b.　女性の正社員	3.7	50.1	28.4	5.0	10.9	1.9
c.　中堅の正社員	4.0	48.8	35.6	4.2	3.7	3.7
d.　若手の正社員	5.5	45.2	24.4	4.7	15.4	4.8
e.　正社員メンバー全体	2.5	56.8	33.3	3.0	0.7	3.6

注．職場管理者調査に回答した954人の職場管理者の回答を集計。

第3-13表　部下の能力開発に関する課題：職場における正社員の能力開発についての評価別

（複数回答、単位・％）

	職場管理者全体 （n=954）	職場の正社員の能力開発が順調と評価する職場管理者 （n=566）	職場の正社員の能力開発が順調でないと評価する職場管理者 （n=346）
育成・能力開発のための知識やノウハウが足りない	41.1	38.9	45.5
育成・能力開発に対して関心がもてない	3.6	2.3	5.5
過度な負担がかかる	18.0	17.7	19.9
会社全体のニーズに合わせた育成・能力開発ができない	18.2	17.0	21.6
業績上の目標達成に追われて、育成・能力開発を後回しにせざるをえない	25.6	23.0	30.3
育成・能力開発を行う時間的余裕がない	45.5	44.2	50.1
人事部門との役割分担があいまいになる	9.9	9.0	11.2
その他	3.1	3.2	2.9
とくに課題はない	8.7	10.8	5.5
無回答	2.2	1.6	1.7

注．1)「職場の正社員の能力開発が順調と評価する職場管理者」：職場の正社員メンバー全体の能力開発が「とても順調」または「ある程度順調」と回答した職場管理者。
「職場の正社員の能力開発が順調でないと評価する職場管理者」：職場の正社員メンバー全体の能力開発が「あまり順調でない」または「まったく順調でない」と回答した職場管理者。
2)網掛けをしているのは、職場の正社員の能力開発が順調と評価する職場管理者と、順調でないと評価する職場管理者とのあいだで、回答の割合に5ポイント以上の差があった選択肢。

バー全体で同様に算出すると、順調という職場管理者の割合は、62.0％ で
あった。

　能力開発に関する課題として、集計職場管理者全体では「育成・能力開発
を行う時間的余裕がない」（45.5％）と、「育成・能力開発のための知識やノ
ウハウが足りない」（41.1％）に回答が集まる。管理する部署の正社員の能
力開発が順調にいっているという職場管理者と、順調でないという職場管理
者の回答を比べると、「その他」、「とくに課題はない」以外の各項目につい
てはいずれも、順調でないという職場管理者の回答の割合のほうが高い（**第
3-13 表**）。

　順調にいっているという職場管理者と、順調でないという職場管理者の回
答の割合に 5 ポイント以上の差があるのは、「育成・能力開発を行う時間的
余裕がない」、「育成・能力開発のための知識やノウハウが足りない」、「業績
上の目標達成に追われて、育成・能力開発を後回しにせざるをえない」の三
つであるが、10 ポイント以上の差がある選択肢はない。主要な課題につい
ては、能力開発が順調であるか否かにかかわらず、いずれも少なくない職場
管理者が問題としてとらえていることがわかる。

┃ 第 4 節　能力開発に関わる社員の取組みと状況

1．回答社員のプロフィールと担当する仕事

　本節では、社員調査をもとに、個々の社員の能力開発をめぐる認識や活
動、状況をとらえていく。社員調査に回答した 1871 人のうち、男性は 59.2
％、女性は 39.9％ である。年齢層別の分布は、30 歳未満が 21.7％、30 歳台
が 38.1％、40 歳台が 28.0％、50 歳台が 8.6％ で、30 歳台以下が約 6 割を占
めた。最終学歴で最も多かったのは「大学・文系学部」で 45.5％、これに
「高校」（15.9％）、「大学・理系学部」（12.2％）と続く。

　担当している仕事は、「人事・労務」という回答が 21.6％ と最も多く、以
下回答の多い順に「一般事務」（15.3％）、「経理・財務・予算」（12.7％）、
「営業・販売」（11.5％）、「医療・看護・介護」（7.6％）となっている。所属
部門は「総務部門」（21.1％）、「人事労務・教育部門」（17.0％）、「営業・販

第 3-5 図 担当する仕事の特徴

(単位・%)

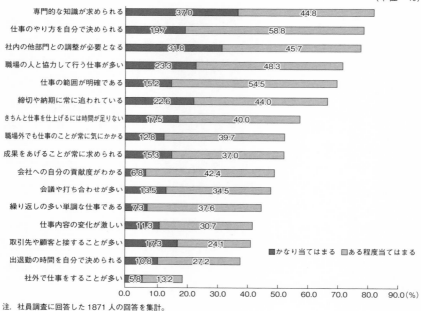

注. 社員調査に回答した 1871 人の回答を集計。

売部門」（14.7％）、「サービス提供部門」（10.7％）、「経理・財務部門」（10.4％）などを挙げる回答者が相対的に多い。

第 3-5 図は、現在担当している仕事の特徴についての回答結果である。あてはまる（「当てはまる」＋「ある程度当てはまる」）という回答が最も多かったのは、「専門的な知識が求められる」で約 8 割に達する。そのほか「仕事のやり方を自分で決められる」、「社内の他部門との調整が必要となる」、「職場の人と協力して行う仕事が多い」も、あてはまるという回答が 7 割を超えている。

担当する仕事において求められる（「かなり求められる」＋「ある程度求められる」）ことは何かという質問（**第 3-6 図**）に対しては、「ねばり強さや責任感」を求められるという回答が 95％ を超えており、「わかりやすく説明すること」も求められているという回答が 9 割を超える。これらの事項は

第 3-6 図　担当する仕事において求められること

（単位・%）

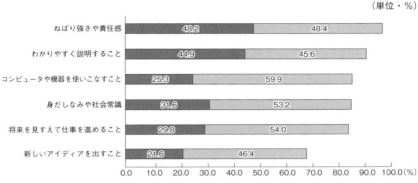

注. 社員調査に回答した 1871 人の回答を集計。

「かなり求められる」という回答が半数近くに達しており、他の事項に比べてその割合が目立って高い。「コンピュータや機器などを使いこなすこと」、「身だしなみや社会常識」、「将来を見すえて仕事を進めること」は求められるという回答がいずれも 85% 程度で、「新しいアイディアを出すこと」は他の事項よりも求められるという回答の割合がやや落ちる（68.0%）。

2.　仕事上の能力向上につながる活動

　普段の仕事のなかで、どの程度、仕事上の能力や知識の向上につながるようなことを経験しているか。調査時点の前年の 1 年間（2015 年 1〜12 月）の状況について尋ねたところ（**第 3-14 表**）、「よくあった」、「ときどきあった」という回答が最も多かったのが、「上司から、仕事上の指導や助言を受けること」（「よくあった」、「ときどきあった」の合計が 77.3%）で、「上司や同僚の仕事のやり方を見て学ぶこと」（同 71.9%）、「社内ミーティングなどにより、仕事に関する情報を得ること」（同 60.8%）と続く。回答が多かった上位 3 項目中 2 項目に、「上司」の行動が含まれており、上司である職場管理者が社員の仕事上の能力向上におよぼす影響の大きさがうかがえる。

　一方、社員調査では、現在の仕事や働き方における、仕事に役立つ能力や

第 3-14 表　仕事上の能力や知識の向上につながる経験（単位・%）

	よく あった	ときどき あった	あまり なかった	まったく なかった	そういう 人はいな かった	無回答
a. 上司から、仕事上の指導や助言を受けること	30.7	46.6	16.9	3.5	1.2	1.1
b. 同僚から、仕事上の指導や助言を受けること	13.7	38.1	31.4	7.3	8.1	1.4
c. 部下や同僚に、仕事上の指導や助言をすること	13.8	44.1	25.4	6.0	9.1	1.6
d. 上司や同僚の仕事のやり方を見て学ぶこと	22.4	49.5	21.1	3.8	1.7	1.4
e. 本やマニュアルを読み、仕事の仕方を学ぶこと	14.5	42.4	31.5	10.2	—	1.4
f. 応援などで担当外の仕事を経験すること	4.6	27.2	36.6	29.7		1.9
g. 社内のミーティングなどにより、仕事に関する情報を得ること	13.3	47.5	28.9	8.9		1.4
h. 社外の知人などから、仕事に関する情報を得ること	7.7	31.0	34.7	25.1	—	1.4

注. 社員調査に回答した 1871 人の回答を集計。

知識を身につける機会（以下「能力習得機会」と記す）に満足しているか否かを尋ねている。回答した社員全体における回答分布は、「満足」が 7.8%、「やや満足」が 33.5%、「どちらともいえない」が 40.1%、「やや不満」が 12.4%、「不満」が 4.8% であった（無回答 1.3%、n = 1871）。

　第 3-7 図に、仕事上の能力や知識の向上につながるような経験についての回答結果（それぞれの経験について「よくあった」という回答の割合）を、社員全体、能力習得機会に満足している社員、能力習得機会に不満をもつ社員に分けて示した。能力習得機会に満足している社員は「上司から、仕事上の指導や助言を受けること」がよくあったという回答が 4 割近くに達し、満足していない社員における回答の割合を約 16 ポイント上回っている。また、「上司や同僚の仕事のやり方を見て学ぶこと」がよくあったという回答の割合も、満足している社員のほうが 10 ポイント以上高い。そのほかの事項はこの二つの事項ほど、満足している社員と不満をもつ社員の回答の割合のあいだに差はないが、「応援などで担当外の仕事を経験すること」以外

第 3-7 図　仕事上の能力や知識の向上につながる経験・前年 1 年間に「よく あった」と回答した割合：能力習得機会に対する評価別

（単位・％）

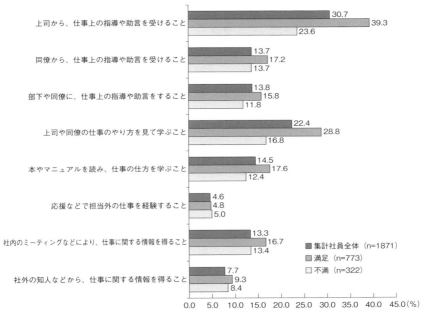

注.「満足」は、現在の仕事や働き方における「能力習得機会」（＝仕事に役立つ能力や知識を身につける機会）について 「満足」、「やや満足」と回答した社員であり。「不満」は「やや不満」、「不満」と回答した社員である。この定義は、以 降の能力習得機会に対する評価の相違別に行っている集計において同様である。

は、満足している社員の回答の割合のほうが高く、満足している社員のほう が、仕事上の能力や知識の向上につながる経験の頻度が高いことを確認でき る。

　なお、能力開発習得機会に対する「満足」、「不満」は、社員の能力開発が 順調に進んでいるか、そうでないかを反映していると考えられる。こうした ちがいが、能力開発に関わる活動や状況のいかなる相違に裏づけられている のかを明らかにするため、以下、能力開発に関わる活動・状況についての回 答結果を取り上げていくなかで、社員全体の結果とともに、能力開発習得機 会に満足している社員、不満を抱く社員の回答結果も併せて示していく。

3. Off-JT と自己啓発

　仕事上の能力開発につながる Off-JT（＝普段の仕事から離れた教育訓練）や、自己啓発（＝会社の指示によらない自発的な教育訓練）についてはどうか。2015 年の 1 年間に Off-JT を経験した社員は 56.7% である。Off-JT を経験した社員（n＝1061）が受けた教育訓練の内容については、「仕事に関する専門知識」という回答が 66.2% と最も多く、以下回答の多い順に「コンプライアンス（個人情報の取り扱いやハラスメントなど）」（27.2%）、「ビジネスマナー等の基礎知識」（16.6%）、「資格取得のための研修」（14.9%）となっている。

　一方、2015 年の 1 年間に自己啓発を実施した社員は 44.7% であった。自己啓発を実施した社員の割合は「経営企画」（59.6%）や「広報・宣伝」（59.4%）の従事者では 6 割近くに達し、他職種従事者に比べて高いのに対し、「サービス職」（30.8%）や「購買・調達・物流」（33.3%）では実施している割合が 3 割程度と、相対的に低くなっている。自己啓発を実施した社員（n＝836）にどのように実施したかを尋ねたところ（複数回答）、最も回答が多かったのが「自学・自習」（56.5%）で、「講習会・勉強会・セミナーなどの聴講」（37.4%）、「通信教育の受講」（19.4%）と続く。自己啓発を実施した理由（複数回答）として回答の多かった上位 3 項目は、「専門的知識・スキルを身につけたかったから」（59.1%）、「仕事の幅が広がるから」（40.0%）、「仕事に関わる資格を取りたかったから」（21.9%）であった。

　今後の自己啓発に積極的に取り組もうと思っているかについて集計社員全体（n＝1871）では、「とてもそう思う」が 23.2%、「ある程度そう思う」が 52.7%、「あまりそう思わない」が 19.6%、「まったくそう思わない」が 3.0% で、能力開発の「個別化」、「職場外化」がより一層進む可能性を示唆する。また自己啓発を行ううえでの課題を尋ねると、約半数の 46.3% が「仕事が忙しくて時間がとれない」と回答し、次いで指摘が多かったのは、「費用負担が重い」（33.2%）、「家事・育児・介護などで忙しくて時間がとれない」（31.4%）であった。多忙や家庭責任を担うことによる時間不足が、社員の自己啓発の実施にあたって大きな問題となっていることがわかる。

　Off-JT の受講や、自己啓発の実施についても、能力習得機会に満足して

第 3-8 図　Off-JT を受講した割合・自己啓発を実施したという回答の割合
　　　　　（前年 1 年間）：能力習得機会に対する評価別

(単位・%)

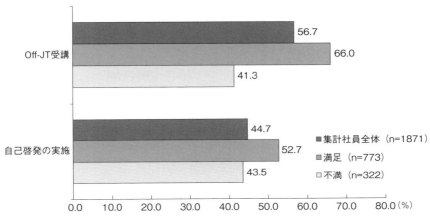

いるか否かによる異同を確認したところ（**第 3-8 図**）、Off-JT を経験した割
合は、満足している社員では 66.0%、不満を抱く社員では 41.3% で、約 25
ポイントの差がある。一方、自己啓発を実施した割合は満足している回答者
が 52.7%、不満を抱く回答者が 43.5% であった。仕事を離れた能力開発機
会の活用度においても、仕事上の能力習得機会による相違があり、不満を抱
く社員の活用度はより低いことを確認することができる。

4. 能力開発を支援するための勤務先の制度・仕組み

　社員調査では、現在の勤務先企業に設けられている各種の制度・仕組み
が、自らの能力開発やキャリア形成に役に立つかどうかを尋ねている。回答
の選択肢は「とても役に立つ」、「ある程度役に立つ」、「あまり役に立たな
い」、「まったく役に立たない」、「勤務先にない・利用していない」の五つ
で、選択肢から見ると制度・仕組みについての評価は利用を前提としている
が、質問文が「現在の会社における以下の人事管理や能力開発の制度や仕組
みは、あなたの能力開発やキャリア形成に役に立っていますか」であるた
め、実際には利用した経験はないものの自社にある制度・仕組みを評価した

第3-9図　会社の能力開発を支援するための各制度を利用・評価している社員の割合：能力習得機会に対する評価別

(単位・%)

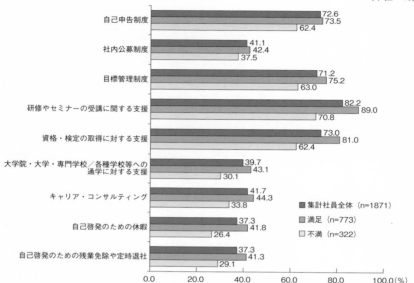

注. 各制度の利用・評価に関する質問に対し、「勤務先にない・利用していない」と回答した社員の割合と、無回答だった社員の割合を、100% から差し引いて算出している。

社員が含まれているのではないかと推測される。ただ、各種制度・仕組みについての回答の割合は、制度・仕組みの有無も含め、制度・仕組みを活用できる機会の多寡を表していると見ることができる。**第3-9図**は、そうした機会の多寡の目安として、各制度の利用・評価に関する質問に対し、「勤務先にない・利用していない」と回答した社員と無回答だった社員を除いた社員の割合を示している。

　社員全体では、「研修やセミナーの受講に関する支援」の割合が82.2% で最も高い。「資格・検定の取得に対する支援」（73.0%）、「自己申告制度」（72.6%）、「目標管理制度」（71.2%）も割合が70% を超える。これらの制度・仕組みは、社員にとって活用できる機会が大きいといえる。一方で「キャリア・コンサルティング」（41.7%）、「社内公募制度」（41.1%）、「大学院・大学・専門学校／各種学校等への通学に対する支援」（39.7%）、「自己

第 3-15 表　能力開発やキャリア形成に対する会社や人事部門の支援に満足しているか：能力習得機会に対する評価別

(単位・%)

	n	満足している	やや満足している	どちらともいえない	あまり満足していない	全く満足していない	無回答
集計社員全体	1871	4.2	16.1	44.8	16.6	14.2	4.1
能力習得機会に満足	773	8.5	30.0	44.5	8.6	5.2	3.0
能力習得機会に不満	322	0.3	1.6	23.9	31.7	39.4	3.1

注．能力習得機会について「どちらとも言えない」と回答した社員、または無回答だった社員の集計結果は示していないが、「集計社員全体」の中にはこれらの社員も含まれている。

啓発のための休暇」（37.3%）、「自己啓発のための残業免除や定時退社」（37.3%）は、割合が 4 割前後にとどまっており、多くの社員が活用できる制度・仕組みとはいえない状況にあると見られる。

　各制度についての割合を、能力習得機会に対する評価が異なる社員で算出し、**第 3-9 図**に合わせて記した。「社内公募制度」以外のすべての制度について、能力習得機会に不満を抱く社員における割合が、能力習得機会に満足する社員における割合を 10 ポイント以上、下回っている。とくに「資格・検定の取得に対する支援」（割合の差 18.8 ポイント）、「研修やセミナーの受講に関する支援」（同 18.2 ポイント）といった、社員全体で見ると活用できる機会が最も大きいレベルの制度・仕組みにおける差が顕著である。

　また、能力開発やキャリア形成に対する会社や人事部門の支援にどのくらい満足しているかを尋ねた結果を、能力習得機会に満足する社員と不満を抱く社員に分けて集計した（**第 3-15 表**）。集計社員全体では満足と評価する割合（「満足している」と「やや満足している」の割合の合計）が 20.3%で、能力習得機会に満足する社員ではその割合が 38.5% にまで上昇するが、能力習得機会に不満を抱く社員ではわずか 1.9% である。逆に会社や人事部門の支援に満足していないと評価する割合（「あまり満足していない」と「全く満足していない」の割合の合計）は、社員全体では 30.8% で、能力習得機会に満足する社員では 13.8% にまで低下するが、能力習得機会に不満を抱く社員では 71.1% に達する。

　先に見たように、制度・仕組みが勤務先の会社にない可能性も含めて、能

力習得機会に不満をもつ社員は、能力開発を支援する制度や仕組みを活用する機会がより少ない。しかし能力習得機会に対する満足・不満による、会社や人事部門の支援に対する評価の大きな差は、制度や仕組みの活用機会の多寡にとどまらない能力開発をめぐる問題、例えば配置された仕事や職場の状況や上司である職場管理者や人事部門との連携における問題を反映しているのではないかと推測させる。

5. 能力開発を行う目的と能力開発に役立つこと

　社員はどのような目的で能力開発を行っているのか。**第 3-10 図**に回答をまとめたところ、「今の仕事のために」実施しているという回答の割合（「とてもそう思う」と「ある程度そう思う」という回答の合計、他の目的についても同様に示す）と、「将来の仕事のために」実施しているという回答の割合がともに 9 割近くに達している。一方、「現在の会社での昇進・昇格のために」実施しているという回答は約 5 割、「今後の転職のために」実施しているという回答は約 4 割で、自分の仕事のために実施しているという回答の割合に比べると、いずれも大きく低下する。

　能力開発において役立つこととしては、「上司から、仕事上の指導や助言を受けること」（59.4%）、「担当する仕事の範囲や幅が広がること」（51.2

第 3-10 図　能力開発の目的

（単位・%）

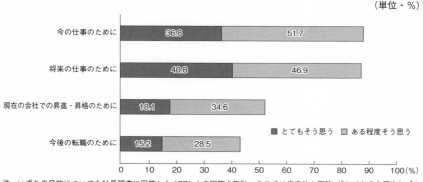

注．いずれの目的についても社員調査に回答した 1871 人の回答を集計。ここでは肯定的な回答（「とてもそう思う」、「ある程度そう思う」）のみを示している。

第 3-11 図　能力開発に役立つこと

（複数回答、単位・%）

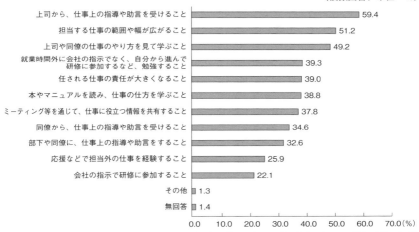

注．社員調査に回答した 1871 人の回答を集計。「その他」、「無回答」を除き、回答の割合の高かった項目から順に上から掲示している。

%）、「上司や同僚の仕事のやり方を見て学ぶこと」（49.2%）が回答の多い上位 3 項目である。**第 3-15 表**に示した「仕事上の能力や知識の向上につながる経験」についての回答に呼応するように、能力開発に役立つことについても、多くの社員が上司の存在について指摘している。上位 3 項目に続いて回答が多かったのはいずれも 4 割弱の回答割合である、「就業時間外に会社の指示でなく、自分から進んで研修に参加するなど、勉強すること」（39.3%）、「任される仕事の責任が大きくなること」（39.0%）、「本やマニュアルを読み、仕事の仕方を学ぶこと」（38.8%）、「ミーティング等を通じて、仕事に役立つ情報を共有すること」（37.8%）であった（**第 3-11 図**）。

6．仕事の変化・能力や知識の通用度・キャリア志向

　能力開発のあり方に影響を受けることが推測される、社員自身の仕事の変化、自らの能力の通用度に対する認識、今後のキャリア志向についてはどうか。

(1) 過去 3 年間における仕事の変化

過去 3 年間における各自の仕事における変化を「上昇/低下」という軸を用いて尋ねた（**第 3-16 表**）。「上昇」と「やや上昇」を合計した回答の割合は、社員全体で見ると、「仕事に関する能力」において最も高く、64.5% となっている。2 番目に高いのは「主な仕事の収入」（56.9%）で 6 割近くに達

第 3-16 表　過去 3 年間の仕事の変化

（単位・%）

	上昇	やや上昇	変化なし	やや低下	低下	無回答
a. 主な仕事の収入	8.7	48.2	32.2	5.5	4.5	0.9
b. 役職や社内資格・等級	7.7	31.1	57.6	1.2	1.4	1.1
c. 昇進・昇格の可能性	4.5	22.2	66.8	2.2	2.8	1.5
d. 自分が希望する仕事につける可能性	3.7	15.1	71.6	5.0	3.4	1.2
e. 仕事に関する能力	9.6	54.9	31.3	2.1	0.9	1.2

注. 社員調査に回答した 1871 人の回答を集計。

第 3-12 図　過去 3 年間の仕事の変化（「上昇」または「やや上昇」と回答した割合）：能力習得機会に対する評価別

（単位・%）

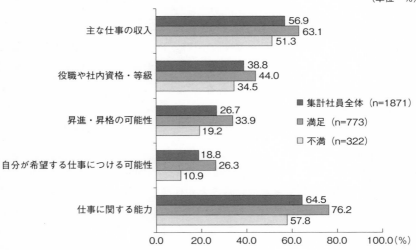

注.「上昇」、「やや上昇」と回答した社員の割合を合計している。

する一方で、「昇進・昇格の可能性」（「上昇」と「やや上昇」を合計した回
答の割合・26.7％）や「自分が希望する仕事につける可能性」（同・18.8％）
では 10～20％ 台にとどまっており、「変化なし」という回答が 7 割前後を占
めている。

　能力習得機会に対する評価が異なる社員別に、各項目について「上昇」ま
たは「やや上昇」と回答した割合を集計すると、いずれの項目でも能力習得
機会に満足している社員のほうが不満を抱く社員よりも割合が高く、「役職
や社内資格・等級」を除くと、10 ポイント以上の差がある。最も差が大き
いのは「仕事に関する能力」（割合の差・18.4 ポイント）であり、次いで
「自分が希望する仕事につける可能性」（同 15.4 ポイント）における差が大
きくなっている。

(2) 能力や知識の通用度

　社員調査に回答した社員は自らの能力が、他社に転職した場合にどの程度
通用すると見ているか。「現在従事している仕事における能力や知識は他の
勤務先でも役に立つか」というかたちで尋ねると、社員全体では、17.3％ が
「とても役に立つ」、59.5％ が「ある程度役に立つ」と回答しており、現在の
仕事における知識や能力が他社でも通用すると認識する社員が多数を占める
（第 3-17 表）。

　能力習得機会に対する評価別に集計すると、能力習得機会に満足する社員
は、役に立つと回答する割合（「とても役に立つ」と「ある程度役に立つ」

**第 3-17 表　現在従事している仕事における能力や知識は他の勤務先でも役
に立つか：能力習得機会に対する評価別**

（単位・％）

	n	とても役に立つ	ある程度役に立つ	あまり役に立たない	全く役に立たない	わからない	無回答
集計社員全体	1871	17.3	59.5	10.8	1.1	11.2	0.2
能力習得機会に満足	773	24.1	61.3	7.0	0.1	7.2	0.3
能力習得機会に不満	322	9.9	56.2	18.0	2.8	13.0	0.0

注．能力習得機会について「どちらとも言えない」と回答した社員、または無回答だった社員の集計結果は示していない
　　が、「集計社員全体」の中にはこれらの社員も含まれている。

の回答割合の合計）が 85.4％ であるのに対し、不満を抱く社員は 66.1％ である。どちらの評価の社員においても役に立つと見る社員が多数を占めているものの、回答割合の差は 20 ポイント近くにおよんでおり、能力開発の状況の相違が自らの能力や知識に対する評価にまで影響していることがわかる。

（3）これからの仕事上のキャリアに対する志向

　これからの仕事上のキャリアについては、経営層・管理職を志向している社員が 17.3％、専門性や技能を活かしたいと考える社員が 30.1％、地位や仕事内容にこだわらずに仕事をしていきたいという社員が 31.6％、引退志向が 2.7％、なりゆきに任せる・わからないという社員が合わせて 2 割弱であった（**第 3-13 図**）。キャリア上の明確な目標をもって仕事を継続していくという回答（「会社幹部もしくは管理職としてマネジメントの仕事につきたい」、「専門性や技能を活かせるような仕事につきたい」）は約半数（47.4％）であり、明確なキャリア目標をもっている社員が多数を占めるといった状況

第 3-13 図　仕事上のキャリアに関する意向：能力習得機会に対する評価別

（単位・％）

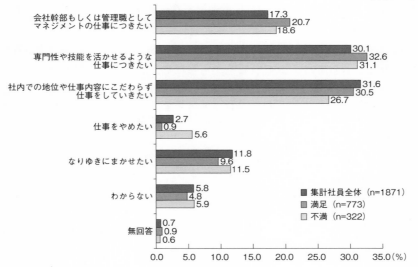

ではないことに留意が必要であろう。

　能力習得機会に満足する社員と不満を抱く社員とのあいだで、各項目の回答割合には大きな差は見られない。ただ、「会社幹部もしくは管理職としてマネジメントの仕事につきたい」、「専門性や技能を活かせるような仕事につきたい」といった明確なキャリア目標を示す回答については、能力習得機会に満足する社員で割合がより高く、「なりゆきにまかせたい」、「わからない」といった、今後のキャリアについて明確な展望を示さない回答については、不満を抱く社員での割合がより高い。また社員全体での回答の割合は非常に低いが、「仕事をやめたい」という回答は、能力習得機会に満足する社員では0.9%であるのに対して、不満を抱く社員では5.6%と、能力習得機会に対する評価のちがいによる差が見られる。

▌第5節　小括

　本章では、社員の能力開発に関与し、「能力開発システム」を構成する主体である、企業・人事部門、職場管理者、社員に着目し、それぞれの能力開発に関わる活動・状況について分析した。

　第1に、企業調査にもとづく集計から、人事部門の能力開発への関与について、人事部門の担う基本的な役割との関係を見ると、人事部門において、経営戦略の実現への貢献を重視する「戦略貢献」と、社員の要望把握と支援を重視する「社員支援」の役割は、必ずしも両立不可能なものとはとらえられていない。約4割の最も多くの企業では、人事部門がこれら両方の役割を担う方針をもつ。そうした企業では、能力開発に関わる広い範囲の取組みを重視する傾向にある。他方で、「戦略貢献」のみを重視する人事部門は、企業としての価値や経営方針の能力開発への反映を重視し、「社員支援」のみを重視する人事部門は、経営層の人材育成も含めて、社員の能力開発を支援する取組みを重視する傾向にある。人事部門の役割に関する基本方針は、能力開発において人事部門が担う役割についての方針にも反映されていることが確認できる。

　人事部門による配置転換への関与に着目すると、個別の配置転換に関与す

る人事部門は、非関与の人事部門と比べて、「能力開発機会の社員への提供」や「キャリア形成への支援」を担当する割合がより高く、社員の能力開発の観点からも社員の個別の配置転換の決定に関わっていると考えられる。また、個別の配置転換に関与する人事部門では、職場管理者からの報告のほか、とくに人事評価制度や自己申告制度からの情報の取得や、一部の社員との直接の面談や労働組合等との情報交換といった様々なルートを利用して、人材情報の収集を行う傾向にある。これにより配置転換をはじめとする個別的人事管理のための質の高い人材情報の収集がはかられていると考えられる。さらに、個別の配置転換に関与する人事部門のほうが、人事部員に人事部門以外でのキャリアを経験させている割合が高い。そうしたキャリアをつうじて人事部員が得るであろう、社内の仕事や人材の知識、人的ネットワークなどは、配置転換を含む個別的人事管理に人事部員が関わり、効果的に実行するうえで有益であると考えられる。

第2に、職場管理者調査にもとづく集計から、職場管理者の能力開発に関わる活動・状況として、他の主体との連携の一つである部下の能力開発に対する支援に着目した。まず職場が集団として有効に機能するように、部下とのコミュニケーションや、部下の仕事ぶりの把握を重視し、良好な人間関係の構築や職場としての目標の浸透をはかっている職場管理者や、仕事上の目標や課題の設定にあたって部下である社員と意見を交換する職場管理者が多数を占める。この点から、能力開発をめぐって部下と連携する機会をもつ職場管理者は多いと考えられる。ただし部下の能力開発の支援については、できているという職場管理者が3割強、できていないという職場管理者が3割弱と回答がわかれる。職場管理者が部下に対して行う支援の中心的な活動は助言や相談対応、知識面や心理面での支援である。そしてこれらの活動は、部下に対する支援ができているとする職場管理者と、できていないとする職場管理者とのあいだで取組みの傾向に顕著な差がある。また職場における能力開発に関する課題としては、時間的余裕のなさと能力開発のための知識・ノウハウ不足に回答が集まっている。この点については、管理する部署の社員の能力開発が順調にいっているという職場管理者と、順調でないという職場管理者で大きな差がない。

　第3に、能力開発に関する職場管理者を当事者とするもう一つの連携関係として、人事部門との連携に焦点をあてると、意思決定に関わる人事部門との分担については、特定の職場にとどまらない会社全体に関わってくるような事項は人事部門が意思決定の権限をもち、特定の職場での仕事やそこでの能力開発については職場管理者が意思決定の権限をもつという、基本的な傾向が確認できる。また、各事項の意思決定の分担関係は企業によって相違があり一様でないことは、企業の回答と同様である。さらに職場管理者の多くは、部署での能力開発を担うことや、部署を担う次の管理職を育成すること、新人・若手社員の育成といった企業側の期待を認識しており、この点も企業の回答における傾向とちがいはない。ただし職場管理者が部下の能力開発に関して力を入れていることについての回答からは、企業からの期待を認識する項目に注力しきれない職場管理者の状況がうかがえる。職場管理者に能力開発を任せることのメリットとしては、職場管理者は自分が把握する職場の実態を反映した能力開発が行えることを挙げる傾向がより強い。これに対し、企業側は人事部門のみでは実行しきれない能力開発や、社員の能力開発に取り組む職場管理者における効果など、直接的な管理がおよびにくい面でのメリットを挙げる傾向がより強かった。

　部下の能力開発に関して、人事部門と十分に連携ができているかという点については、4割近くの職場管理者が人事部門と連携ができていると感じる一方で、約2割は人事部門との連携ができていないと感じている。人事部門が行う連携の取組みについては、セミナー・研修に関する情報の提供、部下育成に関する管理職研修、企業としての能力開発方針の作成・周知が勤務先で行われているという回答が比較的多い。企業側の連携に関する回答と比べ大きなちがいはなく、連携に向けた取組みの内容に関しては、職場管理者と企業側とで、全体的にはさほどの認識のちがいは見られない。

　第4に、社員調査にもとづく集計から、社員の能力開発に関わる活動・状況については、基本的な傾向を次のように整理できる。①普段の仕事のなかで経験する、仕事上の能力や知識の向上につながることとして回答が多いのは、上司からの指導・助言、上司や同僚の仕事のやり方を見て学ぶこと、社内ミーティングなどをつうじた情報収集であり、職場管理者が社員の仕事上

の能力向上に大きく影響している。②過去1年間に Off-JT を経験した社員は約6割、自己啓発を実施した社員は4割強である。Off-JT も自己啓発も仕事に関する専門的知識・スキルの習得の機会としている社員が多数を占めている。③自己啓発については今後積極的に進めたいという社員が4分の3を占め、能力開発の「個別化」、「職場外化」がよりいっそう進む可能性を示唆するものの、多忙や家庭責任を担うことによる時間不足が大きな問題となっている。④能力開発やキャリア形成を支援する各種の制度や仕組みの中で社員が活用できる機会が大きいのは、研修・セミナーの受講や資格・検定の取得に対する支援、自己申告制度、目標管理制度である。⑤仕事に関する能力が過去3年間で上昇したという社員は6割を超える。また社員の8割近くは、現在従事している仕事における能力や知識が他の勤務先でも役に立つと評価していた。⑥これからの仕事上のキャリアについては「会社幹部もしくは管理職としてマネジメントの仕事につきたい」、「専門性や技能を活かせるような仕事につきたい」といった明確なキャリア目標を念頭に置いている社員は約半数であり、多数を占めるといった状況ではない。

第5に、能力開発を順調に進めている社員とそうでない社員との活動・状況の相違をとらえるため、能力習得機会に満足する社員と不満を抱く社員の能力開発に関わる活動・状況を比べたところ、次のようなことが明らかになった。①能力習得機会に満足する社員は、不満を抱く社員に比べて、上司からの指導・助言をはじめとして、普段の仕事のなかで能力や知識の向上につながる経験をする頻度が高い。また Off-JT、自己啓発といった仕事を離れた能力開発についても、能力習得機会に満足する社員は、不満を抱く社員に比べ活用度が高い。②能力習得機会に満足する社員は、約4割が会社や人事部門の支援に満足しているのに対し、能力習得機会に不満を抱く社員のうち会社や人事部門の支援に満足している社員はごく少なく、7割が支援に不満を抱いている。能力習得機会に不満を抱く社員は、勤務先での能力開発を支援する制度や仕組みを活用する機会がより少ないことに加えて、配置された仕事や職場の状況、上司である職場管理者や人事部門との連携に問題を抱えていることが考えられる。③能力習得機会に不満を抱く社員は、過去3年間で仕事に関する能力が上がったと評価する割合や、現在の仕事における知

識・能力が他社でも役に立つと評価する割合が、いずれも能力習得機会に満足する社員よりも目立って低くなっている。

　以上の本章における事実発見からは、社員の能力開発における人事部門と職場管理者、社員のあいだの連携のありようが能力開発の結果を左右しうることをあらためて確認できる。とくに戦略貢献や社員支援を自部門の基本的役割と位置づける人事部門は、社員の能力開発を重視している。また、社員の個別の配置転換へ関与する人事部門は、関与をつうじて社員への能力開発機会の提供やキャリア形成支援をはかろうとしている。そのための社員に関する情報の収集に向けて、職場管理者からの報告を受けるなどの様々なルートが活用されている。職場管理者調査からも、セミナー・研修に関する情報の提供や部下育成に関する管理職研修、会社としての能力開発方針の作成・周知を中心に、人事部門から職場管理者に対して、職場での能力開発に関する支援をつうじた連携がはかられていることがわかる。

　もっとも、能力開発に関わる人事管理の事項についての企業・人事部門と職場管理者の分担関係は一様ではなく、両者の連携関係も様々であることがうかがわれる。さらに職場管理者調査からは、人事部門との連携ができているか否かの職場管理者の評価に幅があることも確認できた。人事部門と職場管理者との連携がどのような行動や制度によって支えられ、「能力開発システム」の機能にいかに影響するのかについて、より分析を深めていく必要がある。

　また、職場管理者の部下に対する能力開発支援行動は、助言や相談対応、知識面や心理面での支援などが中心となる。職場において職場管理者がこうした活動を行う機会が十分にあるかどうかが、能力開発の成否に大きく影響していると考えられる。社員調査からも、仕事上の能力や知識の向上につながる経験として最も多くの社員が経験しているのは上司からの仕事上の助言や指導であり、かつこの経験をすることが、能力習得機会に対する社員の満足度に大きく関わることがわかった。能力開発における職場管理者による部下社員への支援の重要性は既存の諸研究でも見出されており、本章での分析はそれを確認するものとなった。これをもとに、さらに踏み込んで、両者のあいだの連携を支える企業・人事部門の取組みや、そうした取組みのもとで

の職場における能力開発の状況を明らかにしていかなければならないだろう。

「遅い」昇進選抜からの移行と昇進意思・教育訓練

佐野　嘉秀

▌第 1 節　はじめに

　日本企業の昇進に関する慣行は「遅い」選抜として特徴づけられてきた（小池 1981、2005、今田・平田 1995、竹内 1995）。ここで「遅い」選抜とは、同期入社の社員のあいだで昇進時期に初めて差をつけるかたちで「第一選抜」（最初に昇進する社員）を選ぶ選抜や、課長層や部長層といった最終的に昇進しない社員のいる階層への選抜など、決定的な昇進選抜の時期が社員の入社後かなり経ってから行われることを指す。このような「遅い」選抜は、アメリカやイギリス、ドイツ、フランスなどの企業における「早い」選抜とは対照的な慣行とされる（佐藤 2002、三谷・脇坂 2016）。

　こうした日本企業における「遅い」選抜は、長期にわたる人事評価の積み重ねにもとづくことで個別の上司における恣意性の影響を小さくしつつ、管理職層に登用する人材を見きわめることや、多くの社員に対し長期的に昇進へのインセンティブを提供して、定着化や仕事への動機づけを促すことに貢献してきたと考えられる（小池 2005、上原 2007、今野・佐藤 2022）。

　このような日本企業における「遅い」選抜の慣行は、職能資格制度等において課長相当や部長相当の管理職層を設け、これを含む管理職層の比率を保つことにより支えられてきた面がある（久本 2008a、守島 2009）。すなわち、ポスト数のかぎられる職階制度上で役職昇進しなくても、能力（「職務遂行能力」）などを基準として、社員格付け制度上の管理職層へと昇進（昇格）できる仕組みを設ける。これにより多くの社員に対して長期的に管理職層への昇進機会を確保することが可能であったと考えられる[1]。

　ところが 1990 年代以降、日本企業では、職階制度上での役職昇進を社員

---

[1]　本章では昇進を、狭義の昇進を意味する職階制度上の役職昇進に加え、職能資格制度等の社員格付け制度上の昇格も含む広義の意味で用いることとする。

格付け制度上の管理職層への昇進（昇格）の条件とするなどして、社員格付け制度上の管理職層への昇格基準を厳格化し、管理職層の比率を抑制する動きが見られた（今野 1998、石田 2006）。これにより、管理職層の人件費抑制がはかられる一方で、役職昇進の時期を遅くしないかぎり、管理職層への昇進の有無を決める決定的な選抜の時期は早まると考えられる[2]。そのぶん昇進選抜の慣行は相対的に「早い」選抜としての性格をもつことになる。

「早い」選抜への移行は、より積極的には、管理職層の候補者を早期に選抜して重点的に教育訓練への投資を行うことで、管理職層の人材確保に向けた能力開発の効率化に貢献しうる（小池 2005、今野・佐藤 2022）。また育児の負担が女性に偏る現状では、「遅い」選抜の場合、管理職層への昇進前に育児休業の取得等によりキャリアの中断が生じやすい女性社員が管理職登用において不利になるとの指摘もある（脇坂 2018）。それゆえ管理職層の人材確保に向けた効率的な能力開発や、女性の管理職登用の観点から、積極的に「早い」選抜への移行を進める企業もあると見られる。

こうして日本企業では、すべての企業においてではないものの、従来と比べてより「早い」選抜への移行が一定程度、進んでいると考えられる（佐藤 2020、吉川・坂爪・高村 2023）。これにともない日本企業のあいだでは、「第一選抜」出現時期や管理職層の昇進選抜時期といった決定的な選抜の時期に関して相違が広がっている可能性がある[3]。

こうしたなか、相対的に「早い」選抜を選択する企業では、「遅い」選抜の慣行を維持する企業と比べ、昇進へのインセンティブを提供できる社員が、入社後の早い段階からより少数に限定されがちと考えられる。この傍証としては、現在の日本企業において、昇進を目指さない社員がすでに多くを

---

[2]　このほか組織のフラット化により役職上の管理職のポストが減少することも、管理職層の比率を減らし、より「早い」選抜への移行を促す要因になると考えられる。この点に関して今野・佐藤（2022）は「遅い」選抜の存立条件の一つとして高い昇進確率を挙げる。そのうえで企業の成長鈍化や組織のフラット化による役職ポストの削減等により、昇進確率が低下しつつあることを指摘している。また吉川・坂爪・高村（2023）は、過去3年間における部長・課長層の昇進時平均年齢の早期化の要因を分析し、事業変革や外部労働市場の圧力が、年功にとらわれない実力本位の人事（登用・配置・代謝）を媒介して、昇進年齢の早期化を促している可能性を指摘する。

[3]　花田（1987）や上原（2003）はそれぞれ事例とする大手企業の中に「第一選抜」出現時期などの決定的な選抜の時期に関して相違が見られることを示す。以前より日本企業のあいだで決定的な選抜の時期にちがいがあったことがわかる。

占めることが挙げられる。すなわち、キャリア初期の段階から昇進にこだわらず、専門的な仕事での活躍や、家庭生活等と両立しやすい働き方を希望する社員も多く、社員のキャリア志向は多様化している（佐野 2015b）。もちろん、こうした昇進に対する消極的な志向は、社会における価値観の変化などを背景に、企業における昇進機会とはある程度、自律的に形成されている可能性もある。とはいえ他方で、企業における「遅い／早い」選抜の慣行の相違が、昇進へのインセンティブを左右し、社員の昇進への意思に影響を与えている可能性も十分に考えられる。

　このような関心から、本研究では、企業における「遅い／早い」選抜の慣行と、社員の昇進への意思（以下、昇進意思と表記）との関係を明らかにしたい。その際、「遅い／早い」選抜の慣行に関しては、「第一選抜」出現時期をはじめとする決定的な選抜の時期のほか、管理職層の比率にも着目することとする。上述のとおり、社員格付け制度において管理職層の比率を高く保つことは、管理職層への選抜が行われる期間を先に延ばし、「遅い」選抜を支えてきたと考えるためである。

　したがって仮説としては、「早い」選抜の企業ほど、すなわち①「第一選抜」出現時期をはじめとする決定的な選抜の時期が早く、また②管理職層の比率が低いほど、昇進意思をもつ社員が入社後の早い時期からより少数に限定されると予想される。これを確かめたい。

　そのうえで本章では、本書全体のテーマとの関連から、昇進意思と能力開発、中でもとくにその主な手段となる OJT、Off-JT、自己啓発支援といった教育訓練の機会との関係にも焦点をあてる。先行研究は、日本企業の「遅い」選抜のもとでも、昇進に差がつく前から、管理職層の有力な候補者に対して配置や仕事配分をつうじた技能形成の機会が重点的に与えられていることを示す（若林 1987、松繁 1995、梅崎 1999、上原 2007）。また「早い」選抜の利点としては、管理職層の人材確保に向けた効率的な能力開発が挙げられる（小池 2005、今野・佐藤 2022）。「早い」選抜を選ぶ企業も、こうした利点を活かすため、管理職層の候補者に対して重点的な技能形成の機会を与えると考えられる。したがって昇進選抜の時期が「遅い」か「早い」かにかかわらず、教育訓練の機会は、管理職層の候補者に対して重点的に与えられ

ている可能性がある。

　そして管理職層への昇進意思をもつ社員は、こうした重点的な教育訓練の対象と大きく重なると考える。というのも管理職層の人材育成のための教育訓練は、昇進に向けて技能向上に取り組む意欲をもつ社員を対象に行うほうが効果が高いと考えられる。また昇進意思をもつ社員であれば、管理職登用が本人の意向で見送られることが少ないため、登用に向けた教育訓練投資が無駄になるリスクが小さいと考えられるためである。さらに社員は、人事評価の成績や上司からの評価などの情報のほか、同期社員などと比べて充実した教育訓練の機会についての認識をもとに、自らの昇進の見込みが大きいと認識することもあろう。その結果、昇進意思をもち続けるという関係も想定される。

　それゆえ、「遅い／早い」選抜の慣行にかかわらず、管理職層への登用に向けた教育訓練の機会は、昇進意思をもつ社員に対してより多く与えられていると考えられる。

　もちろん他方で企業は、昇進意思を必ずしももたない社員に対しても、専門分野で高度な技能をもつ人材や、現場第一線での実務を支える人材の育成のために広く教育訓練を行っている可能性もある。これらの層では、「遅い」選抜との関係について先行研究があまり焦点をあてていない Off-JT や自己啓発が、OJT の機会の相対的な少なさを補完していることも考えられる。また、とくに「早い」選抜の企業では、早期に分岐する社員のキャリアに即して、管理職層への昇進以外のキャリアを目指す社員に対しても、OJT を含む教育訓練を充実させているかもしれない。

　それでははたして、日本企業において「早い」選抜への移行が進みつつあると想定されるなかでも、教育訓練全般の機会は、管理職層への昇進意思をもつ社員でとくに充実しているか。もしそうした傾向が確認されるならば、「早い」選抜の慣行の企業では、充実した教育訓練の機会を得る社員がより少なく限定されている可能性がある。というのも教育訓練の重点的な対象となる昇進意思をもつ社員は、先に考察したように、「早い」選抜の企業ほどキャリアの早い段階からより少なくなると考えられるためである。そこで、管理職層への昇進意思と教育訓練全般の機会との関係を明らかにし、その含

意についても考察したい。

　以上から本章では、日本企業における「早い／遅い」選抜の慣行の実態を
確認したうえで、「早い／遅い」選抜の慣行と社員の管理職層への昇進意思
との関係、および社員の昇進意思と教育訓練の機会との関係について明らか
にする。このような分析のため『企業内の育成・能力開発、キャリア管理に
関する調査』の個票データを利用する。同調査は、人事部門を対象とする企
業調査と、同じ企業の社員を対象とする社員調査を含む。本研究では、企業
調査の個票データを用いた分析に加え、社員調査の個票データに回答者が所
属する企業に関して企業調査から得られる情報を補完したデータを用いた分
析も行う。これにより、企業調査から把握できる「遅い／早い」選抜の慣行
に関わる企業の状況と、社員調査での回答による社員各人の昇進意思や教育
訓練の機会との関係について分析できる。

第 2 節　「遅い／早い」選抜の現状

　上で検討したように、現在の日本企業では、「遅い／早い」選抜の慣行に
関して、企業間の相違がある程度、広がっていると考えられる。そうした現
状について、企業調査のデータをもとに確認することとしたい。

1. 決定的な選抜のタイミング

　まずここでは、昇進における決定的な選抜が行われる時期として、①昇進
に差がつきはじめる時期（入社後何年目か）と、課長層への昇進年齢につい
て②「最も早いケース」と③「一般的なケース」に着目する。①昇進に差が
つきはじめる時期は、いわゆる「第一選抜」の出現時期にあたる。また②③
の課長層への昇進年齢に着目するのは、日本企業では通常、第一次考課者と
して部下の人事評価を行う課長層への昇進を本格的な管理職層への昇進とみ
なすことが多いと考えるためである。**第 4-1 表**には、企業調査のデータに
もとづき、昇進選抜に関する企業の方針別に、これらの指標に関する企業の
回答を集計している。

　第 4-1 表より、まず全体についての集計を見ると、①「第一選抜」出現

第 4-1 表　決定的選抜の時期の平均値：企業における昇進選抜の方針別

（単位・年、歳）

		「第一選抜」出現時期：入社後何年目か***	課長層への昇進年齢・最も早いケース***	課長層への昇進年齢・一般的なケース**
集計企業全体	n	351	351	351
	平均値	7.3	36.0	42.1
	標準偏差	4.38	4.66	5.43
「勤続年数を重視して、昇進させる」に近い	n	21	21	21
	平均値	9.1	37.0	43.4
	標準偏差	5.03	4.36	3.17
どちらかといえば「勤続年数を重視して、昇進させる」に近い	n	133	133	133
	平均値	8.4	37.4	42.7
	標準偏差	4.43	4.88	4.61
どちらかといえば「勤続年数に関係なく、抜擢する」に近い	n	143	143	143
	平均値	6.9	35.5	42.0
	標準偏差	4.32	3.97	6.39
「勤続年数に関係なく、抜擢する」に近い	n	54	54	54
	平均値	5.0	33.7	40.1
	標準偏差	2.87	4.81	4.80

注. 1) 表側の質問は、「貴社における正社員の人事管理に関する方針はAとBのどちらに近いですか」である。
　　2) 正社員数 300 人以上で、表頭・表側の質問すべてに回答している企業の回答を集計。
　　3) ＊＊＊は 1% 水準、＊＊は 5% 水準で、それぞれ統計的に有意な差があることを示す（分散分析による）。

時期は平均 7.3 年である。また、課長層への昇進年齢は、②「最も早いケース」で平均 36.0 歳、③「一般的なケース」で平均 42.1 歳となっている。

　昇進に関する企業の方針との関係を見ると、これら①～③のいずれの指標についても、昇進選抜において「勤続年数を重視」する方針をとる企業ほど選抜時期は遅く、勤続年数に関わりなく「抜擢」する方針をとる企業ほど選抜時期は早い傾向にある。このように、「第一選抜」出現時期をはじめとする決定的な選抜時期は、企業が昇進選抜において勤続年数を重視するか抜擢を行うかという方針のちがいにより大きく異なる。これから、日本企業の中に、企業の方針として決定的な選抜をあえて早い時期に行う企業があることがわかる。

　ただし**第 4-1 表**において、最も抜擢の方針をとる企業のグループでも「第一選抜」出現時期の平均は入社後 5.0 年であり、例えば佐藤（2002）の

示すアメリカやドイツの企業の「第一選抜」出現時期の平均である 3.42 年および 3.71 年と比べてより遅い時期となっている[4]。とはいえ本章では、日本企業の中での比較にもとづき、決定的な選抜が相対的に早い企業を「早い」選抜の企業と位置づけることとしたい。

2.　管理職層の比率と「遅い／早い」選抜

　次に「遅い／早い」選抜に関わるもう一つの側面として、社員に占める管理職層の比率に焦点をあてる。この指標として社員（「正社員」）に占める課長層の割合に着目すると、分析対象の企業における社員（「正社員」）に占める課長層の割合の平均は 10.4％ であった。その分布は、課長層割合「5％ 未満」が 22.3％、「5％ 以上 10％ 未満」が 30.2％、「10％ 以上 15％ 未満」が 22.1％、「15％ 以上」が 22.1％ となっている。このように、課長層割合には企業間でちがいが見られる（n＝417。うち無回答票 8.4％（n＝35））。

　企業のあいだでのこうした管理職層比率の相違は、管理職層への実質的な選抜の時期に影響を与えていると考える。すなわち前節で考察したように、管理職層比率が低いほど管理職層への選抜の時期は早いと考えられる。これに関して**第 4-2 表**は、課長層割合の区分別に「同一年次に入社した大卒正

第 4-2 表　同期のうち昇進見込みのない社員が半数となる時期：課長層割合別

（単位・年）

	n	平均値	標準偏差
集計企業全体	314	18.6	7.81
課長層割合 5％ 未満	69	15.1	7.26
課長層割合 5％ 以上 10％ 未満	95	19.6	8.16
課長層割合 10％ 以上 15％ 未満	56	19.6	7.94
課長層割合 15％ 以上	78	20.0	6.58

注.　1）正社員数 300 人以上で、「同一年次に入社した大卒正社員のなかでそれ以上の昇進の見込みがなくなる人が半数以上になる時期」に回答した企業の回答を集計。
　　2）集計企業全体には課長層割合について無回答の企業（n=35）も含めて集計している。
　　3）分散分析によると、平均値の差は 1％ 水準で統計的に有意であった。

4　同研究の調査では、「第一選抜」出現時期に相当する「初めて昇進に差がつきはじめる時期」を尋ねている（佐藤 2002：265）。第 4-1 表に示したとおり、本章で分析対象とした日本企業の「第一選抜」出現時期の平均は 7.3 年であり、国際比較的に見ると依然として「遅い」選抜の特徴をもつと見ることができる。

社員のなかでそれ以上の昇進の見込みがなくなる人が半数以上になる時期」
（入社後何年目か）を尋ねた結果を集計している。そうした時期については、
企業において必ずしも明確に把握できないためか、無回答の票がやや多い。
それでもおよその傾向を把握することはできると考える。

　第4-2表の集計から、課長層割合が低いほど、より上位の階層に昇進し
ない社員が同期集団の半数となる時期は早まる傾向にある。そして、課長層
割合が5%未満の企業（平均15.1年）と15%以上の企業（平均20.0年）と
では平均で4.9年ほどの差が生じている。こうした結果からは、管理職層比
率が低いほど、管理職層への昇進の有無を決める決定的な選抜の時期は早
く、「早い」選抜としての特徴をもつ傾向にあることが確認できる。

　この背景に関して、第4-3表は、課長層割合と「役職上の課長・部長
（＝部門責任者としての課長・部長）への昇進の見込みがなくなった正社員
のキャリア」で「最も多いケース」との関係を見たものである。集計から、
課長層割合が低いほど、役職昇進しない社員の主なキャリアとして「役職に
は就かず社員格付け（職能資格等）上、課長・部長相当職等となる」とする

第4-3表　部長・課長への役職昇進の見込みがない社員の主なキャリア：課長層割合別

（単位・%）

	n	昇進・昇格のないまま勤続を続ける	役職には就かず社員格付け（職能資格等）上、課長・部長相当職等となる	管理職相当の専門職として昇格する	出向・転籍により他社に移る	その他	全ての社員が課長・部長に昇進している	無回答
集計企業全体	417	70.0	12.7	7.2	0.5	1.7	0.2	7.7
課長層割合 5% 未満	93	75.3	8.6	4.3	1.1	2.2	0.0	8.6
課長層割合 10% 未満	126	73.0	11.1	7.9	0.8	1.6	0.0	5.6
課長層割合 10% 以上 15% 未満	71	64.8	12.7	11.3	0.0	2.8	0.0	8.5
課長層割合 15% 以上	92	65.2	21.7	7.6	0.0	1.1	0.0	4.3

注．1）表頭の選択肢に関する質問では、「貴社において、役職上の課長・部長（＝部門責任者としての課長・部長）への昇
　　進の見込みがなくなった正社員のキャリアとして」、「最も多いケース」を尋ねている。
　　2）正社員数300人以上の企業の回答を集計。
　　3）集計企業全体には課長層割合について無回答の企業（n=35）も含めて集計している。

割合が低く、「昇進・昇格のないまま勤続を続ける」とする割合が高くなっている。

　このような結果は、管理職層比率の高い企業ほど、職階制度上で役職昇進しなくても社員格付け制度上で管理職層に昇進（昇格）できるようにしている場合が多いことを示すと考えられる。これにともない管理職層への昇進をめぐる選抜の期間がより後に延びていると解釈できる。これに対し、管理職層比率の低い企業では、役職昇進せずに管理職層に昇進（昇格）する余地が小さいぶん、管理職層への昇進の有無がより早く決められる傾向にあると考えられる。

第 3 節　「遅い／早い」選抜と昇進意思

　以上のような企業間に見られる昇進選抜の「遅い／早い」のちがいは、社員の管理職層への昇進意思に影響を与えていると予想される。すなわち「遅い」選抜の企業と比べ「早い」選抜の企業では、入社後の早い時期から、自らの昇進機会を少なく見積もることで管理職層への昇進意思をもたなくなる社員が多いと考えられる。はたして実際にはどうか。

1.　クロス集計から

　第 4-4 表は、企業調査による勤務先企業の情報を反映させた社員調査の個票のデータを用いて、企業における「遅い／早い」選抜の慣行と社員の管理職層への昇進意思との関係を見たものである。集計は、今後の管理職層への選抜の主な対象層と考えられる 40 歳台までの社員に限定した。さらに管理職層への昇進意思に焦点をあてるため、課長層以上の管理職層に昇進していない係長層までの一般社員について集計している。

　「遅い／早い」選抜に関する指標としては、企業調査にもとづく「第一選抜」出現時期と課長層割合を取り上げる。これに関し、表としては示さないものの、「第一選抜」出現時期が早い企業ほど課長層への昇進時期も早い傾向にある[5]。したがって「第一選抜」出現時期は、企業において昇進に差のつく決定的な選抜の時期全般の早さに関する指標とみなすことができる。ま

第 4-4 表　若年層・中堅層一般社員の昇進意思：「第一選抜」出現時期別・課長層割合別

（単位・%）

	n	社長、経営層（役員・本部長）まで	部長層まで	課長層まで	係長層まで	とくに昇進したいとは思わない	無回答
集計社員全体	904	11.6	17.0	18.5	9.2	40.3	3.4
「第一選抜」出現 5 年目まで	405	8.4	15.6	18.3	8.9	45.2	3.7
「第一選抜」出現 6〜10 年目まで	308	12.7	18.8	18.8	8.8	37.3	3.6
「第一選抜」出現 11 年目以降	130	20.8	20.0	22.3	8.5	27.7	0.8
課長層割合 5% 未満	187	7.5	11.8	16.0	8.0	51.3	5.3
課長層割合 5% 以上 10% 未満	293	11.3	16.0	18.1	9.9	40.3	4.4
課長層割合 10% 以上 15% 未満	173	16.8	19.1	20.8	10.4	31.8	1.2
課長層割合 15% 以上	179	15.6	25.1	18.4	6.7	32.4	1.7

注．1）表頭の選択肢に関する質問は、「あなたは、現在の会社でどのくらいまで昇進したいと思っていますか」である。
　　2）社員調査票への回答者のうち、企業調査票のデータを補完可能で、所属企業の正社員数 300 人以上、20〜49 歳の係長相当・一般社員の回答を集計。
　　3）集計社員全体には表側の質問に無回答の社員（順に n=61、n=72）も含めて集計している。

た、前節で確認したように管理職層比率（課長層割合）は、管理職層への昇進機会を規定するとともに、管理職層への昇進の有無を決める決定的な選抜の時期の早さにも関わる。

　管理職層への昇進意思の指標としては、社員調査の「現在の会社でどのくらいまで昇進したいと思っていますか」という問いに対する回答を用いる。**第 4-4 表**の表頭に示した選択肢のうち、左に示した選択肢ほど、より上位の階層への昇進を希望していると見ることができる。なお同質問では、昇進への一般的な希望ではなく、現在、勤務する企業での昇進の希望を尋ねている。そのため一般的な昇進意思について尋ねた場合と比べ、現在、勤務する

5　課長層への最も早い昇進年齢の平均は、「第一選抜」出現時期が入社 5 年目までの企業では 34.9 歳であるのに対し、入社 6〜10 年目までの企業では 36.5 歳、入社 11 年目以降の企業では 38.9 歳である。また課長層への一般的な昇進年齢の平均は、「第一選抜」出現時期が入社 5 年目までの企業では 41.3 歳であるのに対し、入社 6〜10 年目までの企業では 42.4 歳、入社 11 年目以降の企業では 44.0 歳である（いずれも n＝351。企業調査票のうち正社員数 300 人以上であり、「第一選抜」出現時期と課長層への最も早い昇進および一般的な昇進時期のいずれにも回答した企業の票のみを集計している）。このように「第一選抜」出現時期が早い企業では課長層への昇進選抜も早いタイミングで行われる傾向にある。

企業での昇進機会に関する社員の認識が、昇進意思により大きな影響を与えていると考える。

　まず**第 4-4 表**の最上段の行に示した全体についての集計結果を見ると、「とくに昇進したいとは思わない」とする社員の割合は約 4 割を占める一方で、課長層以上の各階層の管理職への昇進を希望する社員も合わせて 5 割程度を占める。社員間で、昇進に関する希望にちがいがあることが確認できる。

　そこで**第 4-4 表**より「第一選抜」出現時期と昇進意思との関係を見ると、「第一選抜」の時期が遅い企業ほど「とくに昇進したいとは思わない」とする社員の割合は低く、昇進を目指す管理職の階層はより高いほうに分布している。

　次に、課長層割合と昇進意思との関係を見ると、「とくに昇進したいと思わない」とする社員の割合は、課長層割合が「10% 以上 15% 未満」、「15% 以上」の企業では 3 割程度であるのに対し、「5% 以上 10% 未満」の企業では 4 割程、「5% 未満」の企業では 5 割程度となる。このように、課長層割合がおよそ 1 割を切ると、課長層割合が低いほど、管理職層への昇進意思をもつ社員の割合は低くなっている。

　これらの結果からは、「第一選抜」出現時期と課長層割合に関して「早い」選抜の特徴をもつ企業ほど、管理職層への昇進意思をもつ社員が少なくなる傾向が確認できる。

2．二項ロジスティック回帰分析から

　ただし「第一選抜」出現時期と課長層割合は、社員の年齢層によっても昇進意思に対する影響が異なる可能性がある。すなわち「第一選抜」出現時期をはじめ昇進に差がつく時期が早い企業では、とりわけ中堅の年齢層（以下、中堅層と表記）の一般社員にとって、すでに管理職に昇進している同じ年齢層の社員は多いはずである。そうしたなか、とくに中堅層の一般社員が、自らの昇進機会を少ないと認識することで管理職層への昇進意思をもたなくなると考えられる。他方で管理職層比率が低いことは、管理職層への昇進機会自体を減らすとともに、先に確認したように、管理職層への昇進の有

無を決める決定的な選抜の時期を早める。それゆえ管理職層比率の低い企業では、より若い年齢層のうちから、社員が自らの昇進機会を少なく見積もり、管理職層への昇進意思をもたなくなる傾向があるかもしれない。

そこでここでは「遅い／早い」選抜の慣行に関わるこれら二つの側面が、それぞれ管理職層への昇進意思に与える独立した影響を明らかにしてみた

第 4-5 表　「第一選抜」出現時期および課長層割合と若年層・中堅層社員の昇進意思との関係（二項ロジスティック回帰分析）

	全体		若年層		中堅層	
	(20 歳以上 49 歳以下)		(20 歳以上 34 歳以下)		(35 歳以上 49 歳以下)	
	B	Wald	B	Wald	B	Wald
(「第一選抜」出現 5 年目まで)						
「第一選抜」出現 6〜10 年目まで	0.232	1.519	0.037	0.019	0.464	2.726*
「第一選抜」出現 11 年目以降	0.902	11.586***	0.558	2.093	1.321	11.749***
(課長層割合 5% 未満)						
課長層割合 5% 以上 10% 未満	0.199	0.670	0.126	0.124	0.291	0.657
課長層割合 10% 以上 15% 未満	0.660	5.538**	0.914	5.472**	0.348	0.620
課長層割合 15% 以上	0.609	4.796**	0.924	5.199**	0.368	0.797
(40 歳以上割合 5 割未満)						
40 歳以上社員割合 5 割以上	0.283	2.314	0.627	5.646**	−0.053	0.035
(正社員数 300〜499 人)						
正社員数 500〜999 人	0.238	1.431	0.551	3.471*	−0.183	0.418
正社員数 1,000 人以上	0.824	11.330***	0.683	4.237**	1.127	7.424***
(限定正社員ではない)						
限定正社員	−0.162	0.682	−0.525	3.489*	0.241	0.627
(一般社員)						
係長相当	0.663	7.642***	0.706	1.168	0.648	5.838**
(人事・法務・経理・広報・一般事務等)						
研究開発・商品企画・マーケティング等	−0.294	1.522	−0.862	6.256**	0.198	0.289
営業・販売	0.368	1.873	0.261	0.470	0.603	2.270
製造・施工・購買・物流等	0.041	0.010	0.365	0.430	−0.200	0.100
医療・サービス・その他	−0.069	0.050	0.150	0.090	−0.424	1.022
(男性)						
女性	−1.514	61.453***	−1.735	41.256***	−1.246	17.221***
(20 歳以上 34 歳以下)						
35 歳以上 49 歳以下	−0.145	0.548				
(高校)						
短大・高専等	0.927	6.797***	0.336	0.236	1.131	6.596**
大学・大学院	1.009	12.790***	0.616	1.550	1.249	11.936***
n	718		363		355	
一2対数尤度	815.197		396.060		389.408	
カイ2乗	178.552***		105.706***		102.386***	
Nagelkerke R2	0.294		0.337		0.334	

注. 1) ***は 1% 水準、**は 5% 水準、*は 10% 水準で、それぞれ統計的に有意であることを示す。
　　2) 被説明変数は、管理職層への昇進意思の有無である。「現在の会社でどのくらいまで昇進したい」かについて、「社長、経営層（役員・本部長）まで」、「部長層まで」、「課長層まで」のいずれかを選択した票を「昇進意思」あり（値は 1）、それ以外の選択肢を選んだ票を「昇進意思」なし（値は 0）としている。
　　3) 分析対象は、企業調査票のデータを補足可能で、勤務先企業が正社員数 300 人以上、20〜49 歳の係長相当・一般社員のうち、推計に利用した説明変数および被説明変数のいずれにも回答のある社員調査票の回答者である。

い。そのために、管理職層への昇進意思を被説明変数とし、①「第一選抜」出現時期と②課長層割合を説明変数とする二項ロジスティック回帰分析を行う。その際、40 歳台までの一般社員（係長層を含む）の全体についての分析に加え、20〜34 歳の若年層と 35〜49 歳の中堅層にサンプルを分けた分析を行うことする（**第 4-5 表**）。

　管理職層への昇進意思の指標としては、**第 4-4 表**と同じく「現在の会社でどのくらいまで昇進したいと思っていますか」という質問への回答を利用する。ただし、管理職層への昇進意思を端的にとらえるため、同質問の回答において「社長、経営層（役員・本部長）まで」、「部長層まで」、「課長層まで」のいずれかを選択した票を「昇進意思」あり（値は 1）、それ以外の選択肢を選んだ票を「昇進意思」なし（値は 0）とする被説明変数とした。

　分析では、昇進意思に影響を与える可能性のある主な変数の影響についてもコントロールする。そうした変数としては、昇進機会に関わる企業の規模（社員数）や社員の年齢構成といった企業の基本属性のほか、社員各人の企業内での位置づけとして、制度上、昇進できる役職に上限を設けることの多い限定正社員に該当するかどうかや（今野 2017）、すでに係長相当に昇進しているかどうか、従事する職種を取り上げる。このほか、年齢や性別といった個人の基本属性の影響もコントロールする。

　第 4-5 表の推計結果より、まず昇進意思に対する「第一選抜」出現時期の影響を見ると、40 歳台までの社員全体では、「第一選抜」出現時期が「11年目以降」の企業の社員のほうが、「5 年目まで」の企業の社員よりも統計的に有意に昇進意思をもつことが多い。ただし年齢層別に見ると、こうした傾向は、若年層では確認できず、中堅層において確認できる。中堅層では、有意水準は 10％ であるものの、「第一選抜」時期が「6〜10 年目」の企業の社員も、「5 年目まで」とする企業の社員と比べて昇進意思をもつことが多い。

　次に課長層割合との関係について見ると、40 歳台までの社員全体では、課長層割合「10％ 以上 15％ 未満」、「15％ 以上」の企業の社員は、課長層割合「5％ 未満」の企業の社員と比べて、統計的に有意に昇進意思をもつ社員が多い。ただし年齢層別の分析では、若年層にのみこの傾向が確認できた。

このように「第一選抜」出現時期と課長層割合とでは、昇進意思に影響を与える社員の年齢層が異なっている。すなわち「第一選抜」時期が早いほど中堅層において、また課長層割合が低いほど若年層において、それぞれ昇進意思をもつ社員が少なくなっている。

　このほかの変数を見ると、企業の年齢構成に関して、若年層においてのみ、40歳以上の社員の比率が5割以上の企業では、5割未満である企業と比べて統計的に有意に昇進意思をもつ社員が多い。若年層の社員では、40歳以上の社員比率の高い長期勤続の慣行がある企業において、昇進意思をもつことが多いのかもしれない。他方で中堅層の社員にとって、40歳以上の社員比率が高いことは、そのぶん昇進選抜の競争相手が多いことにもなるため、必ずしも昇進意思をもつことを促していないと解釈できる。

　企業規模に関しては、とくに正社員数1,000人以上の大きな企業で、統計的に有意に昇進意思をもつ社員が多い。こうした企業では管理職層の人数自体の多さが、社員の昇進機会についての見通しを明るくしている可能性などが考えられる。

　個人に関わる変数として、限定正社員であることは、有意水準は10%であるものの、若年層では昇進意思をもたないことにつながっている。制度上、通常の社員と比べて昇進機会がかぎられることの多い限定正社員では、とくに若年層において昇進意思をもつ社員が少ない可能性がある。

　また係長相当の社員は、とくに中堅層において、統計的に有意に昇進意思をもつことが多い。これは、中堅層になると、昇進意思をもつ社員が係長層に昇進している場合が多いことを示すと考える。こうしたなか係長層に昇進していない中堅層の社員は、自らの課長層への昇進機会を少なく見積もるために昇進意思をもちにくいことも背景として考えられる。

　職種では若年層において、研究開発・商品企画・マーケティング等の職種で統計的に有意に昇進意思をもたない社員が多い。これらの専門的職種に従事する若年層の社員は、昇進にとらわれないキャリアを志向することが多いことを示すのかもしれない。

　個人の基本属性に関しては、女性において、男性と比べて統計的に有意に昇進意思をもたない社員が多い。「遅い」選抜の慣行のほかにも、女性の昇

進に不利な条件があることが示唆される。学歴に関しては、とくに中堅層において、高卒の社員と比べて短大・高専や大学・大学院卒の社員が、統計的に有意に昇進意思をもつ傾向にある。高学歴の社員ほど、中堅層になっても昇進意思を維持する傾向にあることが読み取れる。

以上から、40歳台までの一般社員について見ると、総じて「早い」選抜の企業ほど、管理職層への昇進意思をもつ社員が少なくなる傾向が確認できる。年齢層別に見ると、課長層割合の低い企業では若年層において、「第一選抜」出現時期が早い企業では中堅層において、それぞれ昇進意思をもつ社員が少なくなっている。

第4節　昇進意思と教育訓練の機会

それでは、こうした管理職層への昇進意思と教育訓練の機会にはどんな関係があるか。第1節で検討したように、企業は管理職層への昇進意思をもつ社員に対して、管理職への登用に向けた教育訓練を重点的に行う傾向にあると考えられる。これにともない、昇進意思をもたない社員と比べて、教育訓練全般の機会も充実している可能性がある。はたしてどうか。

1. クロス集計から

これに関して**第4-6表**は、企業調査による勤務先企業の情報を反映させた社員調査のデータを用いて、管理職層への昇進意思と教育訓練の機会との関係について集計した結果をまとめたものである。ただし、管理職層への昇進意思がなくても、とくに専門的な人材としての企業内キャリアを希望する社員に対しては、専門的な技能の形成に向けて充実した教育訓練が行われている可能性がある。そこで昇進意思をもたない社員のうち、「あなたは今後、どのように仕事をしていきたいですか」という質問について「専門性や技能を活かせるような仕事につきたい」と回答した社員を「昇進意思なし（専門職志向）」と位置づけ、それ以外の「昇進意思なし（非専門職志向）」と区別して集計を行うこととする。また**第4-4表**や**第4-5表**と同じく40歳台までの一般社員（係長層を含む）を集計対象とした。

第 4-6 表　若年層・中堅層社員における教育訓練の機会：昇進意思別

（単位・%）

	n	仕事の担当範囲が広くなった割合	仕事のレベルが高くなった割合	教育訓練を受けた割合	自己啓発を行った割合
集計社員全体	873	63.3	58.0	58.6	46.6
昇進意思あり	426	70.4	68.1	63.8	51.4
昇進意思なし（専門職志向）	140	60.0	53.6	56.4	57.1
昇進意思なし（非専門職志向）	307	55.0	45.9	52.4	35.2

注．社員調査票の回答者のうち企業調査票のデータを補完可能で、正社員数 300 人以上の企業に勤務し、表頭・表側の質問すべてに回答している 20〜49 歳の係長相当・一般社員の回答を集計。

　教育訓練の機会のうち、OJT の機会を示す指標としては、「昨年 1 年間」に「あなたの仕事にはどのような変化がありましたか」という質問について、「仕事の担当範囲」が「広くなった」とする割合と、「仕事のレベル」が「高くなった」とする割合に着目する。直近の期間において仕事の範囲が広がったり、仕事が高度になったりしている社員では、これに対応した職場での仕事の割り振りや指導等をつうじた教育訓練（OJT）の機会を得ていると考えられる。

　また Off-JT の機会の指標としては、「昨年 1 年間」に「あなたは、会社の指示で『教育訓練』を受けましたか」という問いに対し「受けた」とする割合を用いる。さらに、自己啓発の機会の指標として、「昨年 1 年間」に「あなたは、仕事に関わる自己啓発（＝会社や職場の指示によらない、自発的な教育訓練）を行いましたか」という問いに対し「はい」と選択した割合を用いることとした。

　第 4-6 表の集計から、OJT の機会に関わる「仕事の担当範囲」が「広くなった」割合と、「仕事のレベル」が「高くなった」割合は、いずれも「昇進意思あり」で最も高く、「昇進意思なし（専門職志向）」がこれに続き、「昇進意思なし（非専門職志向）」で最も低い。また Off-JT の機会に関わる「教育訓練」を受けた割合は、とくに「昇進意思あり」の社員で高い。他方で「自己啓発」を行った割合は、「昇進意思あり」と「昇進意思なし（専門職志向）」で高い。両者を比べると「昇進意思なし（非専門職志向）」において「自己啓発」を行った割合がやや高くなっている。

　以上のように、とくに管理職層への昇進意思をもつ社員で、OJT や Off-JT などの企業が提供する教育訓練を受ける割合が高い。ただし、自己啓発については、専門職志向の社員が、昇進意思をもつ社員と同等以上の割合で実施している。他方で、昇進意思と専門職志向のいずれももたない社員では、OJT や Off-JT を受ける割合や自己啓発に取り組む社員の割合が最も低い。

2.　二項ロジスティック回帰分析から

　ただし、社員の昇進意思と教育訓練の機会はいずれも、勤務する企業の規模のほか、限定正社員や係長相当であるか、職種、性別、年齢といった、社員の企業内での位置づけや基本属性のちがいによる影響を受けている可能性

第 4-7 表　若年層・中堅層社員の昇進意思と教育訓練の機会との関係（二項ロジスティック回帰分析）

	「仕事の担当範囲」拡大		「仕事のレベル」向上		「教育訓練」受講		「自己啓発」実施	
	B	Wald	B	Wald	B	Wald	B	Wald
(昇進意思なし（非専門職志向）)								
昇進意思あり	0.636	12.068***	0.809	20.479***	0.324	3.302*	0.613	11.537***
昇進意思なし（専門職志向）	0.284	1.586	0.392	3.146*	0.090	0.164	0.916	16.120***
(正社員数 300〜499 人)								
正社員数 500〜999 人	0.063	0.134	0.117	0.473	−0.350	4.290**	0.009	0.003
正社員数 1,000 人以上	0.161	0.569	0.287	1.906	−0.285	1.979	0.159	0.627
(限定正社員ではない)								
限定正社員	−0.286	2.867*	−0.400	5.848**	−0.3112	3.551*	−0.384	5.176**
(非管理職)								
係長相当	0.088	0.180	0.089	0.190	0.059	0.085	−0.061	0.089
(人事・法務・経理・広報・一般事務等)								
研究開発・商品企画・マーケティング等	−0.152	0.428	−0.019	0.007	0.074	0.110	−0.342	2.436
営業・販売	−0.523	4.763**	−0.142	0.353	−0.021	0.008	−0.713	8.781***
製造・施工・購買・物流等	−0.376	1.215	−0.350	1.080	0.399	1.302	−0.570	2.671
医療・サービス・その他	−0.542	4.724**	−0.320	1.660	0.298	1.394	−0.212	0.720
(男性)								
女性	0.018	0.010	−0.002	0.000	−0.155	0.831	−0.003	0.000
(20 歳以上 34 歳以下)								
35 歳以上 49 歳以下	−0.419	5.954**	−0.179	1.134	−0.330	3.887**	0.152	0.812
(高校)								
短大・高専等	0.159	0.325	0.066	0.056	−0.234	0.709	0.617	4.356**
大学・大学院	0.300	1.706	0.138	0.364	0.051	0.050	0.928	14.156***
n	806		806		806		806	
−2 対数尤度	1015.055		1049.171		1060.443		1055.428	
カイ 2 乗	44.792***		48.404***		27.304**		59.065***	
Nagelkerke R2	0.074		0.078		0.045		0.094	

注. 1)　***は 1% 水準、**は 5% 水準、*は 10% 水準で、それぞれ統計的に有意であることを示す。
　　2)　被説明変数は、**第 4-6 表**で指標とした「仕事の範囲」拡大、「仕事レベル」向上、「教育訓練」受講、「自己啓発」実施の四つである。それぞれ該当する場合の値を 1、非該当の場合の値を 0 としている。
　　3)　分析対象は、企業調査のデータを補完可能で、正社員数 300 人以上の企業に勤務する 20〜49 歳の係長相当・一般社員のうち、推計に利用した説明変数および被説明変数のいずれにも回答のある社員調査票の回答者である。

がある。そこで**第4-7表**では、二項ロジスティック回帰分析の手法により、これらの変数の影響をコントロールしたうえで、昇進意思と教育訓練の機会とのあいだの関係を分析する。40歳台までの一般社員（係長層を含む）を分析対象とし、説明変数と被説明変数のすべてに回答している票に限定して分析を行っている。

被説明変数とする教育訓練の機会としては、**第4-6表**で指標とした「仕事の範囲」拡大、「仕事レベル」向上、「教育訓練」受講、「自己啓発」実施の四つの変数を用い、それぞれ該当する場合の値を1、非該当の場合の値を0として分析した。説明変数としては、**第4-6表**で表側に示した昇進意思の3区分を用いている（「昇進意思なし（非専門職志向）」をレファレンス・グループとした）。

第4-7表より、昇進意思と教育訓練の機会との関係について見ると、OJTに関わる「仕事の範囲」拡大および「仕事レベル」向上を経験した社員は、「昇進意思なし（非専門職志向）」と比べて「昇進意思あり」のほうが統計的に有意に多い。ただし「仕事レベル」向上を経験した社員は、有意水準は10%にとどまるものの、「昇進意思なし（非専門職志向）」と比べ「昇進意思なし（専門職志向）」のほうが統計的に有意に多い。また、これも有意水準は10%にとどまるものの、「昇進意思あり」ではOff-JTに関わる「教育訓練」を経験した社員も統計的に有意に多い。「自己啓発」を行った社員は「昇進意思あり」と「昇進意思なし（専門職志向）」において統計的に有意に多くなっている。

これから、管理職層への昇進意思をもつ社員は、昇進意思をもたない社員と比べて、とくにOJTやOff-JTの機会を得る傾向にある。ただし昇進意思をもたない社員のうち、専門職志向の社員はそれ以外の社員と比べ、仕事の高度化に関わるOJTの機会を得ている可能性がある。また自己啓発は、昇進意思をもつ社員と専門職志向の社員において、それ以外の社員と比べて多くが取り組んでいる。

このほかの変数と教育訓練の機会との関係について見ると、企業規模に関して、正社員数300〜499人と比べ500〜999人では、統計的に有意に「教育訓練」を受講した社員が少ない。統計的に有意ではないものの、正社員数

1,000 人以上でも符号はマイナスであることから、Off-JT をつうじた教育訓練は、分析対象とした正社員数 300 人以上の企業のなかでは相対的に小さな企業において積極的である可能性がある。

限定正社員では、通常の社員と比べて「仕事レベル」向上を経験する社員や「自己啓発」を行う社員が統計的に有意に少ない。また有意水準は 10%にとどまるものの、「仕事の範囲」拡大や「教育訓練」受講を経験する社員も少ない。総じて、限定正社員では教育訓練の機会が少ない傾向にある。

係長相当であるかと教育訓練の機会のあいだには統計的に有意な関係は確認できない。職種では、営業・販売職および医療・サービス・その他の職種に従事する社員で、「仕事の担当範囲」拡大を経験する社員が統計的に有意に少ない。これらの職種に従事する社員では、営業や販売、医療やサービス等の仕事に専門的に従事していると自己認識する傾向にあることを反映している可能性がある。このほか、営業・販売職では「自己啓発」を行う社員が統計的に有意に少ない。

性別と教育訓練の機会のあいだには統計的に有意な関係は確認できない。年齢層に関しては、中堅層と比べ若年層のほうが、統計的に有意に「仕事の担当範囲」拡大および「教育訓練」受講を経験する社員が多い。若年層の社員において仕事の幅を広げる方向への OJT や、Off-JT がより多く行われていることを示すと考えられる。学歴に関しては、高卒者と比べて、短大・高専等卒および大学・大学院卒者において、統計的に有意に「自己啓発」を行う社員が多い。高学歴者ほど、自己啓発を行う傾向にあることがわかる。

以上のように、昇進意思をもつ社員では OJT や Off-JT といった企業が行う教育訓練の機会が充実する傾向にある。また自己啓発についても、昇進意思をもつ社員は、専門職志向の社員と同じく、それ以外の昇進意思をもたない社員と比べてより多くが取り組んでいる。

表としては示さないものの、こうした傾向は、管理職層への昇進意思をもつ社員が少なくなる「早い」選抜の企業に限定しても確認できる。すなわち「第一選抜」時期が入社 10 年目までの企業や、課長層割合が 10% 未満の企業に限定して**第 4-7 表**と同じ変数による推計を行っても、昇進意思と教育訓練の機会とのあいだには同様の関係が確認できた。ただし、「第一選抜」

出現時期が入社 10 年目までの企業に限定すると、「昇進意思あり」と「教育訓練」受講、「昇進意思なし（専門職志向）」と「仕事レベル」向上のあいだの統計的に有意な関係はなくなる。とはいえこれらの関係については、**第4-7 表**に示した「第一選抜」出現時期を限定しないサンプルによる分析でも有意水準は 10% にとどまっていた。

▌第5節　小括

　本章では、日本企業の「遅い」選抜の特徴に関わる二つの側面として、主に「第一選抜」出現時期と課長層割合に着目し、これらと管理職層への昇進意思との関係を分析した。さらに昇進意思と教育訓練の機会との関係についても分析している。分析による事実発見をまとめると以下のようになる。

　第 1 に、「第一選抜」出現時期および課長層の選抜の最も早い時期と一般的な時期には、企業が昇進選抜において勤続と抜擢のいずれを重視するかに応じて一貫した相違が見られる。これから、日本企業の中に、企業の方針として「遅い」選抜の慣行を維持する企業と、相対的に「早い」選抜を積極的に選択する企業とがあることがわかる。

　第 2 に、課長層割合の低い企業ほど、より上位の階層に昇進しない社員が同期集団の半数となる時期は早い。このような傾向は、管理職層比率の低い企業ほど、管理職層への昇進の有無を決める決定的な時期が早いことを示すと考えられる。この背景として、管理職層比率の高い企業では、役職昇進によらない社員格付け制度上での管理職層への昇進（昇格）のルートを保つ傾向にあった。これに対し、管理職層比率の低い企業では、役職昇進が管理職層への昇進（昇格）の条件とされる傾向にある。

　第 3 に、企業における「第一選抜」出現時期と課長層割合は、その企業に勤務する社員の管理職層への昇進意思に影響を与えている。すなわち係長層を含む一般社員のうち、35 歳までの若年層では課長層割合が低いほど、35歳から 49 歳までの中堅層では「第一選抜」出現時期が早い企業ほど、それぞれ管理職層への昇進意思をもつ社員が少ない。総じて「早い」選抜の企業ほど、40 歳台までの一般社員において管理職層への昇進意思をもつ社員が

少なくなっている。

　第4に、こうしたなか、昇進選抜が「遅い」か「早い」かにかかわらず、OJTやOff-JTといった企業が行う教育訓練の機会は、管理職層への昇進意思をもつ社員においてとくに充実している。ただし昇進意思をもつ社員と同じく、昇進意思をもたない社員のうち専門職志向の社員は、これ以外の社員と比べて、より多くが自己啓発に取り組んでいる。

　以上のように、現在の日本企業では「早い」選抜への移行がある程度、進んでおり、「第一選抜」出現時期や管理職層の選抜時期に関して「遅い」選抜を保つ企業と、より「早い」選抜を選択する企業とがあることが確認できた。このうち「早い」選抜の企業ほど、管理職層への昇進意思をもつ社員が入社後の早期により少数となる。そして、こうした「早い」選抜の企業も含め、企業が提供するOJTやOff-JTといった教育訓練の機会は、管理職層への昇進意思をもつ社員に重点的に与えられる。

　このような事実発見を踏まえると、「早い」選抜の企業では、管理職層への昇進意思をもち、企業から充実した教育訓練の機会を得る社員が入社後の早い時期により少なくなっている可能性がある。企業としては、昇進に向けて技能向上に取り組むより少数の社員に重点的な教育訓練投資を行っていることになる。そのぶん管理職層の人材確保に向けた能力開発の効率化がはかれるかもしれない。しかし他方で、充実した教育訓練の機会を得る社員はより少なく限定されることになる。

　確かに本章の事実発見からは他方で、とくに自己啓発に関しては、専門職志向の社員も、昇進意思をもつ社員と同じく行う傾向にあることも確認できた。とはいえそうした自己啓発の取組みが、昇進意思をもつ社員と比べて少ないOJTやOff-JTの機会を十分に補完できているとはかぎらない。その結果として、高度な専門的業務を担当したり、現場第一線の業務遂行を支えたりする人材の育成が低調となりかねない。とくに、管理職層比率の低い企業では、これらの業務を担ううえでの技能の習得期にあたる若年層において、昇進意思をもつ社員が少なくなっていた。それゆえにこうした帰結につながる可能性がより高いと考える。

　「早い」選抜の企業がこれを回避するには、管理職層への昇進意思をもた

ず、企業として管理職への登用を積極的に期待しない社員についても、早期から専門的人材の育成に向けた教育訓練を行ったり、現場第一線の業務遂行に関わる技能の底上げのための教育訓練を行ったりすることが重要と考える。また、併せて管理職層と同等の処遇を与える専門職制度を整備するなどして、管理職層への昇進をともなわない企業内でのキャリア形成に向けて、技能向上に取り組むインセンティブを社員に提供することも重要となろう。

＊本研究は JSPS 科研費 20K01862 の助成にもとづく成果の一部である。
＊＊本章は、佐野嘉秀（2021）「『遅い』昇進選抜からの移行と昇進意思・教育訓練」『経営志林』第 58 巻 3 号をもとに、本書への掲載にあたり改定を行ったものである。

「キャリア自律」を進める企業の能力開発

藤本　真

▍第 1 節　本章での検討課題

　企業の人事管理や働く人々のキャリア形成に関わる議論の中で、徐々に取り上げられる機会が増え、今や中心的なトピックの一つとなっているのが「キャリア自律」という概念である。「キャリア自律」とは、「めまぐるしく変化する環境のなかで、自らのキャリア構築と継続的学習に取り組む、（個人の）生涯に渡るコミットメント」（花田・宮地・大木 2003：7）と定義され、企業の観点からは「従来組織の視点で提供されていた、人事の仕組み、教育の仕組みを、個人の視点から見たキャリアデザイン・キャリア構築の仕組みに転換するもの」（花田 2006：54）としてとらえられる。

　こうした考え方は 1990 年代後半から 2000 年代初頭にかけて打ち出された後、企業側でもキャリア形成の望ましいあり方として重視されるようになり（例えば日経連編 1999、日本経団連編 2006、経済産業省 2020）、実現に向けて様々な施策が行われている。一方で、働く個人の側にも、自身のキャリア形成を企業に依存することなく、自分で考えていきたいという姿勢が広がっており、厚生労働省の『令和 4 年度能力開発基本調査』によると、正社員の 67.9％、正社員以外の 49.6％ が、「自分で職業生活を考えていきたい」または「どちらかといえば自分で職業生活を考えていきたい」と答えている（厚生労働省 2023）。

　キャリア自律については、論理的に構築された指標やインタビュー調査などにもとづき、働く人々のキャリア自律に関わる状況や活動をとらえる研究（高橋 2003、堀内・岡田 2012、武石・林 2013、武石・梅崎・林 2014、柳・梅崎 2019）や、従業員のキャリア自律に関わる意識が個人の意識・活動・状態や組織に与える影響についての研究（島田 2008、堀内・岡田 2009、梅崎・武石・林 2015、古田・中田 2019、尾野 2022、2023、梅崎・武石・林

2023、開本 2023)、あるいは従業員の状況をもとに有効なキャリア自律支援のあり方を検討する研究（平林・川﨑・高橋 2014、川﨑・高橋 2015、佐藤 2018、松井 2022)、キャリア自律の促進が企業経営にもたらす効果・影響についての研究（鳥取部 2007）などが重ねられてきた。

　他方で、キャリア自律を重視する企業が、なぜキャリア自律を重視しているのかという点については、日本企業を取り巻く経営環境や社会状況と関連づけた一般的な説明は見られるものの、経験的なデータをもとにした分析や検討はあまり目にすることがない。キャリア自律の考え方や関連する施策は社員の「個別化」を促すともとらえることができ、組織の集団的マネジメントに対しマイナスの影響をもたらす可能性もある。そうした可能性を念頭に置きながらも企業がキャリア自律に向けて舵を切ることには、何らかの経営上の理由や要因があるのではないかと推測される。こうした理由や要因は、キャリア自律の広がりや働く人々の能力開発やキャリア形成の環境について検討していくうえでは看過できない。そこで本章ではまず、キャリア自律がどのような企業において進められているのかについて、企業の経営方針、人事管理方針とキャリア自律促進との関係に着目して、企業調査の結果を用いて分析・検討していく。

　さらに本書が分析・考察の対象としている、企業における能力開発に焦点をあてると、キャリア自律を進める企業の能力開発の取組みは、どのように特徴づけられるのか。上述のようにキャリア自律という考え方は、日本において提示されてくるなかで、日本企業における従来の能力開発やキャリア形成のあり方を変えていこうという含意をもっていた。そうだとすれば、第1章で挙げた日本企業の能力開発システムにおける変化の諸側面は、キャリア自律を進める企業において、より色濃く表れているのだろうか。この点についても、本章では企業調査の分析をつうじて明らかにしていくこととしたい。

▌第2節　キャリア自律を進める企業

1. 業種別・正社員規模別の状況
　第2章で示したように、企業調査では、正社員の能力開発やキャリア管理

第 5-1 表 「キャリア自律促進企業」の割合：正社員規模別・業種別

	n	「キャリア自律促進企業」の割合（%）
集計企業全体	417	27.1
【正社員規模】		
300〜499 人	222	24.8
500〜999 人	122	28.7
1,000 人以上	73	31.5
【業種】		
建設業	31	22.6
製造業	95	27.4
卸売・小売業	53	30.2
医療・福祉	89	28.1
教育・学習支援	36	25.0
サービス業	47	34.0

注. 1）「集計企業全体」には、業種が不明だった企業も含まれている。
　　2）回答企業が 30 社未満の業種の集計結果は示していない。

に関して力を入れている点について企業に尋ねている。本章ではこの質問に対し、「社員の自主的なキャリア形成の促進」に力を入れていると答えた企業を、「キャリア自律促進企業」として扱うこととする。調査に回答した正社員数 300 人以上の企業 417 社のうちキャリア自律を促進している企業は 27.1％ である

　キャリア自律を促進している企業の割合について正社員規模別・業種別の状況を見ていくと（**第 5-1 表**）、正社員規模が大きいほど割合は高い。ただしカイ二乗検定では、統計的な有意差は見られなかった。一方、業種別では、卸売・小売業、サービス業で現在力を入れているという企業が 30％ を超えるのに対し、建設業は 20％ 台前半と、ある程度の傾向のちがいが見られる。

2. 経営方針とキャリア自律の促進

　では、社員のキャリア自律はどのような企業で推進されているのか。企業経営との関連から見ていくこととしたい。企業の経営活動とキャリア自律促進とのあいだの結びつきについて分析・検討を行ううえで、有力な手がかりとなりうるのが、キャリア自律の重要性が高まる背景についての既存の研

究・文献における言及である。このうち高橋（2003）は、日本企業のコア・コンピタンス（持続的に競争力の源泉となる能力）が、ソリューション・ビジネスなどに具現化されている「提案能力」へと移行していることを、キャリア自律の重要性が高まる背景として挙げる。企業が提案能力をコア・コンピタンスとしていくには、課題設定能力の高い自律的な人材を必要とし、そうした人材の確保・育成のために企業内でキャリア自律を促進する仕組みが求められるという。

　日本経団連編（2006）においても、高橋（2003）同様、問題発見能力・課題解決能力をもつ人材の重要性が指摘され、各企業において、環境変化に対応する柔軟性とチャレンジ精神を備えた「自律型人材」が不可欠な存在になっていると強調される。そして「自律型人材」が不可欠な存在となった要因として、経済活動のグローバル化や世界規模での厳しい企業競争、ICTの進展と情報量の増加にともなう業務の複雑化・高度化、顧客志向の経営に対する要請が高まっていることが列挙されている。

　一方、武石（2023）は、日本企業の経営活動の見通しが不安定化、流動化したことを、キャリア自律の重要性を高める要因と見ている。激化する国際競争や、事業部門の海外移転・縮小・廃止などが、長期安定雇用を前提に企業が従業員のキャリア形成に一定の責任を果たすという従来の考え方を変化させつつあり、そうしたなかでキャリア自律の重要性が認識されてきていると指摘する。

　キャリア自律の重要性が高まる要因・背景についてのこれらの言及を、企業における経営活動とキャリア自律促進との関連という観点からとらえ直すと、（1）顧客への提案を軸とするなど、これまで以上に顧客に高付加価値を提供しようとする経営活動を進めるなかで、（2）頻繁な新事業展開など環境変化への対応がより求められる経営活動のなかで、（3）事業のグローバル展開など、従来に比べて見通しが立てにくい経営活動のなかで、企業は自社の従業員のキャリア自律を促進すると考えられる。

　第2章で示したように、企業調査では、各企業の経営活動における方針を九つの項目に沿って尋ねている。調査項目の①A「高付加価値化による競争力強化」、②A「製品・サービスの品質向上に力を入れる」は、上述した

（1）の高付加価値化に対応した経営活動方針と見ることができる。（2）の環境変化への対応を必要とする事業活動方針としては、⑥A「新規事業の開拓を重視」、⑦A「事業展開にあたってスピードを重視」が該当する他、③B「企業規模の拡大を重視」も、挙げることができるだろう。（3）の見通しが立てにくい経営活動につながる方針としては、⑦B「海外マーケットを重視」が該当しよう。

　各企業の経営活動方針とキャリア自律促進とのあいだにはどのような関連が見られるか。経営活動方針別に回答企業をグルーピングし、それぞれのグループにおけるキャリア自律促進企業の割合を算出した（**第 5-2 表**）。

第 5-2 表　「キャリア自律促進企業」の割合：経営活動方針別

			n	キャリア自律促進企業の割合（%）
①高品質か低コストか	A	高付加価値化による競争力強化	334	27.5
	B	低コスト化による競争力強化	60	18.3
②品質向上か営業・販売力強化か	A	製品・サービスの品質向上に力を入れる	298	27.2
	B	営業・販売の強化に力を入れる	96	25.0
③企業規模	A	企業規模の維持を重視	225	29.8
	B	企業規模の拡大を重視	170	23.5
④自前主義か専業主義か	A	開発から生産・営業まですべて自社で行う	205	26.8
	B	自社の得意分野に注力する	167	25.1
⑤事業戦略と人材の関係	A	既存の人材に合わせて事業戦略を立てる	139	30.2
	B	事業戦略に合わせて人材を採用する	258	25.2
⑥開拓か深耕か	A	新規事業の開拓を重視	122	29.5
	B	既存事業の継続・強化を重視	272	24.3
⑦国内か海外か	A	国内マーケットを重視	346	24.9
	B	海外マーケットを重視	42	31.0
⑧事業展開のスピード	A	事業展開にあたってスピードを重視	193	30.1
	B	事業展開は慎重に行う	206	22.8
⑨意思決定のあり方*	A	トップダウンの意思決定を重視	343	28.6
	B	ボトムアップの意思決定を重視	58	17.2

注.　1）それぞれの項目につき、「A」の該当割合は「A に近い」・「どちらかといえば A に近い」、「B」の該当割合は「B に近い」・「どちらかといえば B に近い」と回答した、正社員 300 人以上の企業の割合を示している。
　　2）*はカイ二乗検定の結果、10% 水準で統計的に有意であることを示す。①～⑨の各項目につき、A グループと B グループのキャリア自律促進企業の比率を検定の対象としている。

第5-2表によると、「意思決定のあり方」における経営活動方針のちがい
による差のみが、カイ二乗検定の結果、統計的に有意な傾向をもつものとし
て認められた。「意思決定のあり方」として、トップダウンの意思決定を重
視するというグループにおいて、キャリア自律を促進している企業の割合が
より高くなっている。

　経営活動に関する方針は、キャリア自律促進の有無に影響を与えることが
考えられる他の要因を踏まえても、なおキャリア自律に関する企業の姿勢を
左右するといえるだろうか。キャリア自律を促進しているか否かを被説明変
数とする二項ロジスティック分析を行うこととした。説明変数として用いる
経営活動の方針については、各項目につき A の考え方をもっているかどう
かを示すダミー変数とし、「A に近い」または「どちらかといえば A に近
い」と答えた場合を 1 点、そうでない場合を 0 点とする。また経営活動の方
針を示す変数のほかに、キャリア自律に対する企業の考え方を左右しうる変
数として、各企業の正社員数、業種、創業年を説明変数としてモデルに加え
た（第5-3表）。

　ただ、業種や正社員数の規模などをコントロールすると、トップダウンの
意思決定を重視するという方針も含め、各経営活動方針とキャリア自律の促
進とのあいだに統計的に有意な相関を認められなかった。日本企業における
キャリア自律の促進が、何らかの経営活動の方針に裏づけられたものではな
いことが示唆される。

3. 人事管理をめぐる状況・方針とキャリア自律の推進

　企業が従業員のキャリア自律を重視する要因については、企業内の人事管
理をめぐる状況・方針といった観点からも接近することができる。企業調査
では正社員を対象とする人事管理の方針を、様々な事項に沿って尋ねてい
る。そこでまず、各事項に関する回答により、経営活動方針と同様、回答企
業をグルーピングし、それぞれのグループにおけるキャリア自律促進企業の
割合を算出した（第5-4表）。

　各事項につき、A グループに該当する企業と B グループに該当する企業
とのあいだで、キャリア自律促進企業の割合に 10 ポイント以上の差がある

第 5-3 表　経営活動の方針とキャリア自律促進（二項ロジスティック回帰分析）

	B	Wald
高付加価値化による競争力強化	−0.053	0.028
製品・サービスの品質向上に力を入れる	−0.064	0.047
企業規模の維持を重視	−0.345	1.798
開発から生産・営業まですべて自社で行う	−0.208	0.607
既存の人材に合わせて事業戦略を立てる	−0.364	2.050
新規事業の開拓を重視	0.051	0.035
国内マーケットを重視	0.101	0.059
事業展開にあたってスピードを重視	0.268	1.132
トップダウンの意思決定を重視	0.522	2.289
正社員数（対数）	0.843	4.550**
（製造業）		
建設業	−0.134	0.066
情報通信業	−0.049	0.006
運輸	−0.016	0.001
卸売・小売・飲食・宿泊	0.261	0.349
金融・保険・不動産	−0.247	0.081
医療・福祉	0.158	0.182
教育・学習支援	−0.260	0.275
サービス	0.512	1.396
（2000 年以降創業）		
1959 年以前に創業	−0.221	0.288
1960〜1979 年に創業	−0.633	2.158
1980〜1999 年に創業	−0.252	0.273
n		402
−2 対数尤度		456.172
カイ 2 乗		19.501
Nagelkerke R2		0.068

注．1）***は 1% 水準、**は 5% 水準で、それぞれ統計的に有意であることを示す。
　　2）被説明変数は「社員の自主的なキャリア形成の促進に力を入れているか」であり、力を入れている場合を 1、そうでない場合を 0 とするダミー変数である。
　　3）「経営活動方針」に列挙した各項目は、各企業の状況が「近い」、「どちらかといえば近い」と回答した場合に 1 点、いずれにも回答していない場合には 0 点として得点化したものを変数の値としている。
　　4）説明変数、被説明変数に関して無回答の企業は分析から除いた。
　　5）業種について「電気・ガス・熱供給・水道」、「その他」と回答した企業は分析から除いた。

集計は存在せず、またキャリア自律促進企業の割合を対象としたカイ二乗検定の結果、統計的な有意性が認められた集計もない。キャリア自律促進に結びつく特定の人事管理のあり方は、**第 5-4 表**からは見出せない。

　しかし、キャリア自律に関する先行研究は、人事管理が何らかの事項や状

第 5-4 表 「キャリア自律促進企業」の割合：正社員を対象とした人事管理の方針別

			n	キャリア自律促進企業の割合（%）
①新卒採用か中途採用か	A	新卒採用重視	330	28.5
	B	中途採用重視	84	21.4
②長期雇用の方針	A	正社員の長期雇用に努める	382	27.0
	B	正社員の一部を精鋭として残す	34	29.4
③能力開発の責任	A	企業の責任	305	26.6
	B	個人の責任	106	28.3
④教育訓練投資	A	社員の教育訓練投資は 10 年以上かけて回収する	218	28.0
	B	社員の教育訓練投資は 10 年未満で回収する	194	26.8
⑤昇進の方針	A	勤続年数を重視して行う	179	27.5
	B	勤続年数とは関係なく抜てきする	236	27.1
⑥仕事経験の幅	A	特定の職能・職種内で仕事を経験させる	240	28.3
	B	職能・職種にとらわれず広く仕事を経験させる	176	25.6
⑦異動のイニシアティブ	A	異動は会社主導で行う	361	26.3
	B	異動は社員の意見・希望をできるだけ反映させる	54	33.3
⑧高い職位の人材確保	A	高い職位には生え抜き社員を登用	301	28.6
	B	高い職位には外部人材を登用	109	22.9
⑨社員組織とのコミュニケーション	A	コミュニケーションを重視	310	29.0
	B	コミュニケーションは重視していない	99	22.2

注. 1) それぞれの項目につき、「A」の該当割合は「Aに近い」・「どちらかといえばAに近い」、「B」の該当割合は「Bに近い」・「どちらかといえばBに近い」と回答した、正社員 300 人以上の企業の割合を示している。
2) ①～⑨の各項目につき、A グループと B グループのキャリア自律促進企業の割合を対象に、カイ二乗検定を行ったが、統計的な有意性を示す集計はなかった。

況と結びつくことで、キャリア自律の促進につながることを示唆する。企業がキャリア自律の実現に積極的に取り組む要因を、理論的に検討した数少ない研究業績の一つである平野（2003）は、カンパニー制への移行や職務等級制度の導入などをきっかけに、人事管理諸施策の権限が会社から現場の各部署へと移った企業の事例にもとづき、企業は、人事管理に必要な情報を個人や職場から容易に収集できず[1]、「逆選択[2]」などの問題が生じるのを回避するため、従業員のキャリア自律を促進すると説明する。また平野（2006a）

は、上場製造業を対象としたアンケート調査のデータを用い、職務主義の処遇を行い、社内各部署へ人事管理の権限が移行する傾向をはらみながらも、会社人事部門による人材の育成・配置を志向する企業[3]において、キャリア自律支援策が採用された場合に会社業績の向上が見られることを検証した。

　平野の研究で示された見解から、配置や能力開発など従業員のキャリア形成に関わる権限が分権化された状況にあったりしながらも、企業が人材の配置や育成に関して権限や責任を果たそうとした場合に、キャリア自律が促進されると考えられる。企業調査のデータから検証する。企業調査では、人事管理に関わる諸項目に関して、会社（人事部門）と各部門のいずれが決定権限をもっているかを尋ねている。ここではキャリア形成に関わる九つの項目[4]についての回答を得点化[5]したうえで合成し（クロンバッハの α 係数＝0.813）、分権度を示す変数（最小値＝9点、最高値＝36点）として用いる。一方、人材の配置や育成に関する権限・責任についての各企業の意向は、正社員の人事管理に関する方針についての質問のうち、「能力開発の責任」に関する質問を用いて判別していく。この質問に対し、「Aに近い」、「どちらかといえばAに近い」と答えた場合に1点、「どちらかといえばBに近い」、「Bに近い」と答えた場合に0点として回答を得点化する。ここで「A」は「社員の能力開発の責任は企業にある」、「B」は「社員の能力開発の責任は、社員個人にある」なので、「Aに近い」、「どちらかといえばAに近い」と答えた企業は、能力開発において企業の責任を果たそうとする意向が強いこと

1　個人や職場から会社の管理部門へ情報を移すのにかかる費用を、「情報の粘着性」という（平野 2003：11）。

2　例えば事業部門が、業績向上のインセンティブから優秀な個人の情報を隠して、部門を超える異動を阻止する（「人材の抱え込み」）といった事態（平野 2003：9）などが該当する。

3　平野光俊は、職能資格制度にもとづく能力主義的なインセンティブ・システムと人事権の人事部への集中を特徴とする、従来日本企業に多く見られたタイプ（「J型」）に対し、インセンティブ・システムが職務主義なものへと移行したこうした企業を「派生J型」と称している（平野 2006a：57）。

4　「要員計画」、「部門内の異動」、「部門を超えた異動」、「人事評価」、「部長層への昇進・昇格」、「課長層への昇進・昇格」、「各部門の育成・能力開発の目標・方針」、「職場における OJT の進め方」、「研修・セミナー等への参加者の人選」の9項目である。

5　「もっぱら人事部門が決める」＝1点、「各部門の管理職の意見を聞いた上で人事部門が決める」＝2点、「人事部門から意見はするが、各部署の管理職が決める」＝3点、「もっぱら各部署の管理職が決める」＝4点として得点化した。

第 5-5 表　能力開発やキャリア形成に関わる施策における分権度、能力開発における企業のイニシアティブとキャリア自律促進（二項ロジスティック回帰分析）

	B	Wald
能力開発・キャリア形成における各部署の分権度	−0.015	0.106
能力開発の責任は企業にある	−0.923	0.420
キャリア関連施策における各部署の分権度×能力開発の責任は企業にある	0.024	0.185
正社員数（対数）	0.859	4.154**
（製造業）		
建設業	−0.482	0.740
情報通信業	0.078	0.016
運輸	−0.541	0.767
卸売・小売・飲食・宿泊	−0.015	0.001
金融・保険・不動産	−0.772	0.472
医療・福祉	−0.011	0.001
教育・学習支援	−0.402	0.532
サービス	0.488	1.389
（2000 年以降創業）		
1959 年以前に創業	−0.534	1.596
1960〜1979 年に創業	−0.848	3.700*
1980〜1999 年に創業	−0.397	0.664
n		356
−2 対数尤度		395.107
カイ 2 乗		15.892
Nagelkerke R2		0.064

注. 1) **は 5% 水準、*は 10% 水準で、それぞれ統計的に有意であることを示す。
　　2) 被説明変数は「社員の自主的なキャリア形成の促進に力を入れているか」であり、力を入れている場合を 1、そうでない場合を 0 とするダミー変数である。
　　3)「能力開発・キャリア形成における各部署の分権度」は、社員の能力開発・キャリア形成に関わる九つの項目についての決定権限についての回答を、「もっぱら人事部門が決める」＝1 点、「各部門の管理職の意見を聞いた上で人事部門が決める」＝2 点、「人事部門から意見はするが、各部署の管理職が決める」＝3 点、「もっぱら各部署の管理職が決める」＝4 点として得点化し、合成した変数である。
　　4)「能力開発の責任」は、企業の回答を、「A に近い」、「どちらかといえば A に近い」＝1 点、「どちらかといえば B に近い」、「B に近い」＝0 点として得点化した。
　　5) 説明変数、被説明変数に関して無回答の企業は分析から除いた。
　　6) 業種について「電気・ガス・熱供給・水道」、「その他」と回答した企業は分析から除いた。

を示している。そのうえで、分権度と能力開発の責任に関する意向の交互作用項を設定し、分権度、分権度と能力開発の責任に関する意向、交互作用項のそれぞれを、キャリア自律を促進しているか否かを被説明変数とする二項ロジスティック回帰分析の説明変数として用いる（**第 5-5 表**）。なお、交互作用項以外の説明変数としては、**第 5-3 表**の分析で用いた説明変数のうち、

経営活動方針に関する変数以外の変数を用いる。

　二項ロジスティック回帰分析を行ったところ、分権度、能力開発の責任に関する意向、交互作用項ともに、企業がキャリア自律を促進する可能性と、統計的に有意な相関をもっていなかった。交互作用項がキャリア自律を促進しようとする意向の有無と相関をもたなかった理由としては、部門・職場への分権化の傾向が進むなかで育成・配置のイニシアティブを維持しようとし、生じうる問題を回避するために、従業員の意向を反映した配置や社内公募制度といったキャリア自律に関わる諸施策を活用するという平野が想定する状況が、この企業調査におけるキャリア自律促進企業ではさほど見られないためではないかと考えられる。この点は、後ほどキャリア自律促進企業が、社員のキャリア形成に関わる取組みとしてどのような内容の取組みを進めているかを明らかにしていくことをつうじて、確認したい。

　一方、企業の人事管理とキャリア自律との関係については、市村（2015）が示した見解も、分析・考察の手がかりを与えてくれる。市村（2015）は、バブル崩壊後に起こった日本企業における雇用システムの変化が、企業によるキャリア自律の促進をもたらしたと考える。バブル崩壊後の日本企業は、従業員の処遇については職能資格制度によるものから職務・成果を重視する方向へと見直しを行った一方で、長期安定雇用制度のもとで会社が従業員を育成していくというシステムは維持した。こうした見直しのなかで、企業はあくまで、従業員が「社内で」キャリアを形成していくことを望みながらも、自らの職務や成果に対し、自発的・自律的に関与していくことも併せて要望すると、市村は指摘する。この市村の見解を踏まえると、職務や成果を重視する処遇制度など、従業員個々人に焦点があたるような人事管理が行われると同時に、企業が長期にわたる人材育成を志向した場合に、キャリア自律が促進されると考えられる。こちらも企業調査を用いて検証した（**第 5-6表**）。

　従業員個々人に焦点があたる人事管理を実施しているか否かを判別するための変数としては、非管理職の基本給を決める最も重要な要素として「従事する仕事の内容・価値」を用いているかどうかを採用した（用いている場合＝1、用いていない場合＝0、用いている企業は正社員 300 人以上企業の 23.7

第5-6表　処遇の職務主義化、長期雇用の意向とキャリア自律促進（二項ロジスティック回帰分析）

	B	Wald
従事する仕事の内容・価値に基づき基本給を決定	−0.235	0.081
正社員の長期雇用に努める	−0.631	1.313
従事する仕事の内容・価値に基づき基本給を決定×正社員の長期雇用に努める	0.749	0.724
正社員数（対数）	1.017	5.988**
（製造業）		
建設業	−0.027	0.003
情報通信業	0.205	0.108
運輸	0.003	0.000
卸売・小売・飲食・宿泊	0.381	0.920
金融・保険・不動産	−0.231	0.073
医療・福祉	0.300	0.671
教育・学習支援	0.129	0.070
サービス	0.499	1.437
（2000年以降創業）		
1959年以前に創業	−0.263	0.396
1960〜1979年に創業	−0.655	2.284
1980〜1999年に創業	−0.311	0.414
n		370
−2対数尤度		423.926
カイ2乗		14.870
Nagelkerke R2		0.056

注. 1) **は5%水準で、統計的に有意であることを示す。
　　2) 被説明変数は「社員の自主的なキャリア形成の促進に力を入れているか」であり、力を入れている場合を1、そうでない場合を0とするダミー変数である。
　　3) 「正社員の長期雇用に努める」は、「A 正社員全員の長期雇用に努める」に「近い」、「どちらかと言えば近い」と回答した場合を1点、「B 正社員の一部を精鋭として残す」に「近い」、「どちらかと言えば近い」と回答した場合を0点として得点化した。
　　4) 説明変数、被説明変数に関して無回答の企業は分析から除いた。
　　5) 業種について「電気・ガス・熱供給・水道」、「その他」と回答した企業は分析から除いた。

%）。また、各企業が長期にわたる人材育成を志向する程度については、正社員の人事管理に関する方針についての質問のうち、「長期雇用に関する意向」に関する質問によってとらえることとした。第5-6表の分析で用いた、「能力開発の責任」に関する質問の回答結果と同様の得点化を行っており、長期雇用に努める場合に1、そうでない場合を0とした。

　ただ分析の結果、非管理職賃金の職務主義化に関する変数、長期雇用に関する意向に関する変数、この二つの変数の交互作用項ともに、キャリア自律

の促進とは統計的に有意な相関をもたなかった。評価における「個別化」
は、キャリア自律の促進にまではおよんでいないと見ることができる。

4. 日本企業における「キャリア自律」の位置づけ

　本節では、企業調査の回答をもとに、先行研究における知見も手がかりと
しながら、キャリア自律を重視する企業、なぜキャリア自律を重視するのか
について、企業の経営方針、人事管理との関係に着目して分析・検討を行っ
てきた。その結果、キャリア自律を促進していく企業の意向と結びつく経営
方針や、人事管理の方針・取組みを見出すことはできなかった。

　ただ、ここまで行ってきたキャリア自律促進と経営方針、人事管理の方
針・取組みとの関連についての分析の中に、日本企業におけるキャリア自律
の位置づけを検討・把握するうえで看過できない結果がある。**第5-3表、
第5-6表、第5-7表**に三つの二項ロジスティック回帰分析の結果を示した
が、このいずれの分析においても、キャリア自律を促進するという企業の意
向とのあいだに統計的に有意な正の相関が認められたのが、「正社員数（対
数値）」である。この結果は、企業の経営活動方針や人事管理の取組みがど
うあれ、正社員規模がより大きい企業ほど、キャリア自律促進の意向をもち
やすいということを示している。

　経営方針や人事管理の取組みよりも正社員規模がより大きいこととの相関
のほうがより蓋然性が高いということは、日本企業のキャリア自律促進が、
何らかの経営上、人事管理上の取組みの中に位置づけられているというより
は、正社員数が多いこと自体に対する施策として位置づけられていると解釈
することができる。より正社員数が多い企業は、正社員のあいだの多様性と
いう課題に直面する可能性がより高い。あるいは正社員数が多いほど、一律
的・単線的なキャリアを掲げて、配置や能力開発を行うことが難しくなる。
日本企業においてキャリア自律の促進とは、まずはこうした課題や困難を克
服するための取組みとしてとらえられており、経営活動方針や人事管理の取
組みがどうあれ、正社員規模がより大きい企業においてキャリア自律促進の
意向が示されやすいという結果は、こうした日本企業におけるキャリア自律
の位置づけを反映していると考えられる[6]。

第3節　キャリア自律を促進する企業における能力開発施策とキャリア形成に関わる取組み

1. キャリア自律促進企業の能力開発施策

　キャリア自律を促進している企業の能力開発の取組みについて、教育訓練費用の配分と、社員の自己啓発支援に関わる取組みの状況を見ていく（**第5-7表**）。

　過去5年間に重点的に教育訓練費用を配分した分野についての回答を見ると、いずれの分野においてもキャリア自律促進企業のほうが、キャリア自律を促進していない企業よりも回答割合が高い。総じてキャリア自律促進企業のほうが、そうでない企業に比べて社員の教育訓練に積極的であるといえる。

　なかでも「リーダーシップやマネジメントスキルに関する研修」、「e-learning の体制整備・拡充」、「海外での教育研修」、「社員の自己啓発に対する金銭的支援」は、カイ二乗検定の結果、キャリア自律促進企業とそうでない企業とのあいだの回答割合の差に、統計的に有意性が認められる。「社員の自己啓発に対する金銭的支援」は、キャリア自律の促進という方針を具体化する最もわかりやすい施策と考えられるため、キャリア自律促進企業でより積極的に進められていると推測される。「e-learning の体制整備・拡充」は、社員の学習機会を整備・拡充し、学習を促す取組みの一つと考えられる。「リーダーシップやマネジメントスキルに関する研修」の回答割合がより高いことからは、キャリア自律促進企業が、社員の自主的なキャリア

6　章末に記しているように、本章は藤本（2018）をもとに大幅な加筆修正を行っている。藤本（2018）では本章と同じ企業調査の分析を行っているが、「高付加価値化による競争力強化」、「トップダウンによる意思決定の重視」といった経営方針とキャリア自律促進とのあいだに、統計的に有意な正の相関が認められ、本章の分析結果とは異なる。同じ企業調査のデータセットを用いているのに、分析結果が異なる理由の一つとして、本章と藤本（2018）とで、分析対象とする企業が異なる点が挙げられる。本章では正社員数 300 人以上の企業 417 社を対象としているのに対し、藤本（2018）では企業調査に回答した全企業 531 社を対象としており、本章の分析対象は、より従業員規模の大きいほうに分布が偏っている。より従業員規模の大きな企業において、キャリア自律の促進が、特定の経営方針・人事管理と関連づけられてとらえられるよりも、多数の従業員を円滑に管理する施策としてとらえられているのだとすれば、本章と藤本（2018）とのあいだで見られるような分析結果の相違が生じるものと考えられる。

第 5-7 表　配置・従業員のキャリア・自己啓発支援に関する取組みの実施状況

(単位：%)

	キャリア自律促進企業 (n=113)	キャリア自律を促進していない企業 (n=304)
【過去 5 年間で重点的に教育訓練費用を配分した分野】		
新入社員・若手社員向け研修	82.3	77.0
管理職向けの階層別研修	61.9	54.6
選抜型研修	33.6	28.9
リーダーシップやマネジメントスキルに関する研修**	54.9	43.8
専門技術・スキルの習得のための研修	45.1	41.8
e-learning の体制整備・拡充*	18.6	11.2
語学研修	15.0	12.5
海外での教育研修**	8.0	2.6
社員の自己啓発に対する金銭的支援***	42.5	25.7
【自己啓発支援に関わる取組み】		
研修・セミナーに関する情報の社員への提供***	71.7	52.3
研修・セミナーの受講を昇格・昇進の要件としている	12.4	11.2
研修・セミナーの受講に対する金銭補助	63.7	55.6
用途を指定しない金銭補助	3.5	2.6
自己選択型の研修の実施***	22.1	9.2
e-learning の実施*	30.1	18.1
各部署の管理職に対する情報提供・啓発***	32.7	21.7
研修・セミナーの受講を目的とした短時間勤務制度・休暇制度の導入	3.5	3.0
大学・大学院、専門・各種学校等への進学など、期間の長い自己啓発に対する支援***	16.8	7.2

注.　1)　「キャリア自律を促進していない企業」には、正社員の能力開発・キャリア管理に関して力を入れていることについての質問のすべての選択肢に無回答だった企業も含まれている。
　　2)　表中の数字は、各取組みを実施している企業の割合を示している。
　　3)　「過去 5 年間で重点的に教育訓練費用を配分した分野」、「自己啓発支援に関わる取組み」ともに、「その他」の選択肢に回答した企業の割合は表示していない。
　　4)　***は 1% 水準、**は 5% 水準、*は 10% 水準で、それぞれ統計的に有意であることを示す。
　　　　キャリア自律促進企業とキャリア自律を促進していない企業とのあいだで、各取組みを実施する企業の割合について、カイ二乗検定を実施した結果を示している。上記の記号がついている取組みは、キャリア自律促進企業とキャリア自律を促進していない企業とのあいだでの、実施企業の割合の差が統計的に有意な取組み。

形成の促進と合わせて、経営者層やマネジメント層の意欲ある候補者を育成しようとする傾向がより強いことを読み取ることができる。

　社員の自己啓発支援に関わる取組みのうち、キャリア自律促進企業とそうでない企業のあいだで実施割合に統計的な有意差が認められたのは、「研修・セミナーに関する情報の社員への提供」、「自己選択型の研修の実施」、「e-learning の実施」、「各部署の管理職に対する情報提供・啓発」、「大学・大学院、専門・各種学校等への進学など、期間の長い自己啓発に対する支

援」である。「研修・セミナーに関する情報の社員への提供」は、キャリア
自律促進企業では実施する企業が 7 割を超え、キャリア自律を促進していな
い企業における実施割合を約 20 ポイント上回る。社外の能力開発機会につ
いての社員への情報提供が、社員のキャリア自律を促進していくうえでの基
本的な取組みとしてとらえられ、広く行われていることがわかる。「自己選
択型の研修の実施」や「e-learning の実施」は、社員の自主的な能力開発の
選択肢や機会を広げるための取組みと見ることができ、キャリア自律促進企
業でより実施割合が高くはなっているものの、実施割合自体は 20〜30% と
さほど高いわけではない。

2. 社員のキャリア形成に関わる取組み

　キャリア自律促進企業とそうでない企業について、社員のキャリア形成に
関わる施策の実施状況を比べると（**第 5-8 表**）、まずキャリア自律促進企業
では社員自身の意向を反映した仕事への配置や、所属部署の枠を超えた業務
経験の提供に力を入れているという比率が、キャリア自律を促進していない
企業に比べて 2 倍以上高く、カイ二乗検定の結果、キャリア自律促進の有無
による差は統計的に有意である。ただし、キャリア自律促進企業でも社員自
身の意向を反映した仕事への配置や、所属部署の枠を超えた業務経験の提供
に精力的に取り組んでいる企業は 2〜3 割にとどまっている点に留意する必
要があろう。また、キャリア自律を実現するための人事管理施策として取り
上げられることが多い社内公募制度についても、キャリア自律促進企業にお
ける実施割合のほうが高く、キャリア自律を促進しない企業との差が統計的
に有意な傾向にあるが、実施割合自体は 20% 台前半である。
　社員のキャリアに関わる情報収集・関与については、「自己申告制度」、
「会社としての社員各人の能力開発・キャリア形成目標・進捗状況の把握」、
「管理職によるキャリアに関する部下との個別面談」など、個々の正社員の
能力開発やキャリア形成に関する現状や意向を把握するための取組みを実施
する割合はいずれもキャリア自律促進企業のほうが高い。「会社としての社
員各人の能力開発・キャリア形成目標・進捗状況の把握」、「管理職による
キャリアに関する部下との個別面談」の実施割合の差は、カイ二乗検定で、

第 5-8 表　社員のキャリア形成に関わる取組みの実施状況

(単位：%)

	キャリア自律促進企業 (n=113)	キャリア自律を促進していない企業 (n=304)
【配置に関わる取組み】		
社員自身の意向を反映した仕事への配置に力を入れている ***	28.3	9.5
所属部署の枠を超えた業務経験の提供に力を入れている ***	23.9	10.9
社内公募制度を実施している *	23.9	14.8
【社員のキャリアに関する情報収集・関与】		
自己申告制度	53.1	46.4
目標管理制度の中で今後の仕事やキャリアの目標を定める	56.6	49.0
会社としての社員各人の能力開発・キャリア形成目標・進捗状況の把握 **	33.6	23.4
人事部門担当者によるキャリアに関する社員との個別面談	15.0	8.2
管理職によるキャリアに関する部下との個別面談 *	59.3	49.0
社員各人の評価履歴のデータベース化	35.4	34.5
社員各人の業務履歴のデータベース化	31.0	30.3
社員各人の研修履歴のデータベース化	34.5	32.2

注.　1)　表中の数字は、各取組みを実施している企業の割合を示している。
　　2)　「社員のキャリアに関する情報収集・関与」について、「その他」の選択肢に回答した企業の割合は表示していない。
　　3)　***は 1% 水準、**は 5% 水準、*は 10% 水準で、それぞれ統計的に有意であることを示す。
　　　　キャリア自律促進企業とキャリア自律を促進していない企業とのあいだで、各取組みを実施する企業の割合について、カイ二乗検定を実施した結果を示している。上記の記号がついている取組みは、キャリア自律促進企業とキャリア自律を促進していない企業とのあいだでの、実施企業の割合の差が統計的に有意な取組み。

統計的な有意差、あるいは有意差の傾向として認められた。他方、「社員各人の評価履歴のデータベース化」、「社員各人の業務履歴のデータベース化」、「社員各人の研修履歴のデータベース化」は、キャリア自律を促進するかしないかで実施の割合にほとんど差が見られない。

3.　キャリア自律を促進する企業の取組みの特徴

　クロス集計とカイ二乗検定の結果、キャリア自律促進企業において実施される傾向が強い能力開発施策や、社員のキャリア形成に関わる取組みが明らかになった。しかしこれらの施策や取組みは、キャリア自律促進企業であるからこそ、実施される可能性が高いと本当にいえるだろうか。

　先に見たとおり、キャリア自律は、正社員規模のより大きい企業においてより促進される傾向にある。他方、能力開発施策や、キャリア形成に関わる企業の取組みの多くは、より社員数の多い企業において実施されやすい。こ

の2点を踏まえると、キャリア自律促進企業において、様々な能力開発施策や社員のキャリア形成に関わる取組みが実施される傾向がより高くなるのは、見せかけの関連である可能性が否めない。そこで、各施策・取組みの実施の有無を被説明変数、キャリア自律の促進を説明変数としたうえで、正社員数規模、業種、創業年も説明変数としてモデルに加えた二項ロジスティック回帰分析を行った。

　まず、過去5年間の教育訓練投資の重点的配分について、カイ二乗検定の結果、キャリア自律促進企業とそうでない企業での実施割合のあいだに統計的な有意差が認められた分野について分析したところ、「リーダーシップやマネジメントスキルに関する研修」、「海外での教育研修」、「社員の自己啓発に対する金銭的支援」への重点的配分と、キャリア自律促進とのあいだには統計的に有意な正の相関が見られた。また「e-learning の体制整備・拡充」への重点的配分とキャリア自律促進とのあいだには、統計的に有意な正の相関の傾向が認められる。とりわけ「社員の自己啓発に対する金銭的支援」への重点的配分とキャリア自律促進とのあいだの相関は、1% 水準で統計的に有意であり、蓋然性が非常に高い（**第5-9表**）。

　次にキャリア自律の促進と自己啓発支援に関する取組みとの関連について分析を行った（**第5-10表**）。なお、カイ二乗検定の結果、キャリア自律促進企業とそうでない企業での実施割合のあいだに統計的な有意差が認められた取組みのうち、「e-learning の実施」については、教育訓練投資の重点的配分分野を取り上げた分析でも同様の事項を取り上げているので、**第5-10表**に示した分析の対象としていない。

　この分析でも、分析の対象とした「研修・セミナーに関する情報の社員への提供」、「自己選択型の研修の実施」、「各部署の管理職に対する情報提供・啓発」、「大学・大学院、専門・各種学校等への進学など、期間の長い自己啓発に対する支援」の実施と、キャリア自律促進とのあいだに、統計的に有意な正の相関が見られた。

　社員のキャリア形成に関わる取組みとキャリア自律促進との関連はどうか（**第5-11表**）。カイ二乗検定の結果、キャリア自律促進企業とそうでない企業との実施割合のあいだに統計的に有意な差があった取組みのうち、「社員

第5-9表 キャリア自律促進と教育訓練投資の重点的配分（二項ロジスティック回帰分析）

	リーダーシップや マネジメントスキルに 関する研修		e-learning の 体制整備・拡充		海外での教育研修		社員の自己啓発に 対する金銭的支援	
	B	Wald	B	Wald	B	Wald	B	Wald
社員の自主的なキャリア形成を促進	0.490	4.586**	0.611	3.727*	1.089	4.212**	0.864	12.371 ***
正社員数（対数）	0.230	0.399	0.716	2.054	0.953	1.905	−0.069	0.029
（製造業）								
建設業	−0.059	0.020	0.643	1.463	0.647	0.503	−0.657	1.808
情報通信業	0.116	0.046	−0.616	0.528	1.805	3.700*	−0.256	0.182
運輸	−0.211	0.207	−0.609	0.575	0.107	0.008	0.105	0.047
卸売・小売・飲食・宿泊	−0.560	2.609	−0.003	0.000	0.309	0.242	−0.728	3.483*
金融・保険・不動産	−0.136	0.036	0.761	0.740	−17.938	0.000	1.843	4.787**
医療・福祉	−0.066	0.047	−0.141	0.098	−0.485	0.292	−0.423	1.600
教育・学習支援	−0.429	1.110	−0.978	1.494	0.042	0.002	−0.938	3.750*
サービス	−0.299	0.644	−0.136	0.062	−17.839	0.000	−0.540	1.691
（2000年以降創業）								
1959年以前に創業	−0.320	0.701	−0.087	0.024	0.731	0.428	0.103	0.060
1960〜1979年に創業	−0.184	0.225	0.104	0.033	0.034	0.001	0.001	0.000
1980〜1999年に創業	−0.112	0.065	0.526	0.720	−0.242	0.031	−0.343	0.463
n		402		402		402		402
−2対数尤度		544.910		300.092		120.492		455.940
カイ2乗		10.429		13.364		20.329*		30.709***
Nagelkerke R2		0.034		0.060		0.167		0.105

第5-10表 キャリア自律促進と自己啓発支援のための施策（二項ロジスティック回帰分析）

	研修・セミナーに関する 情報の社員への提供		自己選択型の研修の実施		各部署の管理職に対する 情報提供・啓発		大学・大学院、専門・各 種学校等への進学など、 期間の長い自己啓発に 対する支援	
	B	Wald	B	Wald	B	Wald	B	Wald
社員の自主的なキャリア形成を促進	0.885	12.080***	0.923	8.489***	0.673	6.957***	0.889	6.089 **
正社員数（対数）	−0.151	0.149	0.744	2.339	−0.920	3.993**	0.742	1.903
（製造業）								
建設業	−0.799	3.457*	−2.129	4.093**	−0.462	0.799	1.104	2.342
情報通信業	−0.111	0.037	−0.583	0.621	0.134	0.049	0.686	0.542
運輸	−0.174	0.128	−0.686	1.021	0.130	0.064	−0.187	0.027
卸売・小売・飲食・宿泊	−1.035	8.444***	−1.688	6.581**	−0.750	2.946*	−0.972	0.754
金融・保険・不動産	−1.564	4.164**	−0.763	0.471	−0.399	0.221	0.763	0.422
医療・福祉	0.071	0.046	−1.034	4.979**	−0.028	0.007	1.758	10.236***
教育・学習支援	−0.111	0.069	−0.632	1.239	−0.582	1.275	0.276	0.126
サービス	−0.847	4.751**	−0.363	0.557	−0.041	0.010	1.032	2.238
（2000年以降創業）								
1959年以前に創業	0.207	0.276	−0.135	0.063	−0.025	0.003	0.850	2.218
1960〜1979年に創業	−0.261	0.426	−0.435	0.562	−0.261	0.338	1.385	0.593
1980〜1999年に創業	0.557	1.434	0.086	0.019	−0.047	0.009	0.889	1.535**
n		402		402		402		402
−2対数尤度		505.741		283.714		427.172		227.371
カイ2乗		39.992***		29.743***		31.648***		17.091
Nagelkerke R2		0.127		0.132		0.062		0.185

自身の意向を反映した仕事への配置に力を入れている」、「所属部署の枠を超えた業務経験の提供に力を入れている」、「会社としての社員各人の能力開

第5-11表　キャリア自律促進と社員のキャリア形成に関わる取組み（二項ロジスティック回帰分析）

	社員自身の意向を反映した仕事への配置に力を入れている		所属部署の枠を超えた業務経験の提供に力を入れている		社内公募制度を実施している		会社としての社員各人の能力開発・キャリア形成目標・進捗状況の把握		管理職によるキャリアに関する部下との個別面談	
	B	Wald	B	Wald	B	Wald	B	Wald	B	Wald
社員の自主的なキャリア形成を促進	1.264	18.003***	1.005	11.102***	0.337	1.228	0.543	4.729**	0.406	3.039 *
正社員数（対数）	−0.241	0.215	−0.175	0.116	1.963	17.875***	−0.297	0.508	0.439	1.390
（製造業）										
建設業	0.718	1.502	0.418	0.566	−1.513	3.546*	−0.121	0.065	0.320	0.561
情報通信業	−0.830	0.548	−0.712	0.419	−0.769	1.117	0.263	0.210	0.488	0.754
運輸	0.572	0.753	0.278	0.188	0.091	0.025	−0.405	0.524	−0.892	3.383 *
卸売・小売・飲食・宿泊	0.505	1.021	−0.054	0.012	−0.227	0.243	−0.300	0.575	−0.152	0.200
金融・保険・不動産	−0.078	0.005	1.105	1.969	0.947	1.436	−0.407	0.232	−0.280	0.155
医療・福祉	0.776	3.040*	−0.139	0.093	−0.125	0.097	−0.221	0.406	0.140	0.207
教育・学習支援	−0.260	0.135	−0.132	0.052	−1.675	4.230**	−0.545	1.256	−0.625	2.345
サービス	0.292	0.294	0.025	0.002	−0.737	1.882	0.457	1.325	−0.640	2.883 *
（2000年以降創業）										
1959年以前に創業	−0.677	2.239	0.006	0.000	−0.858	3.341*	0.741	2.419	−0.492	1.580
1960〜1979年に創業	−1.480	8.176***	−0.383	0.521	−1.154	5.195**	0.689	2.026	−0.398	1.003
1980〜1999年に創業	−0.529	0.978	−1.040	2.218	0.289	0.320	0.599	1.241	−0.476	1.115
n	402		402		402		402		402	
−2対数尤度	306.510		311.068		323.550		451.393		537.994	
カイ2乗	35.767***		20.707*		48.198***		12.412		18.938	
Nagelkerke R2	0.149		0.089		0.187		0.044		0.061	

注．（第5-9表、第5-10表、第5-11表共通）
　1)　***は1％水準、**は5％水準、*は10％水準で、それぞれ統計的に有意であることを示す。
　2)　被説明変数は各施策・取組みを実施しているか否かであり、実施している場合を1、そうでない場合を0とするダミー変数である。
　3)　説明変数、被説明変数に関して無回答の企業は分析から除いた。
　4)　業種について「電気・ガス・熱供給・水道」、「その他」と回答した企業は分析から除いた。

発・キャリア形成目標・進捗状況の把握」は、キャリア自律促進とのあいだに統計的に有意な正の相関が認められた。また、「管理職によるキャリアに関する部下との個別面談」とキャリア自律促進とのあいだには、統計的に有意な正の相関の傾向が見られた。

　しかし、社内公募の実施については、キャリア自律促進とのあいだに統計的に有意な相関関係は見られなかった。他の説明変数との関係に目を向けると、社内公募の実施は、正社員数（対数値）と、統計的に有意な正の相関がある。キャリア自律促進と正社員数とのあいだに統計的に有意な正の相関があったのと同様に、従来とは異なる個人主導のキャリア形成へのニーズが現れている、または現れやすいと予想される、より正社員規模の大きい企業において、そうしたニーズに応えるための取組みとして社内公募が位置づけられているのではないかと考えられる[7]。

　以上の二項ロジスティック回帰分析から、キャリア自律を促進する企業の

能力開発施策や社員のキャリア形成に関わる取組みについては、第1に社員への情報提供や金銭的支援を中心として、自己啓発を促す様々な施策がより積極的に行われる、第2に個々の社員のキャリアに関する意向や情報をより積極的に収集している、第3に社員個々人の意向を反映した配置や所属部門の枠を超えた業務経験の提供もより積極的に行っているが、取組みを行う企業自体は少数にとどまる、第4にキャリア自律と結びつけて言及されることが多い社内公募制度は、必ずしもキャリア自律促進企業の特徴とはいい切れない、と整理することができる。

第4節　小括

　本章では2000年前後に日本で打ち出され、近年企業で働く人々の理想的な能力開発やキャリア形成のあり方としてとらえられるようになってきた「キャリア自律」について、なぜ企業が促進していくのかを、経営活動、人事管理との関連に着目して、分析・検討を行った。そして、キャリア自律を促進する企業において、どのような能力開発施策や、社員のキャリア形成に関わる取組みが行われているのかを明らかにしていった。

　本章では企業調査において「社員の自主的なキャリア形成の促進」に力を入れていると回答した企業を「キャリア自律促進企業」としてとらえ、分析を行った。しかし、クロス集計や二項ロジスティック回帰分析の結果、キャリア自律を促進することと統計的に有意な相関をもつ経営活動の方針や、人事管理の方針は見出されなかった。また、先行研究の結果を踏まえて、能力開発や社員のキャリア形成に関わる取組みにおいての職場の分権度や、処遇の「個別化」といった事項と人事管理方針を組み合わせた分析も行ったが、これらの事項もキャリア自律促進とは関連をもっていなかった。

　ただ、経営活動、人事管理とキャリア自律促進との関連を分析していくな

7　千野（2022）は、個人の意識・行動に着目して、キャリア自律と社内公募制度との関連を分析し、キャリア自律意識が高い個人ほど、社内公募制度を活用する可能性が高まるという結果を得ている。この結果は、企業がキャリア自律を促進することで社員のキャリア自律意識が高まれば、社内公募制度に対する社員のニーズも高まって、制度が設置・運用される可能性が高まることを示唆している。

かで、正社員規模とキャリア自律促進とのあいだに統計的に有意な正の相関があることが見出された。この結果は、企業の経営活動方針や人事管理の取組みがどうあれ、正社員規模がより大きい企業ほど、キャリア自律促進の意向をもちやすいということを示しており、日本企業のキャリア自律促進が、何らかの経営上、人事管理上の取組みの中に位置づけられているというよりは、正社員数が多いこと自体に対する施策として位置づけられていると解釈することができる。より正社員数が多い企業は、正社員のあいだの多様性という課題に直面する可能性がより高い。あるいは正社員数が多いほど、一律的・単線的なキャリアを掲げて、配置や能力開発を行うことが難しくなる。本章における分析の結果からは、日本企業においてキャリア自律の促進とは、まずはこうした課題や困難を克服するための取組みとしてとらえられているものと考えることができる。

　キャリア自律促進企業が行う能力開発施策や、社員のキャリア形成に関わる取組みについて分析を行ったところ、第1に社員への情報提供や金銭的支援を中心として、自己啓発を促す様々な施策がより積極的に行われている。第2に、職場の管理職と社員との個別面談というルートを中心的なルートとして、個々の社員のキャリアに関する意向や情報を、より積極的に収集している。第3に社員のキャリア形成に関わる取組みとして、社員個々人の意向を反映した配置や所属部門の枠を超えた業務経験の提供を、キャリア自律促進を行っていない企業に比べると積極的に行う傾向にあるが、こうした取組みを行う企業の割合自体は、キャリア自律促進企業でも 20% 程度にとどまる。第4にキャリア自律の促進と結びつけて言及されることが多い社内公募制度の実施は、キャリア自律の促進と統計的に有意な正の相関をもたず、必ずしもキャリア自律促進企業に特徴的な取組みとはいえない。社内公募の実施は、正社員数と統計的に有意な正の相関があり、従来とは異なる個人主導のキャリア形成へのニーズが現れている、より正社員規模の大きい企業において、そうしたニーズに応えるための取組みとして位置づけられているのではないかと考えられる。

　本章の分析結果を踏まえると、企業によるキャリア自律の促進は、より正社員数の多い企業を中心に今後も広がっていくものと予想される。そして

キャリア自律の促進と歩調をそろえるかたちで、社員個々人による能力開発＝自己啓発が盛んになるような、様々な能力開発のための施策がより広がっていくものと考えられる。

　しかし、本章の分析結果でも示されているが、能力開発の「個別化」を進めるような諸施策と比べ、個人主導のキャリア形成のニーズに応えるための受け皿となる施策（社員自身の意向を反映した仕事への配置、所属部署の枠を超えた業務経験の提供、社内公募制度の実施）は、さほど実施が広がっていない。このギャップにどのように対応していくかが、キャリア自律を促進する企業の大きな課題の一つとなる。

　また、能力開発の個別化や個人主導のキャリア形成が進んだキャリア自律促進企業においては、社員個々人の能力開発に向けての活動を、企業・職場の状況やニーズとどのようにすり合わせていくかという点も大きな課題となる。キャリア自律の促進やそれにともなう能力開発関連の諸施策の実施とともに、人事部門・職場・社員の連携に対する目配りも重要となろう。

＊本章は、藤本真（2018）「「キャリア自律」はどんな企業で進められるのか—経営活動・人事労務管理と「キャリア自律」の関係」『日本労働研究雑誌』第 691 号をもとに、本書への掲載にあたり大幅な加筆と再構成を行ったものである。

能力開発に関する人事部門と職場管理者の連携

佐野　嘉秀

第 1 節　はじめに

　本章では、能力開発に関する人事部門と職場管理者（line managers）の連携関係に焦点をあてる。能力開発の主な担い手に着目すると、人事部門は企業の制度としての研修（Off-JT）の設計と運用を行い、職場での能力開発は、OJT を中心に職場管理者が行う。とはいえ人事部門と職場管理者のあいだの役割の境界は明瞭ではない。すなわち人事部門は、企業としての能力開発上の目標や方針を立て、職場管理者に対してその周知や、情報提供、個別的な相談・助言を行うなどして、職場での能力開発に関わる。また職場管理者も、職場での能力開発に資するように、研修制度の設計に関わったり、研修に参加するメンバーを選んだりする。このように、職場管理者と人事部門は、OJT と Off-JT のいずれに関しても互いに連携しつつ、職場での能力開発を行っていると見ることができる。

　このような能力開発に関する人事部門と職場管理者のあいだの連携関係に関しては、近年、イギリスを中心として研究の蓄積が見られる。この背景として、同国では、人事部門から職場管理者への人事管理の委譲（devolution）が進展しているのではないかという現状認識のもと、能力開発に関しても、職場においてこれを担う職場管理者と、これを支援する人事部門の役割について研究上の関心が集められるようになっている[1]。

1　イギリスにおける能力開発上の役割の職場管理者への委譲の動向については、実証的なデータが乏しく、実態と比べて誇張されているとの懐疑的な指摘も見られる（Heraty and Morley 1995）。また同国における能力開発の分権化に関する議論では、配置転換に関する権限に焦点をあてた議論は一般的ではないと見られる。この背景として、イギリスでは、日本企業に見られるような、人事部門が配置転換を社員に指示する権限を背景に、能力開発のため配置転換に関与する慣行が一般的ではないことが考えられる（佐野 2021b）。なおイギリスでの議論を中心とする、能力開発を含む人事管理上の役割の人事部門から職場管理者への委譲に関する一連の先行研究のレビューとしては、佐野（2015a）を参照されたい。

これらの先行研究からは、1）人事部門と職場管理者のあいだの能力開発に関わる役割分担に関して、職場管理者が主に担当するのは、能力開発の必要性の特定、対象者の選定、直接の指導であり、能力開発の方針や計画の策定については人事部門の役割が依然として大きい（Heraty and Morley 1995）、2）とはいえ職場管理者には、職場メンバーに対するトレーナーやファシリテーターとしての学習の支援や、キャリア発達の支援といった新たな役割が期待される趨勢にある（De Jong, Leenders and Thijssen 1999、Macneil 2001、Kidd and Smewing 2001）、3）職場管理者が能力開発に関わることで、社員に広く能力開発の機会を与えたり、組織のニーズと個人業績を踏まえた能力開発を促したりといった利点がある（Gibb 2003）、4）他方で、人事部門の提供する体系的な研修制度の縮小や廃止により、専門的な教育訓練担当者による充実した訓練が阻害される可能性がある（Rewick and MacNeil 2002）、5）トレーナーやファシリテーターとしてなど、新しい能力開発上の役割が職場管理者に求められるようになると、それに応じた職場管理者の技能形成のための教育訓練が必要とされる（Macneil 2001）、という点が指摘されている。

　総じて、職場管理者に対して能力開発の役割を果たすことがますます期待されるなかで、職場での職場管理者による能力開発を補完したり支援したりする人事部門の役割の重要性が再認識されている。

　このような論点は、日本企業の能力開発に関してもあてはまる一般性をもつと考える。すなわち、国際比較的に見た日本企業の特徴として、人事部門が部門間の配置転換を中心に社員の個別の配置に関与する慣行が指摘されている（山下 2008）。能力開発はその重要な目的の一つとされる（日本労働研究機構編 1993）。ところが近年の研究は、配置転換の権限の人事部門から事業部門等への分権化の傾向を明らかにする（Jacoby 2005、青木 2018）。こうした配置権限の分権化は、能力開発の手段でもある配置に関わる意思決定を職場管理者がより大きく担うようになることを意味する。したがって、能力開発における職場管理者の役割の重要性を高めると考えられる。

　とはいえこうしたなかでも、上記のイギリスでの先行研究を踏まえれば、能力開発において人事部門の果たす役割は必ずしも小さくならない。配置に

関する判断も含め、能力開発上の役割をより広く担うようになる職場管理者に対して、人事部門が企業全体の視点から、能力開発の専門的知識をもとに支援を行うことが、企業としての能力開発の充実に向けていっそう欠かせないと考えるためである。

　もちろん人事部門が配置転換をつうじた能力開発を主導する企業でも、職場での OJT を中心とする能力開発を職場管理者が主に担う以上、これへの人事部門による支援が重要となる点は同じであろう。配置転換の決定に関する権限配分の相違にかかわらず、人事部門による職場管理者に対する支援が欠かせない。職場での能力開発をめぐる人事部門と職場管理者のあいだの連携が、企業としての能力開発の充実度を左右すると考える。

　こうした問題関心から本章では、日本企業を対象とするアンケート調査を用い、とくに配置転換の決定に関わる権限に着目して、能力開発に関わる人事部門と職場管理者のあいだの権限配分の状況を確認する。そのうえで、これと、人事部門による職場管理者の担う能力開発に対する支援との関係を分析したい。さらに、そうした支援を起点とする人事部門と職場管理者との連携関係が、職場での能力開発を充実させることについて明らかにしたい。

　これまで、日本での研究の文脈において、職場での能力開発に関する職場管理者と人事部門の連携関係に焦点があてられることは少なかったと考える。また、イギリス等での先行研究でも、職場での能力開発に関する職場管理者と人事部門の連携の効果については、十分な実証的分析が行われてきたとはいえない。先行研究では、能力開発を職場管理者に任せきりにすることにともなう問題の把握をもとに、考察をつうじて人事部門の関与の重要性を指摘するにとどまる。

　これに対し、本章では、日本企業に関する実証的データを用いて、職場での能力開発への人事部門の関与の実態を確認するとともに、その能力開発に対する効果についても分析を試みる。国際比較的に見て、日本企業では配置転換への関与を含め、人事管理に関する人事部門の役割と権限が大きいとされる（Jacoby 2005）。それゆえ日本企業では、職場での能力開発に関しても、人事部門による職場管理者との連携への働きかけが広く行われている可能性がある。本章ではその実態と効果を明らかにしたい。

このような研究課題を遂行するうえで、本書で共通して分析に用いる調査である『企業内の育成・能力開発、キャリア管理に関する調査』の個票データの利用は有効と考える。同調査は、人事部門を対象とする企業調査と、同じ企業の職場管理者を対象とする職場管理者調査を含む。本章では、企業調査の個票データに加え、職場管理者調査の個票データに、回答者である職場管理者が所属する企業の企業調査の情報を補完したデータを用いて分析を行う。

　ところで、人事管理に関しては、人事部門が実施を意図している施策と、社員が認識する施策とのあいだに乖離が生じうる。そして、人事管理上の施策が、社員の意識や行動に影響を与えるのは、そうした施策が、社員の認識するようなかたちで実行された場合にかぎられる（Guest and Bos-Nehles 2012）。このような視点から、本章でも、分析をつうじて効果的と考えられる人事部門の施策に関して、人事部門と、施策の対象となる職場管理者のあいだの認識の相違を確認することとしたい。上記のような調査設計から、本章で用いる調査のデータは、こうした分析が可能な貴重な情報を提供している。

▎第2節　職場での能力開発への人事部門の関与

1. 職場での能力開発に関する意思決定の分権度

　上述のとおり、日本企業の多くで人事部門は、配置転換への関与をつうじて社員の能力開発をはかってきた。ただし配置転換に関する人事部門の権限については、分権化の進展も指摘されている。そこでまず**第6-1表**は、配置転換の権限の分権化の状況を確認するため、企業調査のデータをもとに、とくに部門間の配置転換の決定に関する人事部門と職場管理者のあいだの権限配分について集計したものである。

　これから、集計対象とした正社員数300人以上の企業全体としては、「もっぱら人事部門が決める」とする割合は11.8％と1割程度にとどまる。最も割合の高いのは「各部署の管理職の意見を聞いたうえで人事部門が決める」（45.1％）とする企業であり、「人事部門から意見はするが、各部署の管

第 6-1 表　部門間の配置転換の決定に関する権限配分：正社員規模別・業種別

(単位・％)

	n	もっぱら人事部門が決める	各部署の管理職の意見を聞いたうえで人事部門が決める	人事部門から意見はするが、各部署の管理職が決める	もっぱら各部署の管理職が決める	無回答
集計企業全体	417	11.8	45.1	20.9	19.2	3.1
【正社員数】						
300〜499 人	222	9.0	43.7	23.0	20.7	3.6
500〜999 人	122	15.6	45.1	17.2	18.0	4.1
1,000 人以上	73	13.7	49.3	20.5	16.4	0.0
【業種】						
製造・建設	126	4.0	40.5	30.2	23.0	2.4
情報通信・運輸・電気・ガス・熱供給・水道	47	12.8	44.7	17.0	23.4	2.1
卸売・小売・飲食・宿泊	56	8.9	44.6	17.9	23.2	5.4
医療・福祉	89	11.2	55.1	16.9	12.4	4.5
サービス・その他	95	24.2	41.1	16.8	15.8	2.1

注. 1) 質問は、「部門を超えた異動」について「人事部門（総務部門など、本社で人事管理を担当する部門を含む）と各部署の管理職のどちらが実質的に決めていますか」である。
　　2) 正社員数 300 人以上の企業の回答を集計。
　　3) 業種について無回答の票に関する集計は省略している。ただし集計企業全体には業種について無回答の票（n=4）も含めて集計している。

理職が決める」企業（20.9％）や、「もっぱら各部署の管理職が決める」企業（19.2％）もそれぞれ 2 割程度と少なくない。

　大きくとらえると、日本企業の多くでは、部門間の配置転換に人事部門が何らかの程度に関与している（「もっぱら人事部門が決める」から「人事部門から意見はするが、各部署の管理職が決める」までを合わせると 77.8％）。とはいえその中にも、決定権限を人事部門がもつ企業から職場管理者がもつ企業まで、分権化の程度には企業間の相違が生じている。そのうち多くを占めるのは、部門間の配置転換に関して、人事部門ないし職場管理者が決定権限をもちつつも両者の意見調整をもとに決定する、いわば調整型の企業である（「各部署の管理職の意見を聞いたうえで人事部門が決める」と「人事部

門から意見はするが、各部署の管理職が決める」を合わせると 66.0%）。多くの企業では、部門間の配置転換が、人事部門と職場管理者の連携のもと決められているといえる。

　同じく**第6-1表**より、企業の基礎的な属性として、正社員数で見た企業規模との関係を見ると、規模が大きいほど「もっぱら」ないし「各部署の管理職の意見を聞いたうえで」、「人事部門が決める」とする割合がやや高くなっている。ただしカイ二乗検定による統計的に有意な差は確認できなかった。業種では、「製造・建設」でむしろ「各部署の管理職が決める」とする割合が高い。人事部門による配置転換への関与の慣行が典型的に指摘されてきたと考えられる製造業でも、部門間の配置転換の決定権限が職場管理者に分権化している企業は少なくない[2]。

　とはいえ同規模ないし同業種の企業間でも、配置転換に関する権限配分には相違が見られる。従来から人事部門が配置転換の決定権限を強くもつなど、各企業の歴史的経緯等も踏まえた個別の判断により、配置転換の権限配分が決まっているものと考えられる。

　ところで、このような配置転換の決定に関わる分権化の程度は、より広範な能力開発に関する意思決定の分権化の程度と対応関係をもつと考えられる。配置転換は企業内での長期的な能力開発の手段でもあり、これに関わる意思決定が分権化している企業では、その他の能力開発に関する意思決定も分権化する傾向にあると予想されるためである。はたしてどうか。

　これについて**第6-2表**は、部門間の配置転換の決定に関する人事部門と職場管理者のあいだの権限配分と、表頭に示した能力開発に関わるその他の事項の意思決定の分権度との関係について集計したものである。分権度の得点は、表の注に示した方法で作成しており、得点が高いほど分権度、すなわち意思決定の分権化の程度が高いとみなせる。

　集計から、「部門内の異動」や「課長層への昇進・昇格」といった配置や

2　高橋（2017）は「日本的雇用システム」を「主に高度経済成長期以降の大手・製造業に典型的に見られた、成員に対する長期的な生活保障・能力開発を図る雇用・労働の仕組み」と定義し、その構成要素の一つとして、「OJTを中心とした幅広い教育訓練」を挙げる。人事部門の関与による配置転換をつうじた幅広い仕事経験の付与は、そうした「幅広い教育訓練」の手段と位置づけることができると考える（小池・猪木編著 2002）。

表 6-2 表　能力開発に関わる意思決定の分権度（得点の平均値）：部門間の配置転換の決定に関する権限配分別

	n	部門内の異動***	課長層への昇進・昇格***	各部門の育成・能力開発の目標・方針***	職場における OJT の進め方*	研修・セミナー等への参加者の人選**
集計企業全体	383	3.03	2.36	3.01	3.38	2.97
もっぱら人事部門が決める	46	2.26	1.80	2.93	3.39	2.89
各部署の管理職の意見を聞いたうえで人事部門が決める	180	2.76	1.96	2.94	3.34	2.82
人事部門から意見はするが、各部署の管理職が決める	82	3.28	2.80	2.83	3.23	3.13
もっぱら各部署の管理職が決める	73	3.93	3.19	3.40	3.62	3.25

注. 1) 質問は、表側と表頭の事項について、「人事部門（総務部門など、本社で人事管理を担当する部門を含む）と各部署の管理職のどちらが実質的に決めていますか」である。
　　2) 正社員数 300 人以上で、表側および表頭に用いた質問すべてに無回答でない企業の回答を集計。
　　3) 「分権度」の得点は、回答のうち「もっぱら人事部門が決める」＝1点、「各部署の意見を聞いたうえで人事部門が決める」＝2点、「人事部門から意見はするが、各部署の管理職が決める」＝3点、「もっぱら各部署の管理力が決める」＝4点と配点し、その平均値を集計したものである。
　　4) ***は 1% 水準、**は 5% 水準、*は 10% 水準で、それぞれ分散分析により統計的に有意であることを示す。

　昇進に関わる事項については、部門間の配置転換に関する意思決定が分権的であるほど、これに応じて分権度の得点は高くなっている。日本企業の中に、配置や昇進・昇格の決定に関して、およそ一貫して集権的な企業から一貫して集権的な企業までの分布の広がりがあることが読み取れる。

　「各部門の育成・能力開発の目標・方針」については、部門間の配置転換の決定に人事部門が何らかの程度に関与する企業（「もっぱら人事部門が決める」～「人事部門から意見はするが、各部署の管理職が決める」）のあいだでは、分権度の相違は明確ではない。いずれも分権度の得点の平均値は3点弱であり、「各部門の育成・能力開発の目標・方針」について「人事部門から意見はするが、各部署の管理職が決める」というのが、およそ平均的な意思決定のあり方となっている。これに対し、部門間の配置転換を「もっぱら各部署の管理職が決める」企業では、分権度の得点がより高く、部門の能力開発の方針についても「もっぱら各部署の管理職が決める」割合がより高いと見られる。

「職場における OJT の進め方」については、部門間の配置転換に関する権限配分との関係は弱い。分権度の得点の平均値はいずれも 3 点を超えており、多くの企業で OJT の進め方は職場管理者に大きく任される傾向にあると考えられる。ただし部門間の配置転換を「もっぱら各部署の管理職が決める」企業では、OJT の進め方の決定についても職場管理者に任せる程度が最も高い。

　「研修・セミナー等への参加者の人選」については、部門間の配置転換を「人事部門が決める」か「各部署の管理職が決めるか」のあいだで、分権度の得点の平均値に差が見られる。部門間の配置転換の決定権限を職場管理者の側がもつ企業では、研修への参加者の人選も職場管理者の判断にゆだねられる傾向にある。

　以上のように、部門間の配置転換の決定についての人事部門と職場管理者のあいだの権限配分が分権的であるほど、部門内の配置転換や課長職への昇進・昇格の決定も分権的な傾向にある。また各部門の能力開発の目標・方針や OJT の進め方の決定に関する分権度は、部門間の配置転換を職場管理者のみで決める企業でとくに高い。Off-JT 参加者の人選の分権度は、部門間の配置転換の決定権限を職場管理者の側がもつ企業で高い傾向にある。総じて、配置転換の決定を分権的に行う企業ほど、部門内での配置や昇進・昇格のほか、部門の能力開発目標・方針や OJT の進め方、Off-JT 参加者の決定といった職場での能力開発に関わる意思決定に関して、全般的に分権的な傾向にあるといえる。

2. 職場での能力開発に関する人事部門の施策

　それでは、このような能力開発上の意思決定に関する人事部門と職場管理者のあいだの権限配分の相違は、職場で能力開発を担う職場管理者に対する人事部門の施策に、どう反映されているのか。これを明らかにするため、**第6-1 図**は、その指標として、とくに部門間の配置転換の決定に関する権限配分に着目し、これと人事部門の施策との関係を見たものである。

　第6-1 図より、「会社としての育成・能力開発方針の作成・周知」や「求める人材像に関する意識のすり合わせ」といった能力開発の方針や目標の職

第 6-1 図　部門間の配置転換の決定に関する権限配分と、職場管理者を対象とする職場での能力開発に関わる施策との関係

(複数回答、単位・%)

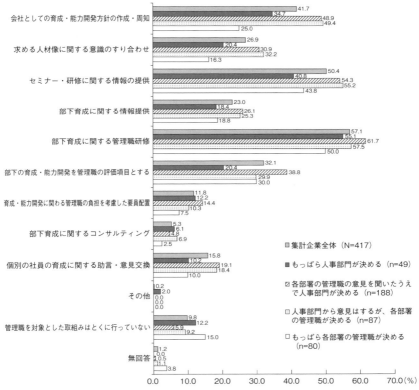

注. 1) 質問は、「貴社では、正社員の育成・能力開発を進めるため、各部署の管理職を対象とした以下のような取組みを行っていますか」である。
　　2) 正社員数 300 人以上の企業の回答を集計。
　　3) 部門間の配置転換の決定に関する権限配分について無回答の票に関するグラフはこの図に示していない。ただし集計企業全体のグラフには、同質問に無回答の票（n=13）も含めて集計している。

場管理者との共有や調整に関する施策については、部門間の配置転換を「各部署の管理職の意見を聞いたうえで人事部門が決める」や「人事部門から意見はするが、各部署の管理職が決める」といった調整型の企業で、実施割合がとくに高い。これに対し、部門間の配置転換の決定を人事部門もしくは職場管理者のみで行う企業では、人事部門がこうした施策を実施する割合は低

181

い。とくに後者の最も分権的なグループの企業でその割合は低くなっている。

　「セミナー・研修に関する情報の提供」、「部下育成に関する情報提供」、「個別の社員の育成に関する助言・意見交換」といった能力開発の情報やノウハウの提供に関わる施策についても、やはり調整型の企業で、実施割合が高い。

　「部下育成に関する管理職研修」については、全体として実施割合が5割を超えて高い。そして部門間の配置転換に関する権限配分による差は大きくない。ただし部門間の配置転換の決定を職場管理者のみで行う企業で実施割合はやや低い。

　「部下の育成・能力開発を管理職の評価項目とする」ことは、部門間の配置転換を「もっぱら人事部門が決める」企業で実施割合が最も低い。最も実施割合が高いのは、部門間の配置転換を「各部署の管理職の意見を聞いたうえで人事部門が決める」企業においてであり、「人事部門から意見はするが、各部署の管理職が決める」や「もっぱら各部署の管理職が決める」とする企業がこれに次ぐ。これら部門間の配置転換の決定に職場管理者が関与する企業では、評価処遇により、職場管理者に対して部下の能力開発を行うことへのインセンティブの付与をはかる傾向にあると考えることができる。

　以上から、とくに部門間の配置転換を人事部門と職場管理者が調整して決める調整型の企業では、人事部門と職場管理者のいずれがより強い権限をもつかによらず、人事部門が職場管理者に対して、能力開発の方針の共有や、育成すべき人材像のすり合わせ、研修や部下育成の情報提供、個別の助言・意見交換といった施策を実施する割合が高いことがわかる。

　これと比べると、部門間の配置転換を人事部門ないし職場管理者がもっぱら決めるとする企業では、いずれもこうした施策の実施割合は低い。とはいえこれらの企業の人事部門でも、少なくない割合が、管理職研修をはじめとする施策を実施していることも確かである。その結果、これらの企業ではいずれも「管理職を対象とした取組みは行っていない」とする割合がやや高いものの1割台にとどまる。能力開発に関する意思決定の分権度の指標として見た、配置転換の決定権限の所在によらず、大多数の企業の人事部門は、職

182

場管理者の担う能力開発への支援に向けて何らかの施策を実施していることが確認できる。

第3節　人事部門との連携関係への職場管理者の評価と能力開発

1．人事部門との連携関係に対する職場管理者の評価

　前節で確認したように、配置転換の決定を含む能力開発の意思決定について、人事部門と職場管理者のあいだでの権限配分には企業間で相違が見られる。また、これと一定の関係をもって、人事部門による職場管理者の担う能力開発に対する支援施策の実施状況にも、企業間でちがいが生じている。総じて、能力開発をめぐる人事部門と職場管理者の連携のあり方には企業間でちがいがある。

　それでは、職場管理者の側は、こうした人事部門との連携関係をどのように評価しているだろうか。この点について、**第6-3表**は、企業調査の情報を反映させた職場管理者調査の個票データを用いて、職場での能力開発に関する人事部門との連携関係についての職場管理者の評価を集計したものである。部長層（「部長相当」）と課長層（「課長相当」）を合わせた集計のほか、これらの階層（「役職」）ごとの集計も行っている。調査では、「役員相当」や「本部長相当」といったより上位の階層や、より下位の「係長相当」等の職場管理者からも回答を得ている。ただし、回答者数がかぎられることか

第6-3表　人事部門との連携関係に対する職場管理者の評価：階層別

（単位・％）

	n	十分に連携できている	ある程度連携できている	どちらとも言えない	あまり連携できていない	まったく連携できていない	無回答
部長・課長相当計	512	11.1	27.9	34.4	16.8	7.6	2.1
部長相当	147	14.3	32.7	32.7	11.6	6.1	2.7
課長相当	365	9.9	26.0	35.1	18.9	8.2	1.9

注．1）質問は、「あなたは部下の育成・能力開発に関して、人事部門と十分に連携ができていますか」である。
　　2）企業調査票のデータを補完可能で、正社員300人以上の企業に勤務する「部長相当」と「課長相当」の職場管理者の回答を集計。

ら、主に回答のあった「部長相当」および「課長相当」に分析対象を限定した。部長・課長層は、能力開発の担い手であるとともに、職場における能力開発の目標・方針の設定や実行に責任を負う階層と見ることができる。

　第6-3表の集計結果から、経営層に近い「部長相当」のほうが、人事部門との連携関係についての評価はやや高い[3]。とはいえ、いずれの階層も、「十分に連携できている」から「まったく連携できていない」まで、評価に幅があることが確認できる。全体としては「連携できている」とする割合がやや高いものの、「あまり」ないし「まったく」「連携できていない」とする割合も、合わせて24.4％と小さくない割合を占める。職場管理者において、職場での能力開発に関する人事部門との連携関係についての評価は分かれている。

2. 職場管理者による連携関係への評価と能力開発

　では、こうした人事部門との連携関係についての職場管理者の評価は、職場管理者による能力開発への取組みとどのような関係にあるだろうか。**第6-2図**は、同じく企業調査による勤務先企業の情報を反映させた職場管理者調査のデータをもとに、部長・課長層の職場管理者における、職場での能力開発に関する人事部門との連携関係についての評価と、職場での能力開発への取組み（「部下の育成・能力開発に対する支援」）についての自己評価との関係を見たものである。集計から、人事部門との連携についての評価の高い職場管理者ほど、能力開発への取組みについての自己評価も高い傾向にある。両者の関係はカイ二乗検定によると1％水準で統計的に有意である。

　このような傾向の背景として、職場での能力開発に関する人事部門との連携関係を高く評価する職場管理者ほど、実際にも職場メンバーの能力開発の取組みを実施していることが予想される。それゆえに、能力開発への取組みの自己評価も高くなっているのだと考えられる。実際にはどうか。これに関

3　関連する先行研究として、Watson, Maxwell and Farquharson（2007）は、イギリスでの事例調査から、事業部長等の「戦略レベル」の職場管理者と部門長等の「現場第一線レベル」の職場管理者を比較し、上位職の職場管理者のほうが、人材育成を含む人事管理に関する企業の方針への理解度が高い傾向を明らかにする。そのうえで、とりわけ下位の職位の職場管理者と、人事部門との連携関係を充実させることの重要性を指摘している。

第 6-2 図　人事部門との連携関係に対する職場管理者の評価と、職場での能力開発への取組みに対する自己評価との関係

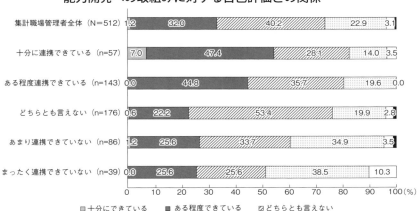

注. 1)　職場での能力開発への取組みに関する自己評価についての質問は、「あなたは部下の育成・能力開発に対する支援をどのくらいできていますか」である。
　　2)　企業調査票のデータを補完可能で、正社員 300 人以上の企業に勤務する「部長相当」と「課長相当」の職場管理者の回答を集計。
　　3)　人事部門との連携関係に対する評価について無回答の票に関するグラフはこの図に示していない。ただし集計職場管理者全体のグラフには、同質問に無回答の票（n=11）も含めて集計している。

し、**第 6-3 図**は、人事部門との連携関係への評価別に、職場管理者による職場メンバーに対する能力開発の取組み内容を集計したものである。

　集計から、人事部門と「連携できていない」とする職場管理者では、職場メンバー（「部下」）に対して、「仕事に必要な知識を提供している」、「仕事のやり方について助言している」、「仕事のやり方を実際に見せている」とする割合が高い（5 ポイント以上の差）。

　これに対し、その他の取組みの多くは、人事部門と「連携できている」とする職場管理者において実施する割合が高い。そのうち、「連携できていない」とする職場管理者との差がとくに大きい事項を挙げると、「身につけるべき知識や能力について説明している」、「仕事を振り返り、考えさせている」、「次に目指すべき仕事や役割を示している」、「目指すべき人材像を明確に示している」、「会社の人材育成方針について説明している」、「現在の仕事について相談に乗っている」、「今後のキャリアについて相談に乗っている」、「今後のキャリアについて目標を示している」などの取組みがある（5 ポイ

第6-3図 人事部門との連携関係に対する職場管理者の評価と、職場での能力開発への取組み内容との関係

(複数回答)

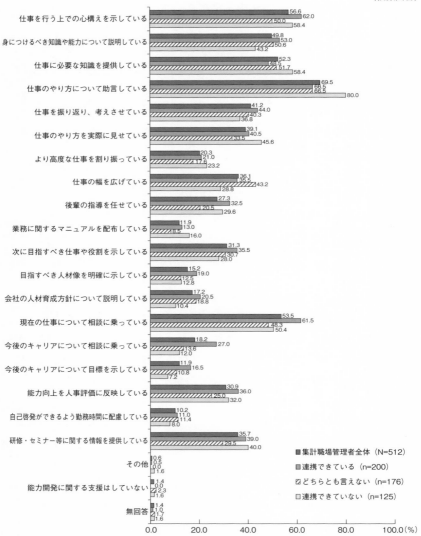

仕事を行う上での心構えを示している
56.6
62.0
50.0
58.4

身につけるべき知識や能力について説明している
49.8
53.0
50.6
43.2

仕事に必要な知識を提供している
52.3
48.5
51.7
58.4

仕事のやり方について助言している
69.5
66.5
66.5
80.0

仕事を振り返り、考えさせている
41.2
44.0
40.3
36.8

仕事のやり方を実際に見せている
39.1
40.5
33.5
45.6

より高度な仕事を割り振っている
20.3
21.0
17.6
23.2

仕事の幅を広げている
36.1
37.5
28.8
43.2

後輩の指導を任せている
27.3
32.5
20.5
29.6

業務に関するマニュアルを配布している
11.9
13.0
18.5
16.0

次に目指すべき仕事や役割を示している
31.3
35.5
30.7
28.0

目指すべき人材像を明確に示している
15.2
19.0
12.5
12.8

会社の人材育成方針について説明している
17.2
20.5
18.8
10.4

現在の仕事について相談に乗っている
53.5
61.5
48.3
50.4

今後のキャリアについて相談に乗っている
18.2
27.0
13.6
12.0

今後のキャリアについて目標を示している
11.9
16.5
10.8
7.2

能力向上を人事評価に反映している
30.9
36.0
25.0
32.0

自己啓発ができるよう勤務時間に配慮している
10.2
11.0
11.4
8.0

研修・セミナー等に関する情報を提供している
35.7
39.0
29.5
40.0

その他
0.6
0.5
0.0
1.6

能力開発に関する支援はしていない
1.4
0.0
2.3
1.6

無回答
1.4
1.0
1.7
1.6

■ 集計職場管理者全体（N=512）
■ 連携できている（n=200）
▨ どちらとも言えない（n=176）
□ 連携できていない（n=125）

0.0   20.0   40.0   60.0   80.0   100.0(%)

注. 1) 質問は、「あなたは、部下の育成・能力開発をどのように支援していますか」である。
2) 企業調査票のデータを補完可能で、正社員数 300 人以上の企業に勤務する「部長相当」と「課長相当」の職場管理者の回答を集計。
3) 人事部門との連携関係に対する評価について無回答の票に関するグラフはこの図に示していない。ただし集計職場管理者全体のグラフには、同質問に無回答の票（n=11）も含めて集計している。

ント以上の差）。このうちとくに、「会社の人材育成方針について説明している」、「現在の仕事について相談に乗っている」、「今後のキャリアについて相談に乗っている」という取組みで差が大きい（10 ポイント以上の差）。

　このように、職場での能力開発に関して人事部門と「連携できている」とする職場管理者ほど、職場メンバーに対して、企業の能力開発の方針を示すほか、仕事の振り返りを促し、今後の能力開発や仕事、キャリアの目標を示し、これらに関する相談に対応するといった取組みを行っている。とくに、現在の仕事や今後のキャリアについて相談に乗るなど、職場メンバーの企業内でのキャリア形成を支援する取組みを行う割合が高い傾向にある。これに対し、人事部門と「連携できていない」とする職場管理者では、職場メンバーが現在担当する仕事に関わる技能形成に限定した能力開発に関わる取組みを行う傾向にある。それゆえ、それらの取組みに関しては、人事部門と「連携できている」職場管理者よりも、実施していると回答する割合が高くなっているのだと解釈できる。

3.　人事部門との連携関係への評価と人事部門の取組み

　上で見たように、職場での能力開発に関して人事部門との連携関係を高く評価する職場管理者ほど、職場での能力開発の取組みについての自己評価は高い。これに対応して実際にも、職場メンバーに対して、現在の仕事に関わる技能形成の範囲を超えて、企業の能力開発の方針を示すほか、今後の能力開発や仕事、キャリアの目標を示し、これらに関する相談に対応するなど、能力開発のためのより幅広い取組みを実施している。そのぶん、職場での能力開発は充実する傾向にあると考えることができる。

　それでは、職場管理者は、どのような場合に人事部門との連携関係を高く評価しているのか。ここでは、人事部門との連携関係を規定する要因として、職場での能力開発に関して、職場管理者を対象に人事部門が実施している施策に着目する。職場管理者は、職場での能力開発に関して、人事部門がどのような施策を行っていると認識する場合に、人事部門との連携関係を高く評価する傾向にあるだろうか。

　これに関して職場管理者調査では、**第 6-1 図**に示した企業調査において

人事部門に尋ねたのと同じ諸施策の実施状況について、職場管理者の認識を尋ねている。人事部門との連携関係に対する職場管理者の評価別にその回答を集計すると**第6-4図**のようになる。

集計から、いずれの施策についても、人事部門と「連携できている」とする職場管理者ほど、人事部門による実施を指摘する割合が高い。他方、人事部門が「管理職を対象とした取組みはとくに行っていない」とする割合は、

第6-4図　人事部門との連携関係に対する職場管理者の評価と、職場での能力開発に関する人事部門による施策（職場管理者の認識による）との関係

（複数回答、単位・％）

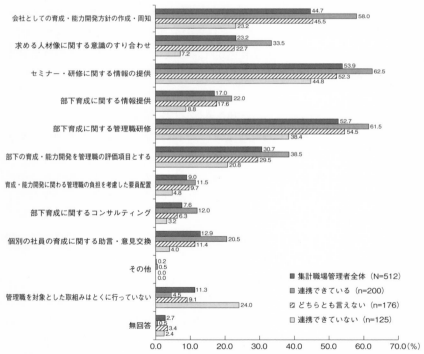

注. 1）質問は、「あなたが行う部下の育成・能力開発のために、貴社の人事部門は、以下のような取組みを行っていますか」である。
　　2）企業調査票のデータを補完可能で、正社員数300人以上の企業に勤務する「部長相当」と「課長相当」の職場管理者の回答を集計。
　　3）人事部門との連携関係に対する評価について無回答の票に関するグラフはこの図に示していない。ただし集計職場管理者全体のグラフには、同質問に無回答の票（n＝11）も含めて集計している。

人事部門と「連携できていない」とする職場管理者でとくに高くなっている。これから、職場での能力開発に関する人事部門による施策の実施が、人事部門との連携関係についての職場管理者の評価を高めるという関係が確認できる。

　ただし、**第 6-4 図**に示した人事部門による職場管理者への諸施策は、同時に実施されているものも多いと見られる。それゆえ、いずれの施策が、人事部門との連携関係に対する職場管理者の評価に影響を与えているかを明らかにするには、互いに他の施策の影響を統計的にコントロールしたうえで、各施策の影響を分析する必要がある。

　さらに、前節で確認したように、部門間の配置転換をはじめとする能力開発に関わる事項の意思決定に関しては、人事部門と職場管理者のあいだの権限配分に企業間のちがいが見られた。そうした権限配分のあり方自体が、人事部門との連携関係についての職場管理者の評価に影響を与えている可能性もある。例えば、配置転換等の決定を人事部門と職場管理者とのあいだで意見調整しつつ行う企業では、人事部門との連携関係についての職場管理者の評価が高まるかもしれない。はたしてどうか。

　また、こうした調整型の企業では、人事部門が職場管理者の担う能力開発を支援する諸施策を実施する割合も高い傾向にあった。それゆえ、人事部門との連携関係への職場管理者の評価に対するこれら諸施策の影響については、能力開発に関する意思決定の権限配分の相違による影響をコントロールしたうえで確かめる必要がある。

　この点に関して、**第 6-2 表**で見たように、部門間の配置転換の決定に関する人事部門と職場管理者のあいだの権限配分は、能力開発に関するより広い事項の意思決定の権限配分と一定の対応関係にある。また、**第 6-1 図**で確認したように、職場管理者の担う能力開発への人事部門による支援施策の実施とも関係していた。そこで、ここでは能力開発に関わる意思決定の権限配分の指標として、**第 6-1 図**での分析と同じく、とくに部門間の配置転換に関する権限配分に着目することとする。

　このほか、職場管理者の階層のちがい（「部長相当」と「課長相当」のいずれか）も、人事部門との連携関係への評価に影響を与えていた。また、職

場管理者が人事部門に所属するかどうかも、人事部門との連携関係への評価に影響を与えよう。さらに、性別や年齢といった職場管理者個人の基本属性や、所属企業の業種や規模によっても、人事部門と職場管理者との連携のあり方や、連携への職場管理者の期待が異なることで、人事部門との連携関係に対する職場管理者の評価にちがいが生じうる。そこで、これらの要因の影響を統計的にコントロールしたうえで、人事部門による職場での能力開発に関する各施策が、人事部門との連携関係についての職場管理者の評価に与える影響を分析することとしたい。

第6-4表は、職場での能力開発に関する人事部門との連携関係についての職場管理者の評価の高さを被説明変数とする順序ロジスティック回帰分析の結果を示したものである。被説明変数は、表の注に示した方法で得点化している。上に挙げた諸変数の影響を統計的にコントロールしたうえで、人事部門との連携関係についての職場管理者の評価に対する、各施策の影響について分析した。**第6-4図**の集計と同じく、各施策の実施状況は、職場管理者の認識にもとづく。

分析結果から、「会社としての育成・能力開発方針の作成・周知」、「求める人材像に関する意識のすり合わせ」、「部下育成に関するコンサルティング」、「個別の社員の育成に関する助言・意見交換」を人事部門が実施していると認識する職場管理者では、人事部門との連携関係への評価が統計的に有意に高い。他方で、「管理職を対象とした取組みはとくに行っていない」とする職場管理者では、人事部門との連携関係への職場管理者の評価が、統計的に有意に低くなっている。

こうした分析結果からは、人事部門により企業としての能力開発の方針や求める人材像が共有されたり、職場での能力開発に関して個別的な相談や助言・意見交換の機会が提供されたりする場合に、職場管理者は、人事部門との連携関係を高く評価する傾向にあることがわかる。そして、**第6-3図**で確認したように、このような場合に、職場管理者は、職場での能力開発に向けた幅広い取組みを積極的に行う傾向にあると考えることができる。

その他の変数の影響を見ると、所属企業における部門間の配置転換に関する権限配分（企業調査の回答にもとづく）は、人事部門との連携関係につい

第6-4表　職場での能力開発に関して人事部門の実施する施策（職場管理者の認識による）と、人事部門との連携関係に対する職場管理者の評価との関係（順序ロジスティック回帰分析）

	B	Wald
会社としての育成・能力開発方針の作成・周知	0.711	13.407 ***
求める人材像に関する意識のすり合わせ	0.604	7.497 ***
セミナー・研修に関する情報の提供	0.120	0.393
部下育成に関する情報提供	0.131	0.286
部下育成に関する管理職研修	0.280	2.090
部下の育成・能力開発を管理職の評価項目とする	0.268	1.777
育成・能力開発に関わる管理職の負担を考慮した要員配置	-0.171	0.302
部下育成に関するコンサルティング	0.631	3.613 *
個別の社員の育成に関する助言・意見交換	0.922	11.590 ***
その他	1.077	0.321
管理職を対象とした取組みはとくに行っていない	-0.766	4.676 **
（もっぱら人事部門が決める）		
各部署の管理職の意見を聞いたうえで人事部門が決める	0.066	0.042
人事部門から意見はするが、各部署の管理職が決める	0.032	0.008
もっぱら各部署の管理職が決める	0.320	0.721
（女性）		
男性	0.327	1.173
30歳台以下	-0.173	0.169
40歳台	-0.096	0.257
（50歳台以上）		
（人事労務・教育部門・総務部門以外）		
人事労務・教育部門・総務部門	1.224	39.647 ***
（課長）		
部長	0.441	4.452 **
（製造・建築）		
情報通信・電気・ガス・熱供・水道	0.570	1.448
運輸	0.418	0.958
卸売・小売・飲食・宿泊	0.353	1.498
医療・福祉	0.879	10.817 ***
その他サービス・その他	0.806	9.998 ***
（正社員数300～499人）		
正社員数500～999人	-0.355	3.070 *
正社員数1,000人以上	-0.256	1.144
n		458
ー2対数尤度		1190.891667
カイ2乗		146.490 ***
Nagelkerke R2		0.289

注. 1）***は1％水準、**は5％水準、*は10％水準で、それぞれ統計的に有意であることを示す。
　　2）被説明変数は、人事部門との連携関係に対する職場管理者の評価の高さである。職場での能力開発に関する人事部門との連携関係について、「十分に連携できている」を5点、「ある程度連携できている」を4点、「どちらとも言えない」を3点、「あまり連携できていない」を2点、「まったくできていない」を1点と配点している。
　　3）分析対象は、企業調査票のデータを補完可能で、勤務先企業の正社員数300人以上、「部長相当」もしくは「課長相当」で、推計に利用した説明変数および被説明変数のいずれにも回答のある職場管理者調査票の回答者である。

ての職場管理者に統計的に有意な影響を与えていない。これから、指標として部門間の配置転換の決定に着目した場合、能力開発に関わる意思決定の人事部門と職場管理者のあいだの権限配分自体は、必ずしも職場管理者の連携関係についての評価に影響を与えていないことがわかる。

　また上記の施策の効果は、こうした権限配分の影響をコントロールしたうえでのものである。すなわち、これらの施策が人事部門により実施されていると職場管理者が認識することは、部門間の配置転換の決定権限の所在を問わず、人事部門との連携関係についての職場管理者の評価を高めている。それゆえ、これらの施策は、能力開発に関わる意思決定の分権度によらず、職場管理者が職場での能力開発を進めるうえで、人事部門による実施を大きく期待する施策であると考えることができる。

　職場管理者の個人属性や企業内での位置づけに関わる変数として、性別や年齢は、人事部門との連携関係への評価に統計的に有意な影響を与えていない。他方、職場管理者が人事部門（「人事労務・教育部門・総務部門」）に所属していると、これ以外の部門に所属している場合よりも、統計的に有意に、人事部門との連携関係を高く評価する傾向にある。人事部門内では、人事部員でもある職場管理者が、スタッフとしての人事部門との連携をとりやすいことを反映していると考えられる。また、課長層と比べて部長層のほうが、統計的に有意に、人事部門との連携関係を高く評価する傾向にある。上位の役職の職場管理者のほうが、部門を代表して人事部門の担当者と接する機会が多いことを反映していると解釈できる。

　回答者である職場管理者が所属する企業の属性としては、業種に関して、「製造・建設」と比べ、「医療・福祉」と「その他サービス・その他」では、統計的に有意に、人事部門との連携関係を職場管理者が高く評価する傾向にある。これらの業種では、上で見たような、能力開発に関する職場管理者への人事部門による施策が、それぞれより充実したかたちで行われているのかもしれない。このほか、10％の有意水準にとどまるものの、正社員数499人以下の企業よりも、500〜999人の企業のほうが、人事部門との連携関係への職場管理者による評価が低い傾向にある。また、統計的に有意ではないものの、正社員数1,000人以上の企業でも、同様の傾向が見られる。こうし

た結果は、企業規模が大きいと、職場管理者が人事部門の担当者と接する機会が少なくなる傾向を反映している可能性がある。

4. 人事部門による施策の実施と職場管理者の認識

　上で分析したとおり、職場での能力開発に関する人事部門による施策の中では、人事部門が職場管理者に対して、企業としての能力開発の方針や目標の周知・共有や、職場での能力開発に関する個別的な相談や助言を行う場合に、職場管理者は人事部門との連携関係を高く評価する傾向にあった。とはいえ注意すべきは、**第 6-4 表**の分析は、あくまで職場管理者の認識する人事部門の施策を説明変数としている点である。第 1 節で指摘したように、人事部門が職場管理者を対象に実施していると考える施策を職場管理者が認識しているとはかぎらない。

　この点に関し、**第 6-5 表**は、企業調査から把握できる、人事部門が実施していると考える施策と、職場管理者調査から把握できる、人事部門が実施していると職場管理者が認識する施策との関係を集計したものである。**第 6-4 表**の分析から、人事部門との連携関係への職場管理者の評価を高めると考えられる施策に限定して集計している。

　集計から、いずれの施策も、確かに企業調査において人事部門が実施して

第 6-5 表　人事部門が実施しているとする施策と、職場管理者が認識する施策との関係

（単位・%）

会社としての育成・能力開発方針の作成・周知	n	職場管理者・実施	職場管理者・非実施	求める人材像に関する意識のすり合わせ	n	職場管理者・実施	職場管理者・非実施
人事部門・実施	234	55.1	44.9	人事部門・実施	160	28.8	71.3
人事部門・非実施	278	36.0	64.0	人事部門・非実施	352	20.7	79.3
部下育成に関するコンサルティング	n	職場管理者・実施	職場管理者・非実施	個別の社員の育成に関する助言・意見交換	n	職場管理者・実施	職場管理者・非実施
人事部門・実施	29	10.3	89.7	人事部門・実施	85	23.5	76.5
人事部門・非実施	483	7.5	92.5	人事部門・非実施	427	10.8	89.2

注．1）無回答は、「非実施」として集計している。
　　2）企業調査票のデータを補完可能で、正社員数 300 人以上の企業に勤務する「部長相当」と「課長相当」の職場管理者の回答を集計。

いるとする場合のほうが、実施していないとする場合よりも、職場管理者調査で、職場管理者は人事部門が実施していると認識する傾向にある。とはいえ、いずれの施策についても、企業調査で人事部門は実施していると回答していても、職場管理者調査において、人事部門が実施していないと職場管理者が認識している割合は高い。

このように、人事部門との連携関係への職場管理者の評価を高めると考えられる、企業としての能力開発の方針や目標の周知・共有や、職場での能力開発に関する個別的な相談や助言といった施策は、人事部門が実施していると考えていても、職場管理者の側はそれを認識していない場合が多い。そして、これらの施策は、職場管理者が認識するようなかたちで実行されてこそ、人事部門と職場管理者の連携関係を充実させ、職場管理者による能力開発への取組みを促すと考える[4]。そのためには、人事部門には、職場管理者に対して、能力開発の方針や目標の周知を実質的に行うことや、個別的な相談や助言の機会をより広く提供していくことが求められると考えられる。

▍第4節　小括

本章では、とくに配置転換の決定に関わる権限に着目して、能力開発に関わる意思決定の分権度や、これと職場で能力開発を担う職場管理者に対する人事部門の施策との関係を確認した。そのうえで、能力開発をめぐる人事部門との連携関係についての職場管理者の評価を手がかりに、職場での能力開

4　この点に関し、職場管理者調査の個票データに企業調査の情報を補完したデータ（第6-2～4図と第6-3～5表のデータと同じ）を用い、「会社としての育成・能力開発方針の作成・周知」、「求める人材像に関する意識のすり合わせ」、「部下育成に関するコンサルティング」、「個別の社員の育成に関する助言・意見交換」の四つの施策の実施・非実施に関して、①職場管理者の回答および②人事部門の回答と、人事部門との連携関係への職場管理者の評価との関係について、クロス集計表を作成してカイ二乗検定を行った。その結果、①職場管理者の回答と職場管理者の評価には、上記の施策順に、1％水準、1％水準、5％水準、1％水準でいずれも統計的に有意な関係が見られる。これに対し②企業調査での人事部門の回答と職場管理者調査での職場管理者の評価との関係は、「個別の社員の育成に関する助言・意見交換」のみが5％水準で統計的に有意であるにとどまり、他の施策については、統計的に有意な関係は見られなかった。こうした結果は、人事部門による施策が職場管理者に認識されてこそ、人事部門との連携関係についての職場管理者の評価に影響を与えることを示すと考えられる。

発を促す人事部門の施策について分析した。事実発見をまとめると次のように
なる。

　第1に、部門間の配置転換の決定に関して、人事部門と職場管理者のあい
だの権限配分には、企業間でちがいが見られる。現状において最も大きな割
合を占めるのは、人事部門が部門間の配置転換について主な権限をもちなが
ら職場管理者の意見との調整をはかる企業である。職場管理者が部門間の配
置転換の決定権限をもち、人事部門がこれに意見するかたちで関与する企業
もこれに次ぐ。全体としてはこれらの、部門間の配置転換の決定に関して人
事部門と職場管理者のあいだで意見調整が行われる調整型の企業が多くを占
める。

　第2に、こうした部門間の配置転換の決定に関わる権限配分の分権度は、
部門内の配置転換や課長層への昇進の決定権限とも対応関係にある。日本企
業の中に、配置や昇進の決定に関してある程度、一貫して集権的な企業から
一貫して分権的な企業までの分布の広がりが確認できる。さらに、そのうち
後者ほど、能力開発に関わるより広い事項についての意思決定も分権的な傾
向にある。より詳しく見ると、部門間の配置転換の決定に人事部門が何らか
の程度に関与する企業では、各部門の能力開発の方針の決定にも、人事部門
が関与する割合が高い。また部門間の配置転換の決定権限を職場管理者の側
が主にないしもっぱらもつ企業では、Off-JT 参加者の人選も職場管理者に
任される傾向にある。OJT の進め方については、おおむね職場管理者に任
されているものの、その程度は、部門間の配置転換を職場管理者がもっぱら
決める分権的な企業でとくに高い。

　第3に、部門間の配置転換の決定に関して調整型の企業では、人事部門と
職場管理者のいずれが決定権限をもつかによらず、人事部門が能力開発の方
針の周知や育成すべき人材像の共有、研修や部下育成の情報提供、個別の助
言などの施策を実施する割合が相対的に高い。とはいえ、部門間の配置転換
を人事部門ないし職場管理者がもっぱら決める企業も含め、多くの企業の人
事部門は、研修情報の提供や管理者研修などを中心として、職場管理者が担
う職場での能力開発を支援する何らかの施策を実施している。

　第4に、こうしたなか、職場での能力開発に関する人事部門との連携関係

について、職場管理者による評価は分かれている。そして、人事部門と「連携できている」とする職場管理者ほど、職場での能力開発についての自己評価は高く、実際にも部下の能力開発に向けた幅広い取組みを行う傾向にある。そのぶん、職場での能力開発が充実する傾向にあると考えられる。

　第5に、人事部門との連携についての職場管理者の評価を高める人事部門の施策としては、企業としての能力開発の方針の作成・周知、求める人材像のすり合わせ、能力開発に関する相談（コンサルティング）や個別的な助言・意見交換などが挙げられる。職場管理者は、これらの施策をつうじて、共有された企業としての能力開発の方針や目標に向け、人事部門の支援のもと、職場メンバーに対する能力開発のための幅広い取組みを積極的に行う傾向にあることが分析から読み取れる。これらは、能力開発に関わる意思決定の分権度によらず、職場管理者が能力開発を進めるうえで人事部門に大きく期待する施策であると考えることができる。

　第6に、ただし、これら人事部門との連携関係への職場管理者の評価に影響を与える施策について、人事部門は実施していると考えていても、職場管理者がそれを認識していない場合が多い。人事部門による職場管理者への施策は、当然ながら職場管理者が認識できるかたちで実行されてこそ、職場管理者による能力開発への取組みを促すと考えられる。人事部門が職場管理者に対して、能力開発の方針や目標についての周知を実質的に行うとともに、能力開発に関する個別的な相談や助言の機会を広く提供していくことが重要と考える。

　以上のように、能力開発の手段とも位置づけられる部門間の配置転換に着目した場合、その決定に関する権限配分には、企業間で相違が見られた。もちろん分析に用いたのは1時点の調査であるため、経年的な変化の把握は難しい。とはいえすでに日本企業の中に、配置の決定を含む能力開発に関する意思決定に関して、人事部門が実質的に関与する集権的な企業から、職場管理者に多くが任された分権的な企業までの広がりが生じていることは確かと見られる。

　このような能力開発に関わる意思決定のあり方とゆるやかな関係をもちつつ、多くの企業の人事部門は、職場管理者の担う能力開発の支援に向けた施

策を実施している。そして、とりわけ人事部門が企業としての能力開発の方針を示し、育成すべき人材像の共有をはかることや、能力開発に関する個別的な相談や助言の機会を提供することは、職場管理者による人事部門との連携関係への評価を高めている。能力開発の方針や目標が明確となり、人事部門から能力開発に関する個別的な支援を得ることで、職場管理者にとって、職場での能力開発を進めやすい条件が整うためと考えられる。実際にも、人事部門との連携関係への評価の高い職場管理者は、職場メンバーに対して、企業内キャリアへの支援を含む能力開発のための取組みを広く行う傾向にある。そのぶん職場での能力開発は充実することになると考えられる。

　本章の分析によれば、こうした関係は、能力開発に関わる意思決定の分権度によらないと考えられる。したがって部門間の配置の決定を含め、職場での能力開発に関わる意思決定の多くが職場管理者に任されたとしても、これを支援する人事部門の施策が職場管理者からは期待されていると考える。むしろ職場管理者が能力開発に関するより広い役割を担ううえで、人事部門による施策をつうじた支援がいっそう求められる面もあろう。能力開発に関わる意思決定の分権度を問わず、そうした施策を起点として、人事部門が職場管理者とのあいだで職場での能力開発に向けた連携関係を築くことが、企業としての能力開発の充実をはかるうえで広く有効であることが示唆される。

＊本研究は JSPS 科研費 17K03960 および 20K01862 の助成にもとづく成果の一部である。
＊＊本章は、佐野嘉秀（2019）「職場での人材育成に関するライン管理者と人事部門の連携」，『経営志林』第 56 巻 1 号をもとに、本書への掲載にあたり改定を行ったものである。

社員の能力開発と職場管理者の
能力開発支援

藤本　真・山口　塁

第 1 節　はじめに

　本章では、社員の能力開発と、上司である職場管理者による能力開発支援
との関係、および能力開発支援の現状と課題について、社員調査と職場管理
者調査の分析をもとに明らかにしていく。

　第 1 章で見た「経験学習論」の諸研究が指摘するように、日々の仕事にお
ける様々な経験、例えば新規事業への配置やプロジェクトへの参加、段階的
に高度となる仕事の担当、現場第一線での仕事などの経験からの学びが、仕
事上の能力形成に寄与する[1]。こうした日々の仕事における様々な経験は、
配置・配置転換や職場管理者が行う仕事の配分など、仕事を取り巻く「コン
テクスト」（谷口 2006）によって左右される。

　また、同じく第 1 章で概観した「職場学習論」の諸研究は、職場における
他者との関係が業務能力の向上に影響を与えていることを明らかにしてい
る。「職場学習論」の代表的な業績である中原（2010）は、能力形成を行う
学習者が職場で他者から得られる支援を①業務支援、②精神支援、③学習支
援の三つのタイプに分け、各タイプの支援が学習者の能力向上に結びつく状
況について明らかにしている[2]。

　能力向上につながる様々な仕事上の経験に影響を与える「コンテクスト」

---

[1]　小池（2005）は「実務経験をかさね技能を修得する」（小池 2005：27）過程を、能力開発の核
　心としてとらえる。
[2]　中原（2010）において、①「業務支援」とは、「仕事に必要な情報を提供してくれる」、「仕事
　の相談に乗ってくれる」など、「業務を遂行していく上で直接的に関係してくる助言や指導」、②
　「精神支援」とは「仕事の息抜きになる」、「精神的な安らぎを与えてくれる」など「他者から与
　えられる精神的安息の支援」、③「内省支援」とは、「自分自身を振り返る機会を与えてくれる」、
　「自分について客観的な意見を言ってくれる」など、「ある業務の経験や自分自身のあり方を、客
　観的に振り返る機会を与えてくれる支援」と定義されている。中原（2010）は、上司の「精神支
　援」と「内省支援」、上位者・先輩の「内省支援」、同僚・同期の「内省支援」、「業務支援」がそ
　れぞれ業務能力の向上に貢献していることを見出している。

においても、中原が指摘する各支援の担い手としても、職場を管理する職場管理者、いい換えると社員にとっての「上司」は重要な位置を占めている。職場管理者の社員に対する適切な能力開発支援は、社員の仕事上の能力を高め、ひいては仕事や会社に対する社員の満足度の向上にもつながるだろう。一方で、職場管理者による能力開発支援が必ずしも順調に進まないということもありうる。

　職場における経験や上司との関係が、働く人々の能力形成を大きく左右することを見出した「経験学習論」、「職場学習論」の諸研究は、しかしながら、上司の能力開発支援活動として具体的にはどのような内容の活動が行われる傾向にあるかには十分に着目してこなかった[3]。また、既存の研究においては、職場での他者とのつながりや職場で運用されている人事制度が能力開発に貢献する側面について知見が重ねられている[4]が、逆に職場での能力開発において課題・問題となっている点や、そうした課題・問題が生じる状況についての実態把握や分析は少ないと思われる。本章では、これら既存研

3　中原（2010）では、上司も含めた他者から受けている支援について、「自分にはない専門的知識・スキルを提供してくれる」、「仕事の相談に乗ってくれる」など、17個の質問文に回答した結果を分析している。各質問文への回答は、「よくあてはまる」、「あてはまる」、「どちらともいえない」、「あてはまらない」、「まったくあてはまらない」という5件のリッカート尺度で最もあてはまるものを回答するというかたちになっており、「よくあてはまる」＝5点〜「まったくあてはまらない」＝1点と得点を与えたうえで、各質問文への回答の平均点を示しているが、回答者のどの程度の割合が各質問文に挙げてある支援を受けたのかはわからない。また上司から受けた支援については、上述の「業務支援」、「精神支援」、「内省支援」として合成された各変数の平均値が示されており、具体的な支援内容はわからない。さらに中原（2010）で用いられているのは、支援を受けた側から得られている回答のため、支援を実施している上司の活動に直接には焦点があたっていない。
　上司による部下育成行動に直接焦点をあてた数少ない研究としては、毛呂・松井（2009）、毛呂（2010）、毛呂・松井（2019）がある。毛呂（2010）では、毛呂・松井（2009）で行った先行研究レビューと管理職を対象とする探索的インタビューをもとに、管理職が実施する部下育成行動として、「部下を傷つけないように配慮している」、「できるだけ部下を仕事に巻き込んでいる」、「部下に対して仕事の全体像を伝える」など39個の質問文を設け、管理職層・経営職層を対象とした調査を実施・分析している。その結果、上司の部下育成行動として、「肯定的個別関与」、「展望・意味付け」、「快適環境創出」といった側面が見出せることを確認している。また、毛呂・松井（2019）は、毛呂（2010）の知見をもとに部下育成行動について39個の質問文を設けたうえで、部下の立場からの回答を集める調査を実施・分析し、部下から認識された上司の育成行動として九つの側面を見出している。ただ、毛呂らの研究も、部下育成行動を構成する各側面が、各質問文への回答を得点化したうえでの合成変数とされ、能力向上などほかの変数との相関が示されているので、部下育成行動として上司が実際にどのような行動を行い、部下が上司のどのような行動を経験するのかについての傾向はわからない。

究で焦点があまりあたってこなかったものの見過ごすことができない点も含めて、本書で解明しようとしている「能力開発システム」の重要な構成要素である、職場管理者（上司）と社員（部下）との連携について、分析・検討していきたい。

　以下第2節では、社員の能力開発において、上司である職場管理者の存在や職場管理者の能力開発支援が、どのような役割を果たしているのかを明らかにしていく。続く第3節では、職場管理者の能力開発支援について、部下である社員の立場、上司である職場管理者の立場の双方から見た現状と課題について明らかにしていくとともに、両者の連携がうまくいっているか否かを示すと見られる調査項目を用いて、連携の状況と能力開発支援に関わる活動・課題との関連について分析・考察する。第4節では第3節で明らかにされた、職場における能力開発支援の課題の中から、多くの職場管理者が直面している、能力開発支援にかける時間の不足と、能力開発支援に関する知識・ノウハウの不足という課題を取り上げる。これらの課題をめぐる職場管理者の活動や状況を分析することで、どのような状況のもとでこれらの点が課題になるのかについて考察していく。

第2節　社員の能力開発における職場管理者の役割

1. 社員の能力開発における職場管理者の位置づけ

　本章の冒頭で、上司である職場管理者が行う能力開発支援の重要性と効果を述べた。ここではまず社員調査の回答結果を用いて、この点について確認

4　能力開発を左右する職場の要因として先行研究でしばしば指摘されるのは、①職場のメンバー間で互いに協力しあうことが望ましいとする「互酬性規範」、②職場のメンバー間での頻繁・フラットなコミュニケーションの状態を示す「オープン・コミュニケーション」、③職場が有する「学習資源（職場での能力開発のために確保されうる時間、資金、報酬）」である（中原 2010：108）。このうち、互酬性規範については、中原（2010）において、上位者が行う内省支援、同期・同僚が行う内省支援・精神支援を促しうることが示されている。また北村・中原・荒木・坂本（2009）では、職場内の「社会関係資本（＝他者との関係、他者とのつながり）」の状況が、業務能力向上に影響を与えるという知見を得られている。
　上司の部下育成行動に着目した毛呂（2010）では、上司の部下育成行動に影響をおよぼす組織特性（上司が所属する組織の人事制度の状況）についての分析から、部下育成評価制度やキャリア面談制度の運用が、部下育成行動にプラスの影響を与えることが明らかとなっている。

と分析を行う。

　社員は、上司である職場管理者による能力開発支援を、どの程度重要だと認識しているのか。この点については第3章ですでに明らかにしており、**第7-1図**は一部に第3章で掲示した**第3-11図**の内容を再掲載している。仕事に関する能力を高めるために役立つこととして最も回答の割合が高かったのは、「上司から、仕事上の指導や助言を受けること」（59.4%）であり、次いで「担当する仕事の範囲や幅が広がること」（51.2%）、「上司や同僚の仕事のやり方を見て学ぶこと」（49.2%）の順となっていて、上位3項目に上司に関係する項目が入っていた。社員が、自身の仕事に関する能力を高めるにあたって、上司の存在を重視していることを確認できる。

　ところで仕事に関する能力を高めることについての回答は、社員（部下）と職場管理者（上司）との連携によって変わってくるだろうか。ここでは社員と職場管理者の連携の状況を反映していると考えられる一つの指標として、社員が自分の上司である職場管理者の指導や支援に満足しているか否かという点に着目する。社員調査における回答分布は、「満足している」が21.8%、「やや満足している」が30.7%、「どちらとも言えない」が29.2%、「あまり満足していない」が9.5%、「全く満足していない」が7.4%であった（n＝1871、無回答1.4%）。

　第7-1図には、上司の指導や支援に満足している社員（「満足している」、「やや満足している」と答えた社員）と、満足していない社員（「あまり満足していない」、「全く満足していない」と答えた社員）の回答結果も掲載している。**第7-1図**から明らかなのは、先に回答者全体での回答割合が高いことを確認した「上司から、仕事上の指導や助言を受けること」と「上司や同僚の仕事のやり方を見て学ぶこと」の2項目が、指導・支援に対する満足の有無によって回答割合に大きな差が生じるという点である。「上司から、仕事上の指導や助言を受けること」は26.8ポイント、「上司や同僚の仕事のやり方を見て学ぶこと」は18.1ポイントの差が生じている。この2事項以外で指導・支援に対する満足の有無による差が10ポイント以上に達しているのは、「任される仕事の責任が大きくなること」（14.2ポイント）であるが、「任される」という言葉からこの事項も上司との関わり合いが反映された事

第7-1図　仕事に関する能力を高めるために役立つこと：上司の指導・支援に対する評価別

（複数回答、単位・％）

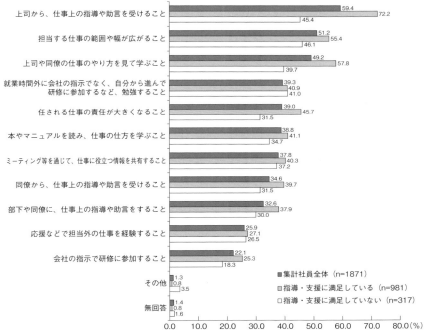

注. 1)「指導・支援に満足している」社員は、「あなたの能力開発に対する上司の指導や支援について、あなたはどのくらい満足していますか」という質問に「満足している」、「やや満足している」と回答した社員。また、「指導・支援に満足していない」社員は、同質問に「あまり満足していない」、「全く満足していない」という社員。以下の本章の図や表においても同様。
　　2)集計社員全体には上司の指導・支援に関する質問に「どちらとも言えない」と回答した社員と、無回答だった社員も含まれている。
　　3)「その他」と「無回答」以外の項目は、集計社員全体において回答の割合が高かった項目から順に、上から掲示している。

　項ととらえることができる。社員が仕事に関する能力を高めるうえで上司の存在が大きいがゆえに、上司との連携がうまくいかない社員のうち少なくない社員が、仕事に関する能力を高める機会を失っていると見ることができる。

　続いて、社員が、調査実施前の1年間（2015年1月〜12月）に受けたり、行ったりした、仕事上の能力や知識を高めることにつながる経験について見てみる（**第7-2図**）。1年間のうちに「よくあった」という回答が最も多い

第7-2図　社員が昨年1年間で受けた（行った）仕事の能力や知識の向上につながることの内容：上司の指導・支援に対する評価別

（複数回答、単位・%）

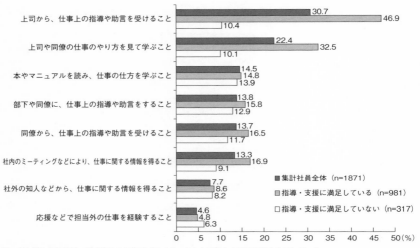

注. それぞれの経験が、調査前の1年間で「よくあった」と回答した社員の割合を示している。

　のは、集計社員全体では「上司から、仕事上の指導や助言を受けること」（30.7%）であり、2番目に多いのは「上司や同僚の仕事のやり方を見て学ぶこと」（22.4%）である。これら二つの経験が、社員にとっての最も主要な能力開発の機会と見ることができるが、指導・支援に満足していない社員では、この二つの経験が「よくあった」という回答の割合が目立って低下する。この二つ以外の経験は、指導・支援に対する満足の有無による差が最大で約7ポイント（「社内のミーティングなどにより、仕事に関する情報を得ること」）であり、指導・支援に対する満足の有無によって回答の割合にほとんど差のない経験もあるのに対し、「上司や同僚の仕事のやり方を見て学ぶこと」では指導・支援に対する満足の有無による差が22.4ポイント、「上司から、仕事上の指導や助言を受けること」では36.5ポイントにまで達する。職場管理者との連携のありようが、仕事上の能力開発の主要な機会に大きな影響をおよぼしていることを確認できる。

2.　能力開発をめぐる社員と職場管理者の連携がおよぼす効果

　では、能力開発をめぐる上司との関係は、能力開発に対する社員の意欲や、能力開発の成果にどのような影響を与えているだろうか。**第7-3 図**は上司の指導・支援に対する満足の有無別に、仕事に関する能力向上意欲の高さを集計したものである。仕事に関する能力向上意欲は、「今の仕事のために」、「将来の仕事のために」、「現在の会社での昇進・昇格のために」のそれぞれについて示している。

　上司の指導・支援に満足している社員と満足していない社員を比べると、「今の仕事のために」、「現在の会社での昇進・昇格のために」仕事に関する能力や知識を高めたいという割合は、満足していない社員でいずれも 10 ポイント以上低くなる。ただ「将来の仕事のために」高めたいという割合は、指導・支援に対する満足の有無によってはほとんど変わらない。また、上司の指導・支援に満足していない社員でも「今の仕事のために」高めたいという社員が約 8 割、「現在の会社での昇進・昇格のために」高めたいという社員が 5 割弱いる点は見過ごすことができない。上司との連携に満足できない

第7-3 図　仕事に関する能力向上意欲：上司の指導・支援についての評価別

（単位・%）

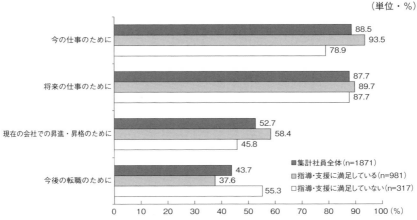

注．「あなたは以下のような目的のために、仕事に関する能力や知識を高めたいと思いますか」という質問に対し、「とてもそう思う」、「ある程度そう思う」と回答した社員の割合の合計を示している。割合の算出の際には無回答の社員も含めている。「目的」として挙げてあるのが、縦軸に示した四つである。

第7-4図　過去3年間での仕事に関する能力の変化：上司の指導・支援についての評価別

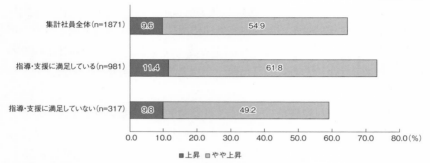

（単位・％）

注. 割合の算出の際には仕事に関する能力の変化について無回答の社員も含めている。

状況でも、能力開発意欲のある社員が多数を占めるか少なからずいるという状況であるだけに、連携がうまくいかず、能力開発機会が相対的に少なくなっていることは問題である。

　上司との連携に満足していない社員の多くが能力開発意欲を低下させてはいないことは、「今後の転職のために」仕事に関する能力や知識を高めたいと答えた社員の割合からも明らかである。「今後の転職のために」高めたいという割合は、上司の指導・支援に満足していない社員のほうが約18ポイント高い。能力開発をめぐる上司との連携がうまくいかないことで、能力開発意欲が、社外でのキャリア形成に向かっていることがうかがえる。

　一方第7-4図には、過去3年間での仕事に関する能力の変化についての回答を、上司の指導・支援に対する満足の有無別に集計した結果を掲載している。上司の支援・指導に満足している社員では、仕事に関する能力が過去3年間で「上昇」あるいは「やや上昇」したとする回答の割合が73.2％であるのに対し、上司の指導・支援に満足していない社員では59.0％となっている。上司との連携に満足がいかない状況の社員でも能力の伸びを感じているという社員が多数を占めてはいるものの、連携がうまくいっていると見られる社員のほうが、より能力向上を実感しやすい状況にあるものと考えられる。

第 3 節　社員（部下）の能力開発に対する職場管理者（上司）の支援

1. 社員（部下）から見た支援活動の実状と課題

　第 7-5 図は、上司である職場管理者が自らの能力開発に対してどのような指導・支援をしてくれたかを、社員に尋ねた結果である[5]。集計社員全体で見ると、比較的多くの社員が挙げているのは、「仕事のやり方について助言してくれる」（54.3%）、「仕事に必要な知識を提供してくれる」（41.5%）、「現在の仕事について相談に乗ってくれる」（40.7%）、「仕事を行う上での心構えを示してくれる」（32.6%）、「身につけるべき知識や能力について説明してくれる」（31.2%）といった事項である。職場管理者による部下社員の能力開発支援は、①仕事のやり方に関わる指導や相談への対応、②仕事に必要な知識に関する支援、③仕事に臨むうえでの姿勢に関わる指導・支援が、主な内容であることがわかる。

　こうした支援活動を、上司の指導・支援に満足している社員、満足していない社員は、それぞれどのように見ているのか。満足している社員、していない社員の回答結果を第 7-5 図に示した。

　いずれの項目も、上司の指導・支援に対する評価による回答の割合の差が目につくが、とりわけ回答傾向のちがいが顕著であるのは、「仕事のやり方について助言してくれる」（回答の割合の差・49.0 ポイント、以下同様）、「仕事に必要な知識を提供してくれる」（43.5 ポイント）、「現在の仕事について相談に乗ってくれる」（37.5 ポイント）、「身につけるべき知識や能力について説明してくれる」（36.0 ポイント）、「仕事を行う上での心構えを示してくれる」（35.7 ポイント）といった項目である。そして、上司の指導・支援

5　第 7-5 図に示す、上司である職場管理者から受けた指導・支援の内容についての各選択肢は、佐藤・佐野・大木（2012）で分析の対象となっている「小売業の職場マネジメントに関するアンケート調査」を参照している。この調査では、職場管理者が職場メンバーの人材育成のために行っている活動を「仕事上の心構えを示す」、「企業の理念を教え込む」、「業務上の知識を提供する」など、23 個の選択肢を用いて詳細に尋ねている。これらの選択肢を参照に、職場管理者調査において、職場管理者が部下である社員を対象に行っている指導・支援について尋ねる質問を作成し（職場管理者の回答結果は第 7-7 図として掲載）、同じ選択肢を用いて、部下である社員に尋ねる質問としている。

第7-5図 所属部門の上司による能力開発に対する支援：上司の指導・支援に対する評価別

（複数回答、単位・%）

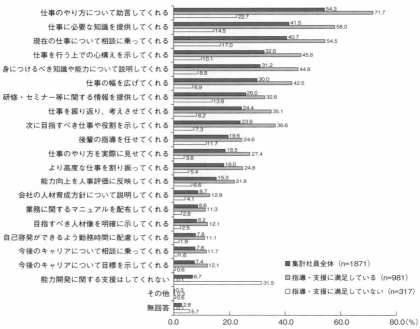

注. 1）集計社員全体には上司の指導・支援に関する質問に「どちらとも言えない」と回答した社員と、無回答だった社員も含まれている。
　　2）「能力開発に関する支援はしてくれない」、「その他」、「無回答」以外の項目は、集計社員全体において回答の割合が高かった項目から順に、上から掲示している。

に満足していない社員は、これらの上司の指導・支援を受けているという回答の割合が一桁のパーセントから最高でも 20% 台前半とごく低い。能力開発をめぐる上司との連携に満足していない社員は、職場管理者による主要な能力開発支援の活動を受ける機会がごく少ない社員だと見ることができる。

　上司である職場管理者の能力開発に対する指導・支援について、社員はどのような課題があると認識しているだろうか。所属部門の上司が行う能力開発の課題について社員に尋ねた結果を、集計社員全体、上司の指導・支援に満足している社員、満足していない社員に分けて集計し、**第 7-6 図**に示した。

第7-6図　所属部門の上司が行う能力開発の課題：上司の指導・支援に対する評価別

（複数回答、単位・％）

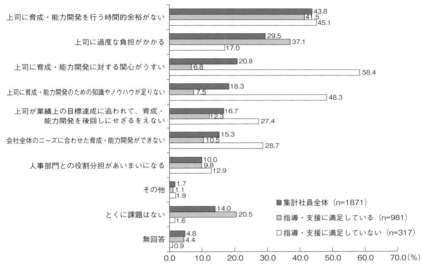

注. 1）集計社員全体には上司の指導・支援に関する質問に「どちらとも言えない」と回答した社員と、無回答だった社員も含まれている。
　　2）「その他」、「とくに課題はない」、「無回答」以外の項目は、集計社員全体において回答の割合が高かった項目から順に、上から掲示している。

　集計社員全体では、「上司に育成・能力開発を行う時間的余裕がない」を約4割の社員が、「上司に過度な負担がかかる」を約3割の社員が指摘しており、能力開発にかかる上司の労力の大きさに起因するともいえる課題が主に指摘されている。

　ただ、この課題についての回答は、上司の指導・支援に満足しているか否かで回答の傾向が大きく異なっている。傾向のちがいが顕著なのは「上司に育成・能力開発に対する関心がうすい」と「上司に育成・能力開発のための知識やノウハウが足りない」の2項目である。いずれも指導・支援に満足している社員では、回答の割合が10％未満にとどまるのに対し、指導・支援に満足していない社員では、「上司に育成・能力開発に対する関心がうすい」は58.4％が、「上司に育成・能力開発のための知識やノウハウが足りない」は48.3％が課題として挙げており、回答割合の高い上位2項目となってい

る。能力開発をめぐる上司との連携に満足していない社員にとって、上司は育成や能力開発を担うにふさわしい関心や知見をもたない存在としてとらえられていることがわかる。

そのほかの課題も指導・支援に満足していない社員での回答の割合がおおむね高くなっているが、唯一逆の回答傾向が見られるのが、「上司に過度な負担がかかる」である。この課題は指導・支援に満足している社員で4割近い回答があり、指導・支援に満足していない社員における回答割合の2倍以上となっている。上司との連携に満足している社員の中には、業務の遂行と能力開発を並行して行う上司にかかる負担に懸念を感じている社員が少なくないといえる。

また、集計社員全体での指摘が最も多かった「上司に育成・能力開発を行う時間的余裕がない」は、上司の指導・支援に対し満足している社員も満足していない社員も回答の割合が40%台で、ほとんど変わらない。指導・支援に満足していない社員は、上司が能力開発に十分な時間が割けていないととらえ、満足している社員は、業務遂行に関わる他の活動があるなかで育成・能力開発に注力しようと上司が苦慮しているととらえるなど、同じ時間的余裕がないという回答でもそこでの上司のとらえ方は異なっている可能性がある。しかし、能力開発をめぐる職場管理者と社員の連携の状況にもかかわらず、少なからぬ職場で能力開発にかける時間が課題となっていることをこの結果は示している。

2. 職場管理者側（上司）から見た支援活動の実状と課題

一方、職場管理者である上司は、能力開発をめぐる社員との連携、具体的には部下である社員に対する指導・支援の状況をどのように見ているか。

この点に関しては、すでに第3章で一部、関連する調査結果を取り上げている。第3章では職場管理者の能力開発をめぐる状況を概観するなかで社員との関係についても取り上げたが、**第3-10表**で部下である社員の能力開発に対する支援の取組みについての回答結果を整理している。**第7-7図**は**第3-10表**を図のかたちで再掲したものである。

なお社員調査の分析において、上司の指導・支援に対し満足しているか否

第 7-7 図　部下の能力開発に対する支援の取組み：能力開発支援についての自己評価別

（複数回答、単位・%）

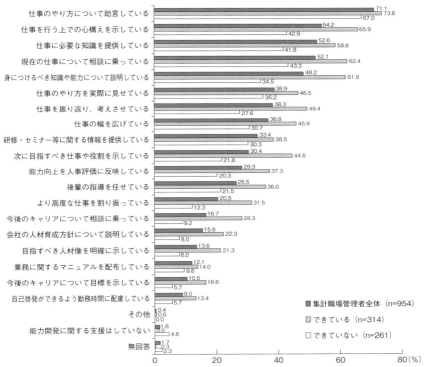

仕事のやり方について助言している　71.1／67.0／73.6
仕事を行う上での心構えを示している　54.2／42.9／65.9
仕事に必要な知識を提供している　52.6／41.8／58.6
現在の仕事について相談に乗っている　52.1／43.3／62.4
身につけるべき知識や能力について説明している　48.2／34.5／61.8
仕事のやり方を実際に見せている　38.9／35.2／46.5
仕事を振り返り、考えさせている　38.3／27.6／49.4
仕事の幅を広げている　36.8／30.7／45.9
研修・セミナー等に関する情報を提供している　33.4／30.3／38.5
次に目指すべき仕事や役割を示している　30.4／21.8／44.6
能力向上を人事評価に反映している　28.3／20.3／37.3
後輩の指導を任せている　26.5／21.5／36.0
より高度な仕事を割り振っている　20.5／12.3／31.5
今後のキャリアについて相談に乗っている　16.7／9.2／28.3
会社の人材育成方針について説明している　15.6／8.0／22.3
目指すべき人材像を明確に示している　13.6／8.0／21.3
業務に関するマニュアルを配布している　12.1／9.6／14.0
今後のキャリアについて目標を示している　10.5／5.7／16.6
自己啓発ができるよう勤務時間に配慮している　9.0／5.7／13.4
その他　0.4／0.6／0.0
能力開発に関する支援はしていない　1.6／1.0／4.6
無回答　1.7／0.3／2.3

■集計職場管理者全体（n=954）
▨できている（n=314）
□できていない（n=261）

注. 1）「できている」は部下の能力開発に対する支援が「十分にできている」または「ある程度できている」と回答した職場管理者を指し、「できていない」は部下の能力開発に対する支援が「あまりできていない」または「まったくできていない」と回答した職場管理者を指す。第 7-8 図においても同様。
　　2）集計職場管理者全体には、部下の能力開発に対する支援についての質問に「どちらとも言えない」と回答した職場管理者と、無回答だった職場管理者も含まれている。
　　3）「その他」、「能力開発に対する支援はしていない」、「無回答」以外の項目は、回答職場管理者全体において回答の割合が高かった項目から順に、上から掲示している。

かを連携がうまくいっているか否かの指標として用いたのと同様に、職場管理者調査の分析においては、部下の能力開発の支援についての職場管理者の自己評価に、部下である社員との連携状況が反映されていると考え、連携がうまくいっているか否かの指標として用いる。この自己評価について、集計職場管理者全体での回答の分布は、「十分にできている」が 1.0%、「ある程度できている」が 31.9%、「どちらとも言えない」が 38.7%、「あまりできて

いない」が24.2％、「まったくできていない」が3.1％となっている（n＝954、無回答1.0％）。

第7-7図によると、集計職場管理者全体では、部下の能力開発に対する支援の取組みとして、「仕事のやり方について助言している」（71.1％）、「仕事を行う上での心構えを示している」（54.2％）、「仕事に必要な知識を提供している」（52.6％）、「現在の仕事について相談に乗っている」（52.1％）といったことを実施しているという回答が比較的多く、助言や相談対応、知識面や心理面での支援が、部下支援の中心的な活動であるといえる。

部下の能力開発に対する支援ができているという職場管理者と、できていないという職場管理者を比較すると、「身につけるべき知識や能力について説明している」（差は27.3ポイント、以下同様）、「仕事を行う上での心構えを示している」（23.0ポイント）、「次に目指すべき仕事や役割を示している」（22.8ポイント）、「仕事を振り返り、考えさせている」（21.8ポイント）といった取組みは、回答割合の差が20ポイント以上あり、いずれも支援ができているという職場管理者の回答割合のほうが高い。これら回答の割合に顕著な差が見られる項目からは、支援ができていないという職場管理者が、知識面や心理面での支援といった職場管理者による主要な支援活動に取り組む傾向が弱いことと同時に、支援ができているという職場管理者においては、部下に対する方向性の示唆や部下の振り返りを促すといった取組みが、主要な支援活動とともに実施されていることがわかる。

次に、職場管理者が部下の能力開発支援を行ううえでの課題をどのようにとらえているかを見ていく。（第7-8図）。回答した職場管理者全体では「育成・能力開発を行う時間的余裕がない」と「育成・能力開発のための知識やノウハウが足りない」がともに40％以上の職場管理者から課題として挙げられており、他の事項に比べて回答の割合が高い。

また、「育成・能力開発を行う時間的余裕がない」と「育成・能力開発のための知識やノウハウが足りない」は、部下の能力開発に対する支援ができていない職場管理者ではさらに指摘する割合が高くなっており、いずれも6割近くに達している。部下の能力開発に対する支援ができている職場管理者では、できていない職場管理者に比べて回答の割合がかなり低下するが、そ

第 7-8 図　能力開発支援を行ううえでの課題：能力開発支援についての自己評価別

(複数回答、単位・%)

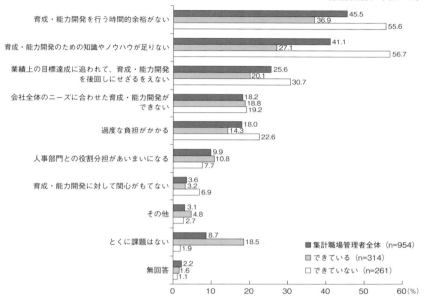

注. 1) 集計職場管理者全体には、部下の能力開発に対する支援についての質問に「どちらとも言えない」と回答した職場管理者と、無回答だった職場管理者も含まれている。
　　2) 「その他」、「とくに課題はない」、「無回答」以外の項目は、回答社員全体において回答の割合が高かった項目から順に、上から掲示している。

れでも「育成・能力開発を行う時間的余裕がない」は 36.9%、「育成・能力開発のための知識やノウハウが足りない」は 27.1% の職場管理者が課題として挙げており、指摘の多い上位 2 項目となっている。

　ところで社員と職場管理者のあいだで、職場での能力開発における課題の認識にちがいは見られるだろうか。ともに連携に問題があると評価していると見られる、上司の指導・支援に満足していないという社員と、部下の能力開発に対する支援ができていないという職場管理者の課題についての回答を比べた（**第 7-9 図**）。

　「育成・能力開発を行う時間的余裕がない」と「育成・能力開発のための知識やノウハウが足りない」は、上司（職場管理者）と部下（社員）で回答

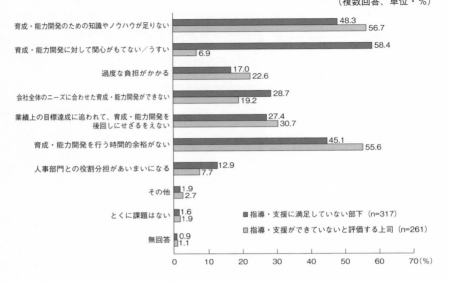

第 7-9 図　能力開発支援を行ううえでの課題：職場管理者と社員の認識

（複数回答、単位・%）

項目	指導・支援に満足していない部下 (n=317)	指導・支援ができていないと評価する上司 (n=261)
育成・能力開発のための知識やノウハウが足りない	48.3	56.7
育成・能力開発に対して関心がもてない／うすい	58.4	6.9
過度な負担がかかる	17.0	22.6
会社全体のニーズに合わせた育成・能力開発ができない	28.7	19.2
業績上の目標達成に追われて、育成・能力開発を後回しにせざるをえない	27.4	30.7
育成・能力開発を行う時間的余裕がない	45.1	55.6
人事部門との役割分担があいまいになる	12.9	7.7
その他	1.9	2.7
とくに課題はない	1.6	1.9
無回答	0.9	1.1

の割合に差は見られるものの、他の事項と比べて課題として認識されやすい傾向にある点は変わらない。これらに次いで上司、部下ともに認識されやすい傾向にあるのが「業績上の目標達成に追われて、育成・能力開発を後回しにせざるをえない」である。一方で、「育成・能力開発に対して関心がもてない／うすい」は、上司の指導・支援に満足していない社員では回答の割合が 58.4% と全事項中最も高くなっているが、指導・支援がうまくできていないという職場管理者では 6.9% が挙げるに過ぎない。職場管理者の多くは、部下の能力開発をないがしろにしてはいないが、部下はそうした姿勢を感じ取っていないことが多いというギャップを明らかにするとともに、そうしたギャップを上司側が認識できずに、部下との連携の改善ができないという可能性を示唆する結果である。

第 4 節　時間不足と知識・ノウハウの不足〜職場における 能力開発支援の課題

　前節では、社員と職場管理者という、職場における能力開発の当事者たち が課題に感じている点を確認した。その結果、能力開発を行う時間的余裕が ないという点は、社員・職場管理者ともに課題として挙げる傾向があること がわかった。また、能力開発のための知識やノウハウが足りないという点 も、職場管理者は能力開発を行う時間的余裕がないことと同様に課題として 挙げる傾向が強く、社員の中でも上司との連携がうまくいっていないと見ら れる上司の指導・支援に満足していない社員では、課題として指摘されるこ とが目立って多いことが明らかとなった。

　本節では、職場管理者が抱え、社員側からも指摘されることが多い二つの 課題、すなわち時間不足と知識・ノウハウの不足について、それらが能力開 発支援とどのように結びついているのかを明らかにしていく。また、それぞ れの課題の背景に関わる分析を併せて行う。

1．時間不足の課題をめぐる状況

(1) 時間不足の職場管理者による能力開発支援

　部下の能力開発支援を行う時間的余裕がないという職場管理者が、部下の 能力開発を支援するために行っている活動には、どのような特徴が見られる のか。**第 7-10 図**は、部下の能力開発支援を行ううえでの課題として「育 成・能力開発を行う時間的余裕がない」を挙げた職場管理者とそうではない 職場管理者の別に、部下に対して行っている能力開発支援の内容を集計した ものである。

　能力開発を行う時間的余裕がない職場管理者と、そうではない職場管理者 の回答割合を対象にカイ二乗検定を行った結果、統計的に有意な差が見られ たのは「身につけるべき知識や能力について説明している」、「仕事のやり方 について助言している」、「現在の仕事について相談に乗っている」の三つの 事項であったが、いずれも能力開発を行う時間的余裕がない職場管理者のほ うが回答の割合が高くなっている。そのほかの事項の回答割合を見ても、時

第7-10図　職場管理者が部下に行った能力開発支援の内容：「育成・能力開発を行う時間的余裕がない」という課題の有無別

(複数回答、単位・%)

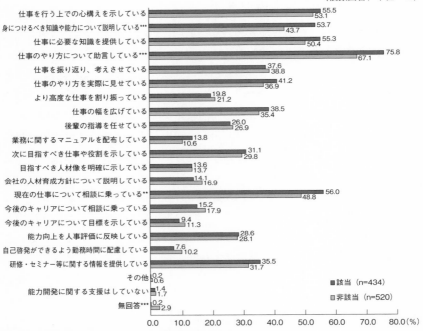

仕事を行う上での心構えを示している　55.5 / 53.1
身につけるべき知識や能力について説明している*** 53.7 / 43.7
仕事に必要な知識を提供している　55.3 / 50.4
仕事のやり方について助言している*** 75.8 / 67.1
仕事を振り返り、考えさせている　37.6 / 38.8
仕事のやり方を実際に見せている　41.2 / 36.9
より高度な仕事を割り振っている　19.8 / 21.2
仕事の幅を広げている　38.5 / 35.4
後輩の指導を任せている　26.0 / 26.9
業務に関するマニュアルを配布している　13.8 / 10.6
次に目指すべき仕事や役割を示している　31.1 / 29.8
目指すべき人材像を明確に示している　13.6 / 13.7
会社の人材育成方針について説明している　14.1 / 16.9
現在の仕事について相談に乗っている** 56.0 / 48.8
今後のキャリアについて相談に乗っている　15.2 / 17.9
今後のキャリアについて目標を示している　9.4 / 11.3
能力向上を人事評価に反映している　28.6 / 28.1
自己啓発ができるよう勤務時間に配慮している　7.6 / 10.2
研修・セミナー等に関する情報を提供している　35.5 / 31.7
その他　0.2 / 0.6
能力開発に関する支援はしていない　1.4 / 1.7
無回答*** 0.2 / 2.9

■該当 (n=434)
□非該当 (n=520)

0.0　10.0　20.0　30.0　40.0　50.0　60.0　70.0　80.0(%)

注. 1) 職場管理者調査に回答した 954 人の職場管理者の回答を集計。
　　2) 「該当」は部下の能力開発を行ううえでの課題として「育成・能力開発を行う時間的余裕がない」を挙げた職場管理者。「非該当」は同事項を挙げなかった職場管理者で、「非該当」にはいずれの選択肢にも回答しなかった職場管理者も含めている。第 7-1 表、第 7-12 図においても同様。
　　3) ***は 1% 水準、**は 5% 水準で統計的に有意であることを示す（カイ二乗検定）。

間的余裕がないか否かによる差がほとんど見られないか、時間的余裕がない職場管理者のほうが回答割合の高い事項が多い。

　以上の回答結果からは、能力開発を行う時間的余裕がない職場管理者は、そうした課題に直面していない職場管理者と比べて、部下の能力開発に対する支援に取り組む傾向が弱いとはいえない。むしろ支援の取組みの中には、時間的余裕のない職場管理者のほうがより積極的に行っているものもある。こうした状況を踏まえると、能力開発支援に係る時間不足の問題は、部下の能力開発支援により積極的に取り組む職場管理者が、より積極的に取り組むがゆえに直面する問題ともとらえることができる。

(2) 能力開発支援への時間配分

ところで職場管理者は、部下である社員の能力開発にかける時間について
どのように考えているか。また、実際に自分の仕事時間のうちのどの程度を
部下の能力開発に回すことができているか。

第 7-11 図は、職場管理者の業務時間全体を 100 とした場合の調査の前月
1 カ月間の時間配分（「実際の時間配分」）と、管理する職場の業績を向上さ
せるうえで望ましいと自身が考える時間配分（「望ましい時間配分」）のそれ
ぞれについて、回答の平均値を集計したものである。時間配分についての項
目は、「予算管理・職場管理・人事管理等の管理業務」、「職場の一員として
の担当業務（管理業務以外の専門業務等）」、「社内・社外の打ち合わせ・会
議」、「職場メンバーの指導・育成」、「その他」の 5 項目である。時間配分に
関する値は、ここでは割合（％）を示すものとして扱う。

実際の時間配分を見ると、「職場の一員としての担当業務（管理業務以外
の専門業務等）」への時間配分率が 36.5％ で最も高く、次いで「予算管理・
職場管理・人事管理等の管理業務」（23.3％）、「社内・社外の打ち合わせ・
会議」（21.1％）の順となる。一方で望ましい時間配分を見ると、「職場の一
員としての担当業務（管理業務以外の専門業務等）」が 27.8％、「予算管理・
職場管理・人事管理等の管理業務」が 26.7％、「職場メンバーの指導・育成」
が 21.9％ となっている。「職場メンバーの指導・育成」への望ましい時間配
分率は、実際の時間配分率よりも 9.8 ポイント高い。反対に「職場の一員と

第 7-11 図　職場管理者の 1 カ月間の実際の時間配分と望ましい時間配分

（単位・％）

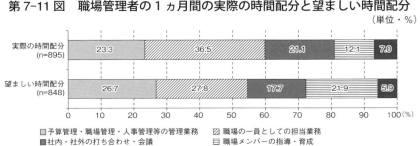

注. 「実際の時間配分」、「望ましい時間配分」のいずれについても、無回答の職場管理者は除いて集計。

217

第7-1表　職場メンバーの指導・育成への実際の時間配分と望ましい時間配分・平均値：「育成・能力開発を行う時間的余裕がない」という課題の有無別

（単位・%）

	実際の時間配分	望ましい時間配分	実際の時間配分ー望ましい時間配分
該当	11.41	21.98	−10.57
非該当	12.68	21.92	−9.24

注.「実際の時間配分」、「望ましい時間配分」のいずれについても、無回答の職場管理者は除いて集計。

しての担当業務（管理業務以外の専門業務等）」では、望ましい時間配分率が、実際の時間配分率よりも 8.7 ポイント低い。

　以上の結果から、職場管理者は、部下への能力開発支援に、より時間をとりたいと考えていることがわかる。こうした望ましい時間配分は、「職場の業績を向上させる」ために必要だと上司が考えている点に注目する必要があるだろう。換言すれば、上司が部下への能力開発支援について時間をとることができない現状は、職場の業績に対してよくない影響を与えているということである。

　第7-1表は「育成・能力開発を行う時間的余裕がない」という課題を挙げた職場管理者と、そうではない職場管理者の、職場メンバーの指導・育成への実際の時間配分と望ましい時間配分の平均値を比較したものである。時間的余裕がないという職場管理者のほうがそうでない職場管理者と比べて、実際の時間配分と望ましい時間配分との差がやや大きいものの、実際の時間配分、望ましい時間配分ともに大きなちがいは見られない。

(3) 時間不足の課題と職場の状況

　能力開発を行う時間的余裕がないという職場管理者が望む時間配分が他の職場管理者とさほど変わらないのだとすれば、時間的余裕のなさを感じさせる要因は何か。それを探るために、自身が管理する職場の状況についての職場管理者の回答を、育成・能力開発を行う時間的余裕がないという管理者と、そうではない管理者に分けて集計し、各選択肢の回答割合についてカイ二乗検定を行った（**第7-12図**）。

　能力開発を行う時間的余裕がないという職場管理者と、そうではない職場

第7-12図　管理している職場の状況：「育成・能力開発を行う時間的余裕がない」という課題の有無別

（複数回答、単位・％）

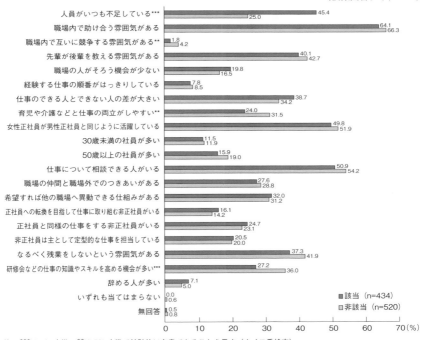

注．　***は1％水準、**は5％水準で統計的に有意であることを示す（カイ二乗検定）。

　管理者のあいだで回答割合に統計的に有意な差があったのは、「人員がいつも不足している」、「職場内で互いに競争する雰囲気がある」、「育児や介護などと仕事の両立がしやすい」、「研修会などの仕事の知識やスキルを高める機会が多い」の四つである。このうち能力開発を行う時間的余裕がないという職場管理者のほうが回答の割合が高かったのは「人員がいつも不足している」のみであり、あとの3項目は育成・能力開発を行う時間的余裕がないという課題を指摘していない職場管理者のほうが高かった。「人員がいつも不足している」は、能力開発を行う時間的余裕がないという職場管理者のほうが20ポイント以上高く、回答割合も45.4％に達している。

　以上の結果からは、能力開発を行う時間的余裕がないと職場管理者が指摘

する背景には、管理している職場の人員不足がある可能性が高いと考えられる。能力開発支援の取組みの傾向や、職場メンバーの能力開発への時間配分の傾向を踏まえると、人員不足という問題を抱えながらも、部下である社員の能力開発支援を停滞させることなく取り組もうとしている職場管理者が、時間的余裕のなさを強く感じ、課題視しているという状況が浮かび上がってくる。

2. 知識・ノウハウの不足の課題をめぐる状況

(1) 知識・ノウハウが不足する職場管理者による能力開発支援

　第7-13図は、部下の能力開発を行ううえでの課題として「育成・能力開発のための知識やノウハウが足りない」を挙げた職場管理者とそうではない職場管理者の別に、上司が部下に対して行った能力開発支援の内容を集計したものである。

　カイ二乗検定の結果、能力開発のための知識やノウハウが足りないという職場管理者とそうでない職場管理者とのあいだで回答割合に統計的に有意な差が見られたのは、「身につけるべき知識や能力について説明している」、「仕事に必要な知識を提供している」、「より高度な仕事を割り振っている」、「業務に関するマニュアルを配布している」、「目指すべき人材像を明確に示している」、「今後のキャリアについて相談に乗っている」の六つであった。このうち「業務に関するマニュアルを配布している」を除く五つの項目について、能力開発のための知識やノウハウが足りないという職場管理者の回答割合のほうが低い。統計的に有意な差のあったすべての項目について、課題を指摘する職場管理者における回答割合のほうが高かった、時間不足の課題とは対照的である。

　「身につけるべき知識や能力について説明している」、「仕事に必要な知識を提供している」の2項目にはいずれも「知識」という言葉が含まれている。知識やノウハウが足りないとする職場管理者の認識が、部下への能力開発支援の内容にそのまま反映された結果、回答割合がより低くなっていると見ることができる。より高度な仕事を割り振ることや目指すべき人材像を明確にすること、今後のキャリアについて相談に乗ることは、職場管理者のあ

第7-13図　職場管理者が部下に行った能力開発支援の内容：「育成・能力開発のための知識やノウハウが足りない」という課題の有無別
（複数回答、単位・%）

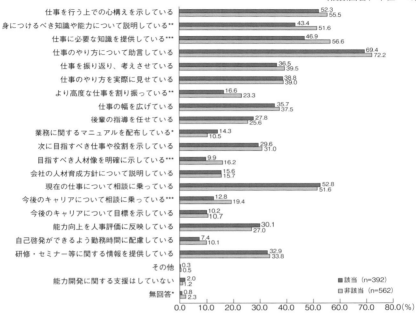

注． 1）職場管理者調査に回答した954人の職場管理者の回答を集計。
　　 2）「該当」は部下の能力開発を行ううえでの課題として「育成・能力開発のための知識やノウハウが足りない」を挙げた職場管理者。「非該当」は同事項を挙げなかった職場管理者で、「非該当」にはいずれの選択肢にも回答しなかった職場管理者も含めている。第7-14図、第7-15図においても同様。
　　 3）***は1%水準、**は5%水準、*は10%水準で統計的に有意であることを示す（カイ二乗検定）。

いだでは他の取組みに比べ知識やノウハウがないと難しいととらえられており、知識やノウハウが足りないとする職場管理者で実施する割合がより低いのではないかと考えられる。業務に関するマニュアルの配布について、能力開発のための知識やノウハウが足りないという職場管理者の回答割合のほうがより高かったのは、知識・ノウハウの不足を補うためにマニュアルに依存する傾向がより強いことを示しているのかもしれない。

(2) 知識・ノウハウの不足と管理者経験

　部下の能力開発支援についての知識・ノウハウ不足は何が要因になってい

第7-2表 「能力開発のための知識やノウハウが足りない」と回答した職場管理者の割合：職場管理者になった年別

（単位・%）

現在の勤務先で課長職になった時期	n	割合	現在の職場の管理者になった時期	n	割合
2005年以前	193	39.4	2005年以前	68	36.8
2006〜2010年	220	41.4	2006〜2010年	158	35.4
2011〜2012年	121	42.1	2011〜2012年	141	35.5
2013〜2014年	140	42.1	2013〜2014年	273	45.8
2015年	107	51.4	2015年	249	45.4
入社時から課長職以上	159	34.6			

注．「現在の会社で課長職に昇進・昇格した時期」、「現在の職場で管理者になった時期」のそれぞれについて無回答の職場管理者は除いて集計。

るか。**第7-2表**の左側は、現在の会社で課長職（格付上の課長相当職を含む）に昇進・昇格した時期別に、部下の能力開発を行ううえでの課題として「育成・能力開発のための知識やノウハウが足りない」を挙げた職場管理者の割合を集計したものである。また右側は現在の職場で職場管理者となった時期別に、左側と同様の集計を行ったものである。時期区分について、「2015年」の上司はおよそ1年、「2013〜14年」は2〜3年、「2011〜12年」は4〜5年、「2006〜10年」は6〜10年、「2005年以前」は10年以上の管理者としての経験がある職場管理者に相当する。

　課長職に昇進・昇格した時期別に見ると、2015年に昇進・昇格した職場管理者で「育成・能力開発のための知識やノウハウが足りない」とする回答割合が最も高い（51.4％）。また、現在の職場で職場管理者になった時期別に見ると、2013〜2014年に職場管理者になったという職場管理者での回答割合が45.8％、2015年に職場管理者になった職場管理者で45.4％と、現在の職場での職場管理者経験が4年以上の職場管理者よりも回答割合が高くなっている。部下の能力開発支援についての知識やノウハウの足りなさの問題は、会社や職場での管理者としての経験が浅い職場管理者においてとくに課題となっていることがわかる。

(3) 知識・ノウハウの不足と職場管理者の能力開発機会

　知識・ノウハウの不足の要因として、経験の不足とともに考えられるの

は、教育訓練をはじめとする能力開発機会の不足である。そこで、調査前の1年間に、会社の指示で受けた Off-JT についての回答（**第 7-14 図**）と、同じ期間に実施した仕事に関わる自己啓発についての回答（**第 7-15 図**）を、能力開発のための知識やノウハウが足りないという職場管理者とそうでない職場管理者の別に集計した。

　Off-JT については、カイ二乗検定の結果、「仕事に関連する専門的知識」と「コンプライアンス」を受けたという割合に統計的に有意な差が認められた。しかし、「仕事に関連する専門的知識」は、能力開発のための知識やノウハウが足りないという職場管理者のほうが受けたという割合が高かった。また「教育訓練は受けていない」という回答の割合は、能力開発のための知

第 7-14 図　調査前 1 年間に受けた Off-JT の内容：「育成・能力開発のための知識やノウハウが足りない」という課題の有無別

（複数回答、単位・%）

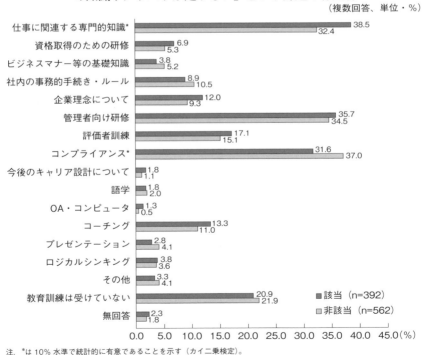

注．＊は 10% 水準で統計的に有意であることを示す（カイ二乗検定）。

第7-15図　調査前1年間に実施した自己啓発の内容：「育成・能力開発の
ための知識やノウハウが足りない」という課題の有無別

（複数回答、単位・%）

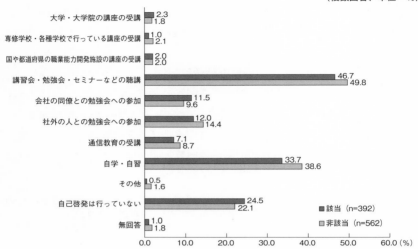

識やノウハウが足りないという職場管理者とそうでない職場管理者で、ほと
んど差がなかった。

　自己啓発についての回答は、カイ二乗検定の結果、能力開発のための知識
やノウハウが足りないという職場管理者とそうでない職場管理者の回答割合
に、統計的に有意な差が見られた項目はなかった。また、Off-JT と同じく、
受けていないという回答の割合にも差が見られなかった。以上の回答結果を
踏まえると、能力開発のための知識やノウハウが足りないという職場管理者
の Off-JT の機会が、課題を指摘しない職場管理者に比べて目立って少ない
とはいえない。

　職場管理者調査では、調査前1年間の Off-JT、自己啓発の状況しかとら
えられていないので、留意が必要ではあるが、管理職経験と知識・ノウハウ
不足を指摘する職場管理者の割合との関係を踏まえると、部下の能力開発の
ための知識やノウハウの習得には、職場管理者として部下の能力開発を経験
することが、Off-JT、自己啓発を経験することよりも貢献する可能性が高
い。そうであれば能力開発に使うことができる時間が不足するという問題

が、能力開発のための知識やノウハウの不足につながることも考えられる。

▎第 5 節　小括

　本章では、社員の能力開発と上司である職場管理者の能力開発支援との関係、ならびに職場管理者の能力開発支援の現状と課題を分析した。以下、分析から得られた知見について整理し、その含意について考えたい。

　第 1 に、自身の仕事に関する能力を高めるために役立つと考えることについて社員に尋ねてみると、「上司から、仕事上の指導や助言を受けること」という回答が最も多く、以下、回答の多い順に「担当する仕事の範囲や幅が広がること」、「上司や同僚の仕事のやり方を見て学ぶこと」と続く。これらの回答からは、社員が、自身の仕事に関する能力を高めるにあたって、上司や上司による仕事の配分を重視していることがわかる。しかし、これらの項目の回答割合は、上司の指導・支援に満足していない社員では目立って低下する。上司の指導・支援に満足していない社員は、上司との連携がうまくいっていない社員とみなすことができるが、社員が仕事に関する能力を高めるうえで上司の存在が大きいがゆえに、上司との連携がうまくいかない社員のうち少なくない社員が、仕事に関する能力を高める機会を失っていると見ることができる。

　第 2 に能力開発意欲について、上司の指導・支援に満足している社員と満足していない社員を比べると、「今の仕事のために」、「現在の会社での昇進・昇格のために」仕事に関する能力や知識を高めたいという割合は、満足していない社員でいずれも 10 ポイント以上低くなる。ただ、上司の指導・支援に満足していない社員でも「今の仕事のために」高めたいという社員が約 8 割、「現在の会社での昇進・昇格のために」高めたいという社員が 5 割弱いる点は見過ごすことができない。上司との連携に満足できない状況においても、能力開発意欲のある社員が多数を占めるか少なからずいるという状況であるだけに、連携がうまくいかず能力開発機会が相対的に少なくなっていることは問題である。

　第 3 に社員が職場管理者から受けている能力開発支援は、①仕事のやり方

に関わる指導や相談への対応、②仕事に必要な知識に関する支援、③仕事に臨むうえでの姿勢に関わる指導・支援が、主な内容である。ただ、上司の指導や支援に満足している社員と満足していない社員では、受けている支援の内容にはっきりとした傾向のちがいがあり、能力開発をめぐる上司との連携に満足していない社員は、職場管理者による主要な能力開発支援の活動を受ける機会がごく少ない社員だと見ることができる。

　第4に既存の研究であまり着目されてこなかった職場での能力開発における課題に関し、社員から指摘が多かったのは、「上司に育成・能力開発を行う時間的余裕がない」、「上司に過度な負担がかかる」といった、能力開発にかかる上司の労力の大きさに起因するともいえる課題である。課題についての認識も上司の指導・支援に満足しているか否かによるちがいが大きく、指導・支援に満足していない社員では、満足している社員では指摘が10％未満にとどまる「上司に育成・能力開発に対する関心がうすい」と「上司に育成・能力開発のための知識やノウハウが足りない」の回答の割合が40〜50％台に達する。能力開発をめぐる上司との連携に満足していない社員にとって、上司は能力開発を担うにふさわしい関心や知見をもたない存在としてとらえられている。

　第5に上司である職場管理者から職場における能力開発支援活動をとらえた場合、中心的な活動は、社員同様、助言や相談対応、知識面や心理面での支援と認識されている。ただ、部下の能力開発に対する支援ができていないという職場管理者では、これら中心的な活動に取り組む傾向が弱い。一方で、支援ができているという職場管理者においては、部下に対する方向性の示唆や部下の振り返りを促すといった取組みが、主要な支援活動とともに実施されている。また、職場管理者から見て能力開発支援の課題として認識されやすいのは、「育成・能力開発を行う時間的余裕がない」、「育成・能力開発のための知識やノウハウが足りない」という点である。この2点が課題として認識されやすいのは社員においても同様であるが、上司の指導・支援に満足していない社員の約6割が課題として挙げる「育成・能力開発に対して上司の関心がうすい」という点を、関心がもてないというかたちで自覚している職場管理者は、部下の支援がうまくいっていないという職場管理者でも

約 7% にとどまる。このギャップは上司・部下の連携の改善をはばむ可能性がある。

　第 6 に多くの職場管理者が直面している能力開発支援に関わる時間不足という課題について、この点を課題視している職場管理者は、課題視していない職場管理者に比べて、部下の能力開発に対する支援に取り組む傾向が弱いとはいえない。ただ、時間不足を課題とする職場管理者は、自らの管理する職場において人員不足の問題に直面している傾向がより強い。人員不足という問題を抱えながらも、部下である社員の能力開発支援を停滞させることなく取り組もうとしている職場管理者が、時間的余裕のなさを強く感じ、課題視していると考えられる。

　第 7 に多くの職場管理者が直面しているもう一つの課題である、能力開発のための知識・ノウハウの不足に関して、こうした課題を挙げる職場管理者は、仕事上必要な知識の提供やその知識がなぜ必要なのかを説明するといった支援を行う傾向が弱い。また知識・ノウハウ不足という課題は、会社や職場での管理者としての経験が浅い職場管理者において、課題として感じられる傾向がより強い。しかし、Off-JT や自己啓発といった能力開発機会の多寡とは関わっていない可能性が高い。これらの点を踏まえると、部下の能力開発のための知識やノウハウの習得には、職場管理者として部下の能力開発を経験することが、Off-JT、自己啓発よりも貢献すると考えられる。そうであれば能力開発に使うことができる時間が不足するという問題が、能力開発のための知識やノウハウの不足につながることも懸念される。

　以上の知見が示しているのは、社員の能力開発において、上司である職場管理者の活動は重要な役割を果たしているものの、職場管理者は時間や知識・ノウハウの不足といった理由で、部下である社員と十分な連携ができない事態が起こりうること、また職場管理者による能力開発支援の不足は、部下である社員の側からは、自らの能力開発に対する上司の関心のうすさとしてとらえられる可能性があり、そのことは上司に対する信頼を低下させることにつながりうることである。

　したがって能力開発をめぐる職場管理者と社員の連携を進め、社員にとって能力開発支援が十分に行われるようにするには、時間不足やノウハウ不足

を克服することが必要となるが、これらの課題を職場管理者のみで克服することは難しい。時間不足に関しては、総じて多忙で部下の能力開発に時間をかけられない傾向にある職場管理者を、能力開発活動において支援するための会社による取組みや、そうした取組みを職場管理者が実感できる企業・人事部門とのコミュニケーション、あるいは能力開発により時間をかけられるような業務遂行体制を企業と各部署とが協力して構築するなど、随所で企業と職場管理者との連携が求められよう。ノウハウ不足に関しても、経験の浅い職場管理者を中心的な対象として、企業が組織的に対応していく必要がある。

職種特性に応じた能力開発の マネジメント
―ホワイトカラー職種における検討―

高見　具広

第 1 節　はじめに

　本章では、企業に勤めるホワイトカラー社員の能力開発について議論する。とくに、就いている職種によって、能力開発に適した方法が異なることに着目し、能力開発を支援するマネジメントのあり方を検討する。

　能力開発の方法は、大きく、仕事をこなすなかでの技能形成（OJT）と、仕事の場を離れた能力開発に分けられる。後者には、企業が指示する研修等の受講（Off-JT）、企業や職場の指示によらない自主的な学習（自己啓発）の両者が含まれる。いうまでもなく、企業における人材育成の基本は OJTにあり、ホワイトカラー社員でも変わりはない[1]。マネジメントとしては、OJT を効果的に進めるために、仕事の割り振りや配置、ローテーションなどに気を配る必要がある。これに対し、Off-JT や自己啓発では、能力開発のための要員管理や時間管理などが重要になろう。とりわけ、自己啓発については、時間的制約が実施上の大きな課題となっている[2]。

　なお、能力開発実施上の課題や支援策を考えるにあたっては、当人や就いている業務に「能力開発のニーズ」がどのくらいあるのかに留意する必要がある。能力開発のニーズが乏しいところには、課題も支援の必要性も生じにくいからである。例えば、特段の知識・技能を要しない定型業務など、能力開発の必要性を（企業・社員が）感じられない場合、能力開発をめぐる問題は全く別のものとなる[3]。実証上、能力開発実施における課題を考えるにあ

1　小池編（1991）、小池（1997）など参照。小池（1997）によれば、ホワイトカラーの技量の核心は、不確実性をこなすノウハウにある。この技量は、主に企業内の OJT によって形成されるとする。

2　厚生労働省『令和 4 年度 能力開発基本調査』の結果によると、自己啓発の問題点に関し、正社員では 83.6% の者が問題を感じており、具体的な問題点を見ると、「仕事が忙しくて自己啓発の余裕がない」という回答が 58.5% で最も多い（厚生労働省 2023）。

たっては、「能力開発が必要なところに、十分な能力開発機会が開かれているか」が問われるべきといえるだろう[4]。

　では、どのような方法での能力開発が望ましいのか。それは、当然のことながら、仕事の種類によって大きく異なると考えられる。生産労働者とホワイトカラー労働者で異なることはもちろん、同じホワイトカラー職種の中で見ても一律ではなく、有効な能力開発方法には仕事の性質に応じた多様性が見られよう。この点の明示的な検討は、これまで十分なされてこなかった[5]。ただ、一般的に考えて、決められた範囲の仕事を着実に進めるような業務では、上司から日々指導・助言を受けながら業務をこなすこと自体が、何よりも能力向上に寄与するだろう。これに対し、専門的知識をもって自律的に進めることが求められる業務や、最新の知識へのキャッチアップが常に求められる業務では、日々の OJT のみでは能力開発として不十分と考えられる[6]。目の前の仕事を離れたところで、専門的知識を身につけるための学習機会が求められるからだ[7]。それは、会社が指示する研修を受講することで満たされる場合もあるが、就業時間外に自ら進んで学習することが有効な場合もあるだろう。

　このように、ホワイトカラー職種にかぎっても、能力開発に有効な方法

3　高見（2012a）では、技能レベルの低い仕事に就いている場合、Off-JT および自己啓発の実施が少ないことを検討した。そして、とくに自己啓発が行われにくい背景として、「自己啓発の必要性を感じない」仕事であることにフォーカスした。こうした仕事の場合は、能力開発を「行えない」ことが問題というより、能力開発の「意味（必要性）を感じられない」ところに問題の中心があり、従業員の能力の最大発揮を求める観点からは、業務のステップを作る、キャリアを見通せるようにするなどの工夫が求められよう。

4　藤本編著（2014）では、主にサービス業の専門的職種について、「（そもそも）スキルアップが強く求められる仕事か」、「自ら学習してスキルを身につける必要があるか」という観点から、自己啓発ニーズを検討しているが、本章で用いる調査の対象は、企業内のホワイトカラー労働者が中心で、分析対象がやや異なる。なお、ホワイトカラーにおける能力開発ニーズについては、資格取得の必要性からの切り口もあるが（今野・下田 1995 など参照）、本章ではとくに議論しない。

5　小池（1991）のように、ホワイトカラーの能力開発について、技術者、営業分野、総合職、銀行など、細かな職種・業種別に、きき取り調査にもとづいて丁寧に検討した例もある。

6　三輪（2011）が検討対象とした「知識労働者」がこれにあたるだろう。三輪は、知識労働者について、「特定の職種や仕事を指す概念ではなく、高度な知識や思考が必要となる仕事、あるいは知識の活用の優劣が成果を大きく左右する仕事に従事している者を示す概念」とし（三輪 2011：21）、ソフトウェア技術者とコンサルタントを対象に、そのキャリア志向、自律的な学習行動を考察している。

は、仕事の種類によって多様であると考えられる。そして、とくに就業時間外に自ら能力開発を行うことが求められる仕事の場合、企業・上司として社員・部下の能力開発をどのように支援するかは難しい課題である。講座のメニューを提示するなど、直接支援できる部分もあるが、あくまで当人の自発性や意欲に任されている部分が大きいからだ。この点、部下・社員が能力開発を行いやすいよう、時間面・金銭面などで支援する方向が重要だろう。本章ではとくに時間面の支援のあり方を考察したい。

　以上の問題意識を踏まえ、本章では、ホワイトカラー職種を対象に、仕事の種類によって能力開発に適した方法が異なることを検討する。そして能力開発をめぐるマネジメントのあり方を考察する。

▎第 2 節　仕事の性質と求められる資質・能力

　まず、回答者の職種を大まかに分類し、仕事の性質を確認することから始めよう。調査データの性質を踏まえれば[8]、回答者が企業内で就いている職種は、同じホワイトカラー職種のうちでも、「事務系の職種[9]」、「営業・販売系の職種」、「企画・開発系の職種[10]」の大きく三つに分けられる[11]（**第**

7　本章では直接の検討対象とはしないが、その仕事におけるキャリア形成のあり方によっても、能力開発の方法にちがいが生じよう。例えば、佐藤（2011）は、内部労働市場（ILM）型のキャリアに対して、職業別労働市場（OLM）型のキャリアを対置し、後者では、技能形成が企業の外部にある職種特有の訓練プログラムに沿って行われるとする。そして、中小サービス業に勤める者を対象に、OLM 的キャリアの特徴を検討し、OLM タイプの者のほうが、勤務先での Off-JT に多く参加するとともに要望も多くもっており、また自己啓発も含め能力開発意欲が高く、現状の会社の能力開発支援に対して課題も多く感じているとする。三輪（2011）においても、自律的なキャリア志向が自律的な学習行動と関連をもっていることが示される。このように、キャリア志向と能力開発とをめぐる論点は重要であるが、本章の範囲を超えるため、今後の課題としたい。

8　第 1 章で説明しているように、本書で用いている『企業内の育成・能力開発、キャリア管理に関する調査』は、従業員規模 300 人以上の企業を調査対象とし（企業調査）、同時に企業をつうじ、該当する職場（職場管理者）とそこに勤める社員（正社員）を対象に調査票を配布してもらう設計をとっている（職場管理者調査、社員調査）。このうち、企業から職場に調査票を配布する際には、3 種類の職場にそれぞれ 1 票ずつ配布するよう依頼している。それぞれ「総務、経理・財務、人事、法務、広報・秘書部門」（職場 A）、「営業・販売、購買・物流、サービス提供部門（医療・福祉・看護などの部門を含む）」（職場 B）、「商品・サービス企画部門、研究開発部門、マーケティング部門」（職場 C）である。

9　このうち、「人事・労務」、「一般事務」、「経理・財務・予算」の占める割合が高い。

第 8-1 表　本データにもとづく職種の分類

事務系の職種	「法務」、「経理・財務・予算」、「広報・宣伝」、「人事・労務」、「一般事務」
営業・販売系の職種	「営業・販売」、「購買・調達・物流」
企画・開発系の職種	「経営企画」、「システム開発・運用」、「研究開発」、「設計・デザイン」、「商品企画」、「マーケティング・調査・分析」

第 8-2 表　職種ごとの性別・学歴構成

(単位・%)

	n	性別		学歴				
		男性	女性	中学・高校	専門・短大・高専	大学（理系）	大学（文系）	大学院
事務系の職種	831	49.0	51.0	17.1	17.2	6.3	56.2	3.2
営業・販売系の職種	224	78.9	21.1	13.4	11.2	16.1	58.5	0.9
企画・開発系の職種	254	79.2	20.8	5.5	6.7	30.7	27.6	29.5

注. 各職種グループにつき、性別、学歴に無回答だった社員は除いて割合を算出している。

8-1 表）。　それぞれの職種にどのような人が就いているのか、性別、学歴構成を見ると（**第 8-2 表**）、「事務系の職種」では女性が半数を占めるのに対し、「企画・開発系の職種」では男性が 8 割を占めている。また、最終学歴で見ると「事務系の職種」では「大学（文系）」の割合が高いのに対し、「企画・開発系の職種」では「大学（理系）」や「大学院」の割合が高いという特徴が見られる。

　次に、それぞれの職種における仕事の性質を、互いに比較することで明らかにする（**第 8-1 図**）。「事務系の職種」では、「仕事の範囲が明確である」の割合が他の職種に比べてやや高い。これに対して、「営業・販売系の職種」では、「社外で仕事をすることが多い」、「成果が常に求められる」という性質に特徴があり、「企画・開発系の職種」では、「専門的な知識が求められる」、「仕事内容の変化が激しい」などの性質に特徴があるといえる。

　次に、それぞれの職種にどのような資質・能力が求められるのかを比較す

10　このうち「研究開発」、「設計・デザイン」の占める割合がやや大きい。
11　そのほかの「製造・施工」、「医療・介護・福祉」、「サービス職」については、本章の分析対象から除外する。

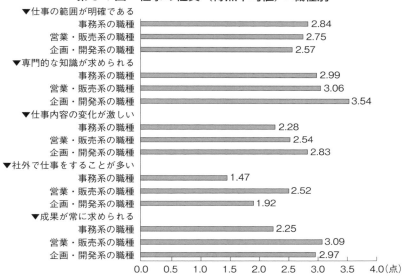

第 8-1 図　仕事の性質（得点平均値）：職種別

注．それぞれの仕事の性質についての回答を、「かなり当てはまる」＝4 点、「ある程度当てはまる」＝3 点、「あまり当てはまらない」＝2 点、「まったく当てはまらない」＝1 点として点数化し、平均点を算出している。なお、それぞれの仕事の性質についての無回答の社員は除いている。

ることから、職種ごとの性格を描いてみよう（**第 8-2 図**）。「営業・販売系の職種」では、「ねばり強さや責任感」や「身だしなみや社会常識」が求められる割合が相対的に高い。また、「企画・開発系の職種」では、「新しいアイディアをだすこと」、「将来を見すえて仕事を進めること」、「わかりやすく説明をすること」が求められる場合が相対的に多いといえる。

┃ 第3節　能力開発に求められる方法

こうした職種の性質を踏まえたとき、それぞれの職種で能力を高めるためにはどのような方法が適するのか。まず、「能力を高めるのに役立つと思う方法」の回答を職種別に見た（**第 8-3 表**）。「企画・開発系の職種」では、他の職種に比べて挙げられる項目が多いが、「同僚からの指導・助言」、「部下や同僚への指導・助言」、「本やマニュアルから学ぶ」、「ミーティングなど

第8-2図　仕事に求められる資質・能力：職種別

（単位・%）

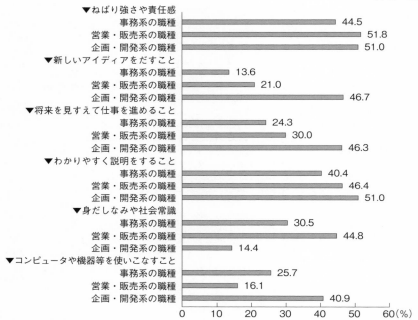

注：1）それぞれの資質・能力が「かなり求められる」割合を集計している。
　　2）それぞれの資質・能力が求められるか否かについて無回答だった社員は除いて割合を算出している。

第8-3表　能力を高めるのに役立つと思う方法：職種別

（複数回答、単位・%）

	n	上司からの指導・助言	同僚からの指導・助言	部下や同僚への指導・助言	上司や同僚を見て学ぶ	本やマニュアルから学ぶ	担当外の仕事を経験	応援などで情報を共有	ミーティングなどで情報を共有	仕事の範囲や幅が広がる	仕事の責任が大きくなる	研修に参加する	会社の指示で自ら勉強する	就業時間外に自ら勉強する
事務系の職種	839	61.6	32.4	28.6	48.7	42.0	25.7	32.7	53.0	38.3	23.1	38.9		
営業・販売系の職種	224	59.4	37.9	35.7	57.6	31.3	31.3	41.1	54.5	48.7	20.5	37.1		
企画・開発系の職種	257	64.6	42.8	45.1	55.3	45.1	30.4	47.5	63.8	45.1	23.3	44.4		

注．いずれの方法についても無回答だった社員は除いて割合を算出している。

で情報を共有」、「仕事の範囲や幅が広がる」、「就業時間外に自ら勉強する」などが多く挙げられる。「営業・販売系の職種」では、「上司や同僚を見て学

第 8-4 表　能力開発を行ううえでの上司の課題：職種別

(複数回答、単位・%)

	n	育成・能力開発の知識・ノウハウ不足	育成・能力開発に対する関心がうすい	上司に過度な負担がかかる	会社全体のニーズに合わせた育成・能力開発ができない	業績上の目標達成に追われて、育成・能力開発後回し	上司に時間的余裕がない	人事部門との役割分担があいまいになる	とくに課題はない
事務系の職種	798	16.4	19.3	31.3	13.5	13.9	46.2	8.5	16.8
営業・販売系の職種	219	18.3	24.7	26.9	19.2	27.9	47.9	13.7	13.2
企画・開発系の職種	253	24.5	24.9	38.3	19.0	26.5	43.9	13.4	11.1

注. 能力開発を行ううえでの上司の課題について無回答だった社員は除いて割合を算出している。

ぶ」、「応援などで担当外の仕事を経験」、「仕事の責任が大きくなる」が、相対的に多く挙げられる。

　この結果からは、まず、どういった仕事でも、日々の仕事のなかでの上司や同僚との関わりが、能力を高めるのに効果的だと認識されていることがわかる。同時に、一口に「OJT」というなかでも様々な学びのかたちがあることも確認された。さらには、OJT のみならず、「就業時間外に自ら勉強」や「本やマニュアルから学ぶ」、「会社の指示で研修に参加」といった職場を離れての能力開発も、能力向上に必要な要素であった。とくに企画・開発系の職種においては、就業時間外に自ら勉強することが有効であることがうかがえた。

　では、能力開発を行うにあたってどのような課題があるのか。とくに職場の支援のあり方を探るため、上司に対してどのような課題を認識しているかを職種別に検討する（**第 8-4 表**）。まず、どの職種においても「上司に時間的余裕がない」が最も多く挙げられ、能力開発において上司が多忙という時間的制約が大きな問題となっている様子がうかがえる[12]。職種による特徴を見ると、「企画・開発系の職種」で挙げられる課題がとくに多いが、「育成・能力開発の知識・ノウハウ不足」、「上司に過度な負担がかかる」が相対的に

12　ここでの時間的制約の問題は、仕事が忙しくて部下の指導が十分にできないという、OJT に関わる課題と考えられる。OJT は、いわば仕事の時間内に能力開発が組み込まれているといえ、「長い労働時間が OJT の物理的制約になる」という関係は想定しにくいが、OJT であっても、忙しすぎる職場では、能力開発が阻害される可能性が示唆されよう。

多く、「営業・販売系の職種」では、「上司に時間的余裕がない」、「業績上の目標達成に追われて、育成・能力開発後回し」などの課題がとくに多く挙げられる。

第4節　Off-JT の実施と有効性－職種によるちがい

前節では、能力開発に有効な方法は職種によって多様であり、OJT の重要性はいうにおよばず、仕事の場を離れた能力開発（Off-JT、自己啓発）も求められていることが示唆された。では、実際、Off-JT や自己啓発がどのように行われ、どこに課題や支援ニーズがあるのか。次に検討したい。

まず、Off-JT（会社の指示での教育訓練）について、検討しよう。教育訓練の受講程度を職種別に見ると[13]（**第8-3図**）、「事務系の職種」で「受講

第8-3図　Off-JT の受講程度：職種別

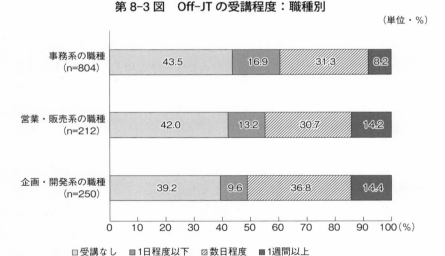

（単位・%）

注．Off-JT 受講の程度について無回答だった社員は除いて割合を集計している。

13　「教育訓練（Off-JT）の受講程度」の指標は、「昨年 1 年間（2015 年 1〜12 月）に、あなたは、会社の指示で「教育訓練」を受けましたか」への回答および、教育訓練を「受けた」者についての「昨年 1 年間（2015 年 1〜12 月）に、あなたが会社の指示で受けた教育訓練の受講日数は合計でどのくらいですか」への回答を組み合わせて作成した。

第 8-5 表　Off-JT の内容：職種別

（複数回答、単位・%）

	n	仕事に関連する専門的知識	資格取得のための研修	ビジネスマナー等の基礎知識	コンプライアンス	管理者向け研修	今後のキャリア設計	語学
事務系の職種	461	68.1	12.1	17.1	26.7	8.7	4.3	3.5
営業・販売系の職種	124	49.2	11.3	22.6	33.1	15.3	4.8	9.7
企画・開発系の職種	154	68.8	13	10.4	27.3	13.6	5.2	7.1

注. 受講した Off-JT の内容について無回答だった社員は除いて割合を集計している。

なし」、「1 日程度以下」が多いのに対し、「営業・販売系の職種」や「企画・開発系の職種」では受講程度が相対的に高く、とくに「企画・開発系の職種」では、数日程度以上の受講をした割合が高い。こうした職種において企業がとくに教育訓練を行っていることが示されていよう。

　では、具体的にどのような研修・セミナーを受講したのか、**第 8-5 表**を見ると、「事務系の職種」、「企画・開発系の職種」では「仕事に関連する専門的知識」が多く、「営業・販売系の職種」では「コンプライアンス」、「ビジネスマナー等の基礎知識」が相対的に多い結果となっている。

　ここで、会社の指示で受けた教育訓練は、受講者のニーズに合っていたのか。教育訓練（Off-JT）がとても役に立った割合を職種別に検討しよう[14]（**第 8-4 図**）。「事務系の職種」に比べて、それ以外の職種では「現在の仕事で役立っている」、「今後の仕事やキャリアで役立つ」割合が低くなっている。とくに「企画・開発系の職種」で低いことに特徴がある。

　実際、Off-JT 受講有無と能力開発機会への満足度との関係を職種別に見ると（**第 8-5 図**）、事務系の職種、営業・販売系の職種においては、Off-JT 受講があるほど、能力開発機会への満足度が高い[15]。これに対し、企画・開

14　これは、「とても役に立つ」、「ある程度役に立つ」、「あまり役に立たない」、「まったく役に立たない」の 4 件法であるが、「あまり役に立たない」以下は 1 割程度であり、多数派（6 割程度）は「ある程度役に立つ」であったことから、「とても役に立つ」だけを取り出して割合を比較したものである。

第 8-4 図　Off-JT が現在の仕事、今後の仕事・キャリアで「とても役に立った」割合：職種別

（単位・％）

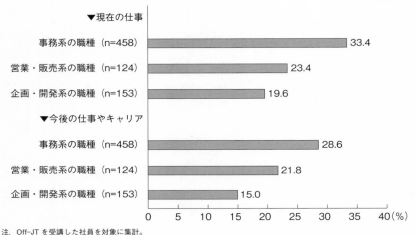

注. Off-JT を受講した社員を対象に集計。

第 8-5 図　能力開発機会に対する満足度（得点平均値）：職種別・Off-JT 受講の有無別

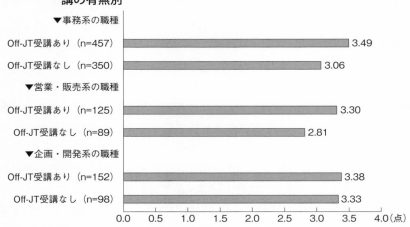

注. 現在の仕事や働き方における「仕事に役立つ能力や知識を身につける機会」について、満足しているか否かの回答を、「満足」＝5点、「ある程度満足」＝4点、「どちらとも言えない」＝3点、「やや不満」＝2点、「不満」＝1点のように点数化して、職種別に平均点を比較している。なお現在の仕事や働き方における「仕事に役立つ能力や知識を身につける機会」について、無回答の社員は除いている。

発系の職種においては、Off-JT 受講によって能力開発機会への満足度に差が見られない。

　このように、企画・開発系の職種ではとくに、Off-JT を受講することで十分な能力開発となっていない様子がうかがえる。このことは何を意味するのか。一つ考えられるのは、この職種では、会社の指示する研修よりも能力向上に有効な方法が他にあることである。具体的には、「専門的知識が求められる」、「仕事内容の変化が激しい」などの性質をもち、「新しいアイディアが求められる」ような企画・開発系の仕事では、会社が指定する研修で十分ではなく、就業時間外に自ら進んで能力開発を行うことが、とりわけ求められるのではないか[16]。次に検討しよう。

第 5 節　自己啓発の実施と課題—職種によるちがい

　最後に、自己啓発の実施状況の職種によるちがいと、実施上の課題について検討する。自己啓発の実施程度を職種別に見ると[17]（**第 8-6 図**）、「営業・販売系の職種」では「実施なし」が多いのに対し、とくに「企画・開発系の職種」では「48 時間以上」など、ある程度まとまった時間を自己啓発にあてている者が少なくなく、「事務系の職種」がそれに続く。

　自己啓発の実施者において、どのような自己啓発を行ったのかを職種別に見ると（**第 8-6 表**）、どの職種でも「自学・自習」が多いが、とくに「営業・販売系の職種」、「企画・開発系の職種」で多く見られる。「講習会・勉強会・セミナーなどの聴講」、「通信教育受講」は「企画・開発系の職種」中心に見られる。

　ただ、現状の自己啓発が十分な能力開発となっているかについては、留保

15　「事務系の職種」、「営業・販売系の職種」においては、平均の差の検定で統計的に有意な結果である。

16　本章における「企画・開発系の職種」は、三輪（2011）のいう、高度な知識や思考が必要な知識労働者と重なる点が多く、自律的学習が求められる点でも共通すると考えられる。

17　「自己啓発の実施程度」の指標は、「昨年 1 年間（2015 年 1〜12 月）に、あなたは仕事に関わる自己啓発（＝会社や職場の指示によらない、自発的な教育訓練）を行いましたか」への回答および、自己啓発を「行った」者についての「昨年 1 年間（2015 年 1〜12 月）に、自己啓発にかけた合計時間数はおよそどのくらいでしたか」への回答を組み合わせて、作成した。

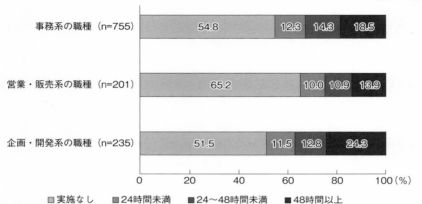

第 8-6 図　自己啓発の実施程度：職種別

(単位・%)

事務系の職種 (n=755)　54.8　12.3　14.3　18.5

営業・販売系の職種 (n=201)　65.2　10.0　10.9　13.9

企画・開発系の職種 (n=235)　51.5　11.5　12.8　24.3

0　20　40　60　80　100 (%)

□ 実施なし　■ 24時間未満　■ 24～48時間未満　■ 48時間以上

注. 自己啓発実施の程度について無回答だった社員は除いて割合を集計している。

第 8-6 表　自己啓発の内容：職種別

(複数回答、単位・%)

	n	大学・大学院の講座受講	専修学校等で行っている講座受講	職業能力開発施設の講座受講	講習会・勉強会・セミナーなどの聴講	会社の同僚との勉強会参加	社外の人との勉強会参加	通信教育受講	自学・自習
事務系の職種	398	2.0	5.3	2.5	31.7	5.0	8.3	21.1	56.3
営業・販売系の職種	76	0.0	7.9	0.0	27.6	6.6	15.8	17.1	64.5
企画・開発系の職種	129	1.6	3.9	3.1	41.9	3.9	12.4	24.0	63.6

注. 実施した自己啓発の内容について無回答だった社員は除いて割合を集計している。

が必要である。自己啓発の実施有無別に、能力開発機会の満足度を見ると（**第 8-7 図**）、自己啓発を行っているかどうかによって、能力開発機会に対する満足度には大きな差が見られない[18]。なぜ、自己啓発を実施していても、現状の能力開発に十分と感じられないのか。それには、自己啓発を行っている人でも、必ずしも「十分に行えていない」ことが関係するのではない

18　どの職種においても、自己啓発有無による統計的に有意な差は見られなかった。

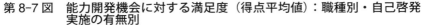

第 8-7 図　能力開発機会に対する満足度（得点平均値）：職種別・自己啓発実施の有無別

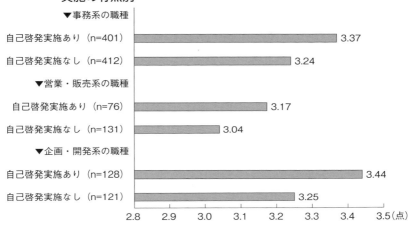

▼事務系の職種

自己啓発実施あり（n=401）　　3.37

自己啓発実施なし（n=412）　　3.24

▼営業・販売系の職種

自己啓発実施あり（n=76）　　3.17

自己啓発実施なし（n=131）　　3.04

▼企画・開発系の職種

自己啓発実施あり（n=128）　　3.44

自己啓発実施なし（n=121）　　3.25

2.8　2.9　3.0　3.1　3.2　3.3　3.4　3.5（点）

注．得点化、平均値の算出方法は第 8-5 図と同様。

第 8-7 表　自己啓発を行ううえでの課題：職種別

（複数回答、単位・％）

	n	仕事が忙しくて時間がとれない	家事・育児・介護などで忙しい	費用負担が重い	どのような能力・知識を身につけたらよいか不明	取得すべき資格がわからない	どこで学べばよいのかわからない	とくに課題はない	そもそも自己啓発の必要性を感じない
事務系の職種	825	41.9	33.8	33.6	19.0	11.6	12.6	12.1	2.8
営業・販売系の職種	218	56.4	24.8	33.5	18.8	10.6	12.8	7.8	4.6
企画・開発系の職種	255	52.2	27.5	34.5	14.5	11.4	9.4	9.8	2.4

注．自己啓発を行ううえでの課題につき、いずれの選択肢にも無回答だった社員は除いて割合を集計している。

か。その点を次に検討したい。

　自己啓発を行うにあたっての問題を職種別に見よう（**第 8-7 表**）。「仕事が忙しくて時間がとれない」は、どの職種でも最も多く挙げられる要因である。とくに「営業・販売系の職種」、「企画・開発系の職種」で半数を超えるなど、多く見られる。他の要因については職種による差は見られない。

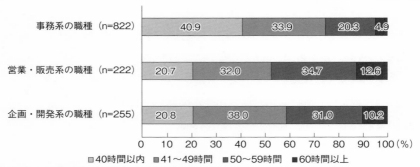

第 8-8 図　週実労働時間：職種別

(単位・%)

事務系の職種（n=822）　40.9　33.9　20.3　4.9

営業・販売系の職種（n=222）　20.7　32.0　34.7　12.6

企画・開発系の職種（n=255）　20.8　38.0　31.0　10.2

0　10　20　30　40　50　60　70　80　90　100（%）

■40時間以内　■41〜49時間　■50〜59時間　■60時間以上

注．週実労働時間についての回答がなかった社員は除いて集計している。

　この時間的制約の背景には長い労働時間が関係するのだろうか。週実労働時間を職種別に見ると（**第8-8図**）、「営業・販売系の職種」、「企画・開発系の職種」の労働時間は「事務系の職種」に比べて長い。このことが自己啓発の障害となっている可能性が考えられる。ただ、藤本編著（2014）で議論したように、自己啓発は「忙しいから行わなくなる」という性質のものでもない。当人の意欲が関わるものだからだ。

　この点を、週実労働時間別に自己啓発の実施割合から見ると[19]（**第8-9図**）、労働時間が「40時間以内」の場合に自己啓発の実施割合が低くなっており、労働時間が長い者で自己啓発が実施されないという関係は見られない[20]。そして、自己啓発に関わる時間的制約の問題が指摘される割合を週実労働時間別に見ると（**第8-10図**）、労働時間が長い者ほど、時間的制約を感じている割合がきわめて高くなる。

　ここまでの結果をまとめよう。自己啓発には、「仕事が忙しくて時間がとれない」という時間的制約の問題が多く指摘されるが、かといって労働時間が長い人が自己啓発を行っていないわけではない。スキルアップ意欲の高い人は往々にして労働時間も長いが、そうしたなかで就業時間外の自己啓発も

19　第8-9図、第8-10図は3職種を統合して分析している。なお、職種により傾向に相違はない。
20　「41〜49時間」の者と比べると、労働時間が長い者ほど自己啓発の実施割合が低くなるが、それでも「40時間以内」の者の水準よりは高い。

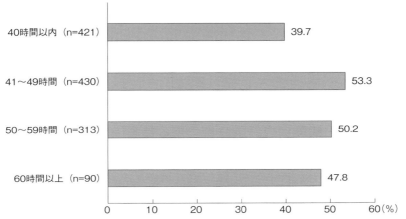

第 8-9 図　自己啓発の実施割合：週実労働時間別

（単位・%）

- 40時間以内（n=421）　39.7
- 41〜49時間（n=430）　53.3
- 50〜59時間（n=313）　50.2
- 60時間以上（n=90）　47.8

注．自己啓発実施の程度について無回答だった社員は除いて割合を集計している。

第 8-10 図　自己啓発に関し「仕事が忙しくて時間がとれない」とする割合：週実労働時間別

（単位・%）

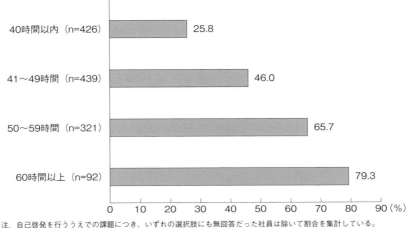

- 40時間以内（n=426）　25.8
- 41〜49時間（n=439）　46.0
- 50〜59時間（n=321）　65.7
- 60時間以上（n=92）　79.3

注．自己啓発を行ううえでの課題につき、いずれの選択肢にも無回答だった社員は除いて割合を集計している。

行っている。そうした者で、時間的やりくりの困難が痛切な問題として認識されていると解釈するべきであろう。つまり、自己啓発を行ってはいるが、

必要性・意欲の高さに比して十分には実施できておらず、その背景に仕事の忙しさがあるものと整理できる[21]。こうした現状を踏まえれば、問題の解決策を、労働時間の長さを短縮することばかりに求めては不十分だろう。むしろ、忙しいなかでも時間のやりくりを可能にする働き方や職場マネジメント、支援制度にあると考えられる。後の計量分析で検討しよう。

第6節　能力開発に適した方法の職種によるちがい
―職種別の計量分析による検証

これまでの検討を踏まえて、どのような方法が能力向上に資するのか、職種によるちがいに着目して計量分析で検証する（**第8-8表**）。具体的には、職種別に、「能力開発機会に対する満足度」を規定する要因について検討する。分析方法は順序ロジスティック回帰分析である[22]。投入する変数は、性別、年齢、最終学歴、勤続年数、役職有無[23]、年収、仕事への志向性[24]を統制する。そのうえで、週実労働時間、Off-JT受講の有無、自己啓発実施の有無に加えそのほかの具体的な能力開発行動に関わる変数を投入した[25]。

事務系の職種、営業・販売系の職種の結果から見よう。まず、事務系の職種について見ると、「Off-JT受講あり」ほど、「上司からの指導・助言」があるほど、「ミーティングで情報を得る」ほど、能力開発機会に満足している確率が高い。事務系の職種では、こうした方法が能力向上に寄与している

21　この点は、高見（2012a）における議論を引き継いでいる。
22　被説明変数は、「あなたは現在の仕事や働き方にどのくらい満足していますか」という設問における「仕事に役立つ能力や知識を身につける機会」への回答である。本設問は「満足」〜「不満」の5件法であるが、「満足」＝5点〜「不満」＝1点のように点数化して被説明変数とした。満足度という意識変数を被説明変数とする理由は、第1節で述べたように、能力開発においては「必要なところに十分な能力開発機会が提供されているか」を問うことが重要であり、「十分な機会」であるかどうかを測る代理指標として、本章では満足度を採用するものである。
23　この場合の役職有無は、「非管理職の一般社員」を基準としたところの「係長相当」の効果を見ている。
24　仕事への志向性は、「あなたの日々の主な関心は、仕事と仕事以外の生活のどちらにありますか」という設問において、「仕事に関心がある」＝5点、「どちらかといえば仕事に関心がある」＝4点、「どちらとも言えない」＝3点、「どちらかといえば仕事以外の生活に関心がある」＝2点、「仕事以外の生活に関心がある」＝1点のように点数化して投入した。これは、職業能力開発への意欲を表す代理指標として統制したものである。

ものと考えられる[26]。逆に、労働時間が長いほど、能力向上機会への満足度は低くなる。次に、営業・販売系の職種について見ると、「Off-JT 受講あり」ほど、「応援などで担当外の仕事を経験」するほど、能力開発機会に満足している確率が高い。営業・販売系の職種では、こうした方法が能力向上に寄与しているものと考えられる。合わせて注目すべきは、週実労働時間が統計的に有意な効果をもっていないことである。つまり、営業・販売職においては、労働時間が長くなるほど能力開発が阻害されるという関係は見られない。これは、この職種における能力開発が、仕事の経験にもとづくところが大きいことから、労働時間が長いほど能力開発の時間が量的に圧縮されるという関係性にないことをうかがわせる[27]。

　最後に、企画・開発系の職種の結果を見よう（**第 8-9 表**）。まず、モデル 1 の結果から読む。「上司からの指導・助言」があるほど、「本やマニュアルから学ぶ」ほど、「社外の友人から情報を得る」ほど、能力開発機会に満足している確率が高い。こうした方法が能力向上に寄与しているものと考えられる。逆に、労働時間が長いほど、能力開発機会への満足度は低くなる。さらに、「事務系の職種」、「営業・販売系の職種」で有意な影響を示していた「Off-JT 受講」が、企画・開発系の職種においては、能力開発機会に影響しないことが示されている。Off-JT よりも、社外の友人から情報を得るなどの行動が、企画・開発系の者にとって有益な能力開発機会となっていることを示唆している。では、会社のマネジメントとしては、こうした能力開発行

25　能力開発実施に関わる変数については、「昨年 1 年間（2015 年 1〜12 月）に、あなたは仕事の能力や知識を高めることにつながる以下のことを受けたり、行ったりしましたか」という設問における回答を用いた。各項目「よくあった」〜「まったくなかった」の 4 件法（項目によっては「そういう人はいなかった」を合わせた 5 件法）であるが、「あまりなかった」、「まったくなかった」は質的に差がなく、割合も小さいことから、「あまりなかった」以下を統合したうえ、「よくあった」＝ 3 点、「ときどきあった」＝ 2 点、「なかった」＝ 1 点のように点数化して投入している。

26　なお、「ミーティングで情報を得る」ことが事務系の職種において有用な能力向上機会であるかどうかは、本章では結論を留保したい。第 8-3 表では、「ミーティングなどで情報を共有」が能力を高めるのに役立つと考える割合は、事務系の職種において 32.7% と、営業・販売系の職種、企画・開発系の職種に比べて相対的に低いからである。第 8-8 表と合わせたところの解釈として、事務系の職種において「ミーティングなどで情報を共有」している頻度は、他の職種に比べて低いものの、している人にとっては有用と考えられる。

27　労働時間が長くても能力開発を制約しない関係性については、藤本編著（2014）では、美容師の例を挙げて検討した。

第 8-8 表　能力開発機会に対する満足度の規定要因（順序ロジスティック回帰分析）

	事務系の職種		営業・販売系の職種	
	B	標準誤差	B	標準誤差
（男性）				
女性	.145	.165	.299	.393
年齢	− .031	.016	− .047	.031
（高校）				
専門・短大・高専	− .181	.250	− .506	.595
大学（理系）	− .023	.338	−1.159	.597
大学（文系）	− .226	.234	− .732	.516
大学院	.370	.442	− .431	1.513
転職経験あり	.178	.199	.769	.395
勤続年数	.002	.016	.035	.033
役職あり	.411	.222	− .459	.361
（300 万円以下）				
301〜400 万円以下	.084	.214	1.017	.545
401〜500 万円以下	.193	.240	.979	.527
501〜600 万円以下	.144	.286	1.316	.608**
601 万円以上	.497	.321	.966	.605
仕事への志向性	− .186	.070***	− .306	.130**
週実労働時間	− .050	.012***	− .035	.020
Off−JT 受講あり	.723	.150***	.742	.311**
自己啓発実施あり	− .053	.154	.500	.323
上司からの指導・助言	.244	.115**	.393	.240
同僚からの指導・助言	.048	.106	− .289	.231
部下や同僚への指導・助言	− .015	.110	.184	.217
上司・同僚を見て学ぶ	.196	.118	.468	.253
本やマニュアルから学ぶ	.120	.109	− .195	.244
応援などで担当外の仕事を経験	− .058	.133	.681	.252***
ミーティングで情報を得る	.351	.119***	.194	.242
社外の友人から情報を得る	.188	.128	− .197	.228
n		710		186
− 2 対数尤度		1772.893		452.886
Nagelkerke R2		0.160		0.273

注.　***は 1% 水準、**は 5% 水準で、それぞれ統計的に有意であることを示す。

動をどう支援できるのか。

　この点、モデル 2 では、自己啓発の時間的支援に関係する「休暇・残業免除等の制度的支援[28]」、「上司が勤務時間に配慮[29]」の変数を入れて結果の変

第 8-9 表　能力開発機会に対する満足度の規定要因（順序ロジスティック回帰分析）

	企画・開発系の職種			
	モデル 1		モデル 2	
	B	標準誤差	B	標準誤差
（男性）				
女性	− .205	.356	− .113	.371
年齢	− .016	.039	− .020	.039
（高校）				
専門・短大・高専	− .367	.807	− .166	.812
大学（理系）	− .119	.636	.174	.647
大学（文系）	−1.018	.637	− .676	.647
大学院	− .203	.672	.173	.687
転職経験あり	− .167	.403	− .039	.407
勤続年数	− .015	.037	− .006	.038
役職あり	.384	.365	.261	.369
（300 万円以下）				
301〜400 万円以下	− .941	.577	− .857	.586
401〜500 万円以下	.207	.556	.233	.568
501〜600 万円以下	.004	.598	.143	.610
601 万円以上	− .401	.640	− .422	.648
仕事への志向性	− .148	.126	− .163	.127
週実労働時間	− .049	.021**	− .049	.021**
Off−JT 受講あり	− .058	.277	.067	.281
自己啓発実施あり	.459	.283	.398	.285
上司からの指導・助言	.704	.213***	.693	.216***
同僚からの指導・助言	.174	.202	.085	.205
部下や同僚への指導・助言	.375	.206	.390	.209
上司・同僚を見て学ぶ	.122	.207	.052	.210
本やマニュアルから学ぶ	.395	.191**	.341	.193
応援などで担当外の仕事を経験	.320	.236	.326	.238
ミーティングで情報を得る	− .006	.204	− .025	.209
社外の友人から情報を得る	.452	.204**	.393	.208
休暇・残業免除等の制度的支援			− .114	.282
上司が勤務時間配慮			1.363	.476***
n		226		224
−2 対数尤度		554.939		543.29
Nagelkerke R2		0.27		0.299

注.　***は 1% 水準、**は 5% 水準で、それぞれ統計的に有意であることを示す。

化を見た。結果、「休暇・残業免除等の制度的支援」は有意な効果を示していないが、「上司が勤務時間に配慮」はプラスで有意であり、上司が勤務時間に配慮している場合に、企画・開発職にある部下の能力開発が促進される

ことが示唆された。ここで注目すべきは、モデル1で有意な影響を示していた「本やマニュアルから学ぶ」、「社外の友人から情報を得る」の有意性が消滅していることである。ここから、企画・開発系の職種においては、上司が勤務時間に配慮することで、本やマニュアルから学ぶ時間、社外で友人から情報を得る機会がもちやすくなり、能力向上に寄与するという関係性がうかがえた。企画・開発系の職種における能力開発支援の一つのかたちを示していると考えられる。

第7節　小括

本章では、企業に勤めるホワイトカラー系職種の労働者を対象に、教育訓練・能力開発のあり方について検討した。本章の要点は次のようにまとめることができる。

第1に企業のホワイトカラー職種を、仕事の内容にもとづき「事務系の職種」、「営業・販売系の職種」、「企画・開発系の職種」に分類すると、この3職種では、仕事の性質や求められる資質・能力に相違があり、能力開発に適した方法も異なってくる。どの職種においても、上司や同僚との関わりから学ぶことが有効であるとともに、Off-JTや自己啓発の必要性、有効性については職種による差も見られた。

第2に「事務系の職種」では、仕事に関連する専門的知識を得るなどのOff-JTが有用な能力開発機会となっている。また、上司からの指導・助言なども能力向上に有用と考えられる。

第3に「営業・販売系の職種」では、Off-JTのほか、「応援などで担当外の仕事を経験する」などの仕事の経験が、有用な能力開発機会となっている。その意味で、労働時間が長いほど能力開発が阻害されるという関係性は

28　「休暇・残業免除等の制度的支援」の変数は、「自己啓発のための休暇」、「自己啓発のための残業免除や定時退社」のいずれかでも会社にある場合に「あり」とし、どちらも会社にない場合を基準として効果を見ている。

29　「上司が勤務時間に配慮」の変数は、「あなたの上司は、あなたの能力開発をどのように支援してくれますか」という設問の中の選択肢である「自己啓発ができるよう勤務時間に配慮してくれる」への回答を用いた。

見られない。

　第 4 に「企画・開発系の職種」では、会社が指示する Off-JT を受講する
だけでは能力開発として十分でない。それは、専門的知識や新しいアイディ
アが求められる、仕事内容の変化が激しいといった、この職種の性格が背景
にあろう。能力向上のためには、本やマニュアルから学習する、社外の友人
から情報を得るなど、就業時間外に自ら積極的に活動することが求められ
る。その点、上司から勤務時間面の配慮がある場合、能力開発が円滑に進み
やすい。

　本章では、ホワイトカラー職種において、能力開発に適した方法が、仕事
の性格によって異なることがあらためて示された。とくに企画・開発系の職
種では、専門性を高めるための自律的な学習行動が常に求められ、会社・職
場には時間的支援が強く求められる。同職種は労働時間が長い職種でもあ
り、仕事の忙しさに能力開発上の問題があるが、かといって一律に労働時間
短縮をすれば足りるわけではない。むしろ、仕事が忙しいなかで、柔軟に能
力開発を組み込めるような時間管理こそが求められる。この点、本章の分析
では、上司による就業時間面の配慮に有効性が認められた。

　なお、自己啓発への時間的支援について一言つけ加えるならば、本章は、
会社の制度的支援に意味が薄いという結論を得たわけではない。現状では、
自己啓発のための休暇や残業免除などの支援策が制度化されている企業は少
ない[30]。そうした背景もあり、本章の分析では、会社の制度的支援よりも、
上司による勤務時間への配慮が、就業時間外の能力開発活動に有用という結
果を得た。就業時間面の支援は、職場レベルでのマネジメントも重要である
が、そうしたマネジメントを円滑に機能させるためにも、企業レベルでの支
援策がいっそう求められるだろう。

30　厚生労働省『令和 4 年度能力開発基本調査』において、労働者の自己啓発に対する支援の実施
　状況別事業所割合を見ると、正社員に対して自己啓発支援を行っている事業所割合は 82.5% で
　あり、そのうち時間的支援に関わる「教育訓練休暇（有給、無給の両方を含む）の付与」は 19.2
　%、「就業時間の配慮」は 41.8% であった（厚生労働省 2023）。

<table>
<tr><td>第
<big>9</big>
章</td><td>管理職社員の教育訓練機会と
能力開発への取組み</td></tr>
</table>

佐野　嘉秀

第1節　はじめに

　企業の能力開発において、職場管理者はその担い手であるだけでなく対象でもある。すなわち、職場管理者として部下の能力開発を担うとともに、自身も一般社員と同じく、管理職の社員（以下、管理職社員）として、OJTやOff-JT、自己啓発支援といった企業による教育訓練をつうじた能力開発の対象となりうる。本章では、このうちとくに、能力開発の対象としての管理職社員という側面に焦点をあてる。

　こうした側面に関して、先行研究からは、管理職社員も、仕事に関わる能力を伸ばす余地が小さくないことが示唆される。すなわち、一般社員から管理職層への移行に関する研究は、新任の管理職社員が、職務運営や担当組織の戦略設定、部下の能力開発、経営層や他部門等との関係構築において、心理的抵抗や障害などの克服すべき課題を経験することを示す（元山 2013）。そうした課題に対処するプロセスのなかで、管理職としての能力を形成するものと考えられる。また管理職社員が、職位にかかわらず、部門を越えた連携や部下の能力開発、変革への参加といった経験により、情報分析や目標共有、事業実行に関わる能力を高めるとの分析も見られる（松尾 2013）。このほか、経営役員がこれまでに自身の仕事に関わる能力を大きく伸ばしたと自覚する経験の一つとして、最初の管理職経験が挙げられることを示す調査結果も見られる（谷口 2006）。

　このように管理職社員も継続的に仕事上の能力を伸ばしうるとすれば、企業は教育訓練の施策をつうじてこれを支援することで、管理職・経営層の人材の確保につなげられるはずである。とはいえ、日本企業におけるその現状は先行研究から必ずしも明らかでない[1]。そこで本章では、アンケート調査の集計をもとに、まず管理職社員における仕事に関わる能力向上の経験につ

いて確認する。そのうえで、管理職社員における教育訓練の内容として
OJT と Off-JT の機会、自己啓発への取組み状況を明らかにする[2]。さらに、
管理職層の能力向上の経験とこれら教育訓練の状況との関係について分析す
ることで、管理職社員の能力向上を促す教育訓練の内容についての示唆を得
たい。

　加えて本章では、管理職としての能力向上が、管理職社員による職場での
能力開発への取組みに反映されているかを確認する。企業としての能力開発
の観点からは、管理職社員における、職場での能力開発の担い手としての能
力向上がとくに重要と考えるためである。管理職社員が、企業の教育訓練を
つうじて、能力開発の担当者としての役割を受容し、また能力開発のための
ノウハウや知識を習得して実践に活かすことが、一般社員層も含めた企業の
能力開発を促すと考える。

　このような分析は、本書全体の関心に引き寄せると、人事部門による管理
職社員への教育訓練の機会の提供が、かれらの職場管理者としての職場メン
バーに対する能力開発を支援することにつながるという関係を明らかにする
ことになる。その点で、職場での能力開発の充実に向けた人事部門と職場管
理者のあいだの連携の重要性を確認する分析ともなると考える。

　本章では、『企業内の育成・能力開発、キャリア管理に関する調査』のう
ち、職場管理者調査の個票データを主に用いる。ただし一般社員との比較の
ために社員調査のデータも利用する。いずれも企業調査の情報を反映させた
個票を利用することとしたい。同調査では、管理職社員について OJT も含
めた教育訓練の状況を広く尋ねている。これは既存調査と比べた大きな利点
と考える。それゆえ分析からは、能力開発の対象としての管理職社員の教育

1　例えば日英比較の視点から、管理職の能力開発をテーマとする研究も、主として管理職への昇
　進に至るまでの一般社員のキャリア段階での教育訓練に焦点をあてている（Storey, Edwards
　and Sisson 1997）。
2　本章では、他の章と同じく、OJT（On the Job Training）を「仕事をつうじた訓練」、Off-JT
　（Off the Job Training）を「企業の指示にもとづく研修・講習会の受講などの仕事を離れての訓
　練」、自己啓発を「企業の指示によらない自発的な訓練」としてそれぞれ広く定義する。分析に
　用いる調査における Off-JT および自己啓発の定義はおよそこうした定義に対応している。また
　調査では OJT について定義していないものの、OJT に関わる質問では上記の定義に対応した選
　択肢を用いている。

訓練の機会に関して、今後の実践および研究に向けて有益な基礎的情報を得ることができると考える。

第２節　管理職社員における能力向上の経験

1.　一般社員と比較した管理職社員における能力向上

　管理職社員における能力向上の状況について、社員の自己認識を手がかりに、一般社員との比較から確認しておこう。質問では、職場管理者調査と社員調査の両調査票に共通して、「過去３年間」における「仕事に関する能力」の変化を尋ねている。**第 9-1 図**のグラフで示した集計はその結果である。

　調査票では「仕事に関する能力」を定義せずに回答者の解釈に任せている。それゆえ集計結果は、職務に関わる専門的なノウハウや知識のほか、対人関係の構築や意思決定に関わる能力、自らの役割や課題の理解など、広い

第 9-1 図　過去３年間の「仕事に関する能力」の変化：階層別

（単位・%）

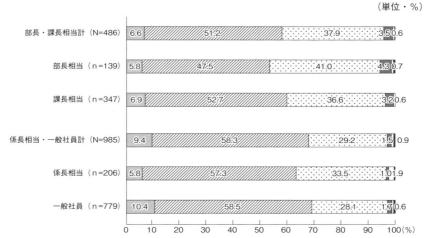

注. 1) 質問では、「過去３年間で、あなたには、以下のことに変化がありましたか」として、「仕事に関する能力」の変化を尋ねている。
　　2) 部長相当・課長相当の集計は職場管理者調査、係長相当・一般社員の集計は社員調査にもとづく。企業調査票のデータを補完可能で、正社員数 300 人以上の企業に勤務し、当該企業に 2014 年以前に入社した職場管理者および社員の回答を集計している。

範囲の能力の変化についての認識を反映していると考えられる。そうした広義の「能力」には、後に第4節で焦点をあてるような、能力開発の担い手としての役割に関わるものも含まれると考える。

第9-1図では、職場管理者調査をもとに部長相当と課長相当の管理職社員、社員調査をもとに係長相当と役職のない一般社員について集計したものを合わせて一つのグラフとして示している。集計対象は正社員数300人以上の企業に雇用される社員に限定している。また、このうちさらに2014年以前から勤務する社員に限定して集計した。これにより、調査時点の2016年1〜2月までに現在の企業に1年間以上勤務するなかでの経験を踏まえた社員の回答を集計していることになる。

第9-1図から、課長相当と部長相当ともに、直近3年間（「過去3年間」）に「仕事に関する能力」が「上昇」、「やや上昇」したと認識する社員は合わせて過半数を占める。管理職においても能力向上（「仕事に関する能力」の「上昇」、「やや上昇」）を経験する社員が多いことが確認できる。

ただし「仕事に関する能力」の変化は直近3年間の経験について尋ねている。そのため、とくに管理職（課長相当以上）への昇進時期が近いと考えられる課長相当では、昇進前の一般社員としての経験が回答に反映されている可能性が高い。そこで図や表としては示さないものの、課長相当の社員に関して、3年以上前にあたる2012年以前から課長相当であるという限定を加えて集計すると、「上昇」3.8%、「やや上昇」46.5%、「変化なし」45.5%、「やや低下」3.8%、「低下」0.5%、無回答0%であった（n＝213）。これを第9-1図の集計結果と比べると、「上昇」、「やや上昇」とする割合がやや低い。それでも同割合は合わせて約5割を占めており、課長相当として勤務するなかで、能力向上を経験する社員がやはり多いことが確認できる。

第9-1図より、管理職社員と係長相当までの一般社員とを比べると、管理職社員のほうが「上昇」（「やや上昇」を含む）を合わせた割合がやや低い。さらに一般社員、係長相当、課長相当、部長相当の四つの階層を比べると、上位の階層ほど「仕事に関する能力」の「上昇」（「やや上昇」を含む）を経験する割合は低い傾向にある。

とはいえこうした傾向は、上位の階層ほど、年齢層の高い社員が多く含ま

第 9-2 図　40 歳台社員における過去 3 年間の「仕事に関する能力」の変化：階層別

(単位・%)

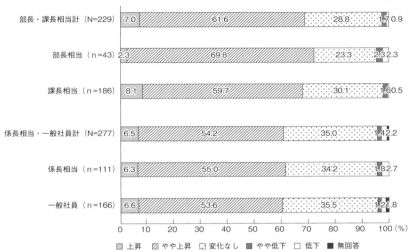

注. 部長相当・課長相当の集計は職場管理者調査、係長相当・一般社員の集計は社員調査にもとづく。企業調査票のデータを補完可能で、正社員数 300 人以上の企業に勤務し、当該企業に 2014 年以前に入社した 40 歳台の職場管理者および社員の回答を集計している。

れることを反映している可能性がある。一般に年齢層が低いほど、仕事に関する能力の蓄積が小さく、また上位の階層への昇進の機会も大きいぶん、能力向上の余地が大きく、その機会は多いと考えられる。そこで**第 9-2 図**のグラフは、各階層の社員の重なりが大きい 40 歳台の年齢層に限定して、階層別に仕事に関する能力の向上の経験について集計したものである。

　集計から、年齢層を 40 歳台に限定して比較した場合には、むしろ部長相当や課長相当の社員のほうが、係長相当までの一般社員よりも能力向上を経験する割合は高い。管理職層でも相対的に年齢の低い社員では、近い年齢の係長相当までの一般社員と比べて、むしろ能力向上を経験する傾向にあることがわかる。

2. 能力向上と仕事の変化

　管理職社員の能力向上の経験は、管理職としての仕事の変化とも関わると

第 9-1 表　課長相当における能力向上と仕事変化の経験：年齢層別

（単位・%）

	n	「仕事に関する能力」が「上昇」した割合（過去 3 年間）	「仕事の範囲」が「広くなった」割合（過去 1 年間）	「仕事のレベル」が「高くなった」割合（過去 1 年間）	「仕事上の責任の大きさ」が「大きくなった」割合（過去 1 年間）
課長相当全体	294	57.5	57.8	54.8	56.8
49 歳以下	169	68.0	63.9	60.4	64.5
50 歳以上	124	43.5	49.2	46.8	46.0

注. 1) 質問では、「過去 3 年間で、あなたには、以下のことに変化がありましたか」として、表頭に示した内容の変化を尋ねている。
　　2) 職場管理者調査にもとづく集計（とくに注記のないかぎり以下の図・表は同じ）。
　　3) 正社員数 300 人以上の企業に勤務する課長相当の職場管理者のうち、当該企業で 2014 年以前に課長相当に昇進したか、2014 年以前に課長相当以上として入社した職場管理者の回答を集計。
　　4) 課長相当全体の集計には、年齢について無回答の票（n=1）も入れて集計している。なお表頭の質問に対し無回答の職場管理者は集計対象にはいなかった。

考える。これに関し**第 9-1 表**は、課長相当の社員について、①直近 3 年間に「仕事に関する能力」の「上昇」（「やや上昇」を含む）を経験した割合と、仕事の変化に関する指標として、直近 1 年間（「昨年 1 年間」）に②「仕事の範囲」が「広くなった」割合、③「仕事のレベル」が「高くなった」割合、④「仕事上の責任の大きさ」が「大きくなった」割合を集計したものである。**第 9-2 図**の集計をもとに確認したように、能力向上の経験と大きく関わると考えられる、年齢層別（40 歳台までと 50 歳台以上の別）の集計も示している。

　集計の対象は、管理職としての仕事の変化をとらえるため、仕事の変化を尋ねた直近 1 年間より以前から課長相当となっている社員のみとしている[3]。また集計対象を課長相当に限定したのは、集計対象を明確にする目的による。その際、とくに課長相当を選んだ理由としては、日本企業において課長相当は、係長相当までとは異なり人事評価等にも関わる本格的な管理職としての能力の習得や、より上位の階層への昇進に向けて、企業の教育訓練をつうじた支援がとりわけ重要な管理職の階層と考えることによる。

3　集計対象の課長相当の社員（n＝294）の基本属性に関して、性別の構成は男性 90.1%、女性 9.9%、無回答 0%、年齢の構成は 39 歳以下 5.4%、40 歳台 52.0%、50 歳台 38.8%、60 歳以上 3.4%、無回答 0.3% であった。

第 9-2 表　課長相当における仕事変化の経験：能力向上の経験別

（単位・％）

	n	「仕事の範囲」が「広くなった」とする割合（過去 1 年間）	「仕事のレベル」が「高くなった」とする割合（過去 1 年間）	「仕事上の責任の大きさ」が「大きくなった」とする割合（過去 1 年間）
課長相当全体	294	57.8	54.8	56.8
仕事に関する能力が上昇（過去 3 年間）	169	71.0	71.6	68.6
仕事に関する能力は上昇せず（過去 3 年間）	125	40.0	32.0	40.8

注. 1) 質問では、「昨年 1 年間（2015 年 1〜12 月）に、あなたの仕事にはどのような変化がありましたか」として表頭に示した内容の変化を尋ねている。
　　 2) 正社員数 300 人以上の企業に勤務する課長相当の職場管理者のうち、当該企業で 2014 年以前に課長相当に昇進したか、2014 年以前に課長相当以上として入社した職場管理者の回答を集計。

第 9-1 表から、年齢層を問わない課長相当全体でも、指標とした各変数について、いずれも過半数の社員が能力向上や仕事の変化を経験している。年齢別に見ると、やはり 49 歳以下の、課長相当としては相対的に年齢が低い層で、能力向上のほか、仕事の幅や水準、責任の大きさに関して仕事の高度化を経験する割合が高い。

　さらに**第 9-2 表**は、課長相当の社員について、能力向上の経験（「仕事に関する能力」の「上昇」、「やや上昇」）の有無別に、仕事の変化を見たものである。集計から、直近 3 年間に能力向上を経験した社員ほど、仕事の幅や水準、責任のいずれの側面についても、直近 1 年間に仕事の高度化を経験している。管理職社員としての能力向上を踏まえて、仕事の幅を広げたり、より難易度の高い仕事を担当したり、責任の大きな仕事を担当したりする傾向にあることがわかる。またこうした仕事の変化に対応するなかで、能力向上を経験しているという面もあろう[4]。

4　例えば原（2014）は、別の個人アンケート調査での類似の質問による「仕事の担当範囲」、「仕事のレベル」、「仕事上の責任の大きさ」の変化についての変数を「生産性」の変化の指標として用いている。この場合、仕事の変化は能力向上の成果として位置づけられる。他方で原（2014：174）も指摘するように、これらの仕事の変化はジョブ・ローテーションによる教育訓練（OJT）の指標と見ることもできる（小池 1997）。また佐野（2015b）も「仕事のレベル」の変化を、能力開発を促す経験として位置づける。実際にはいずれの側面もあると考えられる。

第 9-3 表　課長相当における能力向上意欲（得点の平均値）：能力向上の経験別

	n	今の仕事のために***	将来の仕事のために***	現在の会社での昇進・昇格のために***	今後の転職のために**
課長相当全体	292	2.26	2.22	1.58	0.99
仕事に関する能力が上昇	168	2.44	2.38	1.77	0.90
仕事に関する能力は上昇せず	124	2.02	2.01	1.32	1.12

注. 1) 質問では、「あなたは、以下のような目的のために、仕事に関する能力や知識を高めたいと思いますか」として、表頭に示した目的のための能力向上への意欲を尋ねている。
　　2) 正社員数 300 人以上の企業に勤務する課長相当の職場管理者のうち、当該企業で 2014 年以前に課長相当に昇進したか、2014 年以前に課長相当以上として入社した職場管理者の回答を集計。さらに表頭の質問のいずれかに無回答の職場管理者は除いて集計している。
　　3) 値は表頭に示した目的のため「仕事に関する能力や知識を高めたいと思う」かについて、「とてもそう思う」＝3 点、「ある程度そう思う」＝2 点、「あまりそう思わない」＝1 点、「まったくそう思わない」および「今後、転職するつもりはない」（「今後の転職のために」の問いに関して）＝0 点と配点して算出した得点の平均値。
　　4) ***は 1％ 水準、**は 5％ 水準、*は 10％ 水準でそれぞれ統計的に有意な差があることを示す（分散分析による）。

3. 能力向上への意欲

　管理職社員における能力向上は、本人の能力向上への意欲によっても左右されると考えられる。これに関し**第 9-3 表**は、課長相当の社員について、直近 3 年間における能力向上の経験の有無別に、「今の仕事のため」、「将来の仕事のため」、「昇進のため」、「転職のため」という目的別の能力向上への意欲の高さを比較したものである。能力向上への意欲の高さの指標としては、「仕事に関する能力や知識を高めたい」と思う程度についての回答をもとに、同表の注に示した方法で得点化したものを用いている。**第 9-3 表**に示したのはその平均値であり、得点が高いほど能力向上意欲が高いことを示す。能力向上意欲は、現在について尋ねているものの、多くの社員にとってある程度、過去にさかのぼってもあてはまる安定的なものと想定して結果の解釈を行う。

　集計から、能力向上を経験した課長相当の社員のほうが「今の仕事のため」、「将来の仕事のため」、「現在の会社での昇進・昇格のため」、「今後の転職のため」の能力向上意欲のいずれについても、得点の平均値が高い。分散分析によれば、これら能力向上の経験と能力向上意欲とのあいだには、いずれも統計的に有意な関係が見られる。現在の仕事や将来の仕事、昇進さらには転職に向けて能力向上への意欲を高くもつ課長相当の社員ほど、能力向上

を経験する傾向にあることが読み取れる。

　ただし、「今後の転職のため」の能力向上意欲の平均得点は、能力向上の経験の有無にかかわらず 1 点程度であり、「あまりそう思わない」という水準におよそ相当する。また図や表としては示さないものの、課長相当の社員全体において、「今後の転職のため」の能力向上意欲について「とてもそう思う」（8.5%）と「ある程度そう思う」（16.0%）を合わせても 24.5% であり、転職に向けて能力向上意欲をもつ管理職社員は、高い割合を占めているわけではない[5]。

　ところで第 9-3 表の集計において、「現在の会社での昇進・昇格のため」の能力向上意欲の平均得点は、課長相当全体で 1.58 点であり、「ある程度そう思う」と「あまりそう思わない」のおよそ中間の水準にとどまる[6]。こうした結果は、課長相当の社員にとって、そもそもの昇進の見通しに差があり、明るい見通しをもたない社員も少なくないことを反映している可能性がある。

　そこで第 9-4 表では、能力向上の経験の有無と、課長相当の社員における現在の企業での昇進の見通しとの関係について集計した。昇進の見通しについて、質問では「あなたは、現在の会社で」、「実際にどのくらいまで昇進できると考えていますか」を尋ねている。集計から、能力向上を経験している課長相当の社員ほど、より上位にあたる「部長相当まで」や「社長、経営層まで」という昇進の見通しを示す割合が高い。

　こうした結果の背景としては、昇進の見通しの明るい社員ほど、昇進に向けた能力向上への意欲をもってこれに取り組むほか、企業側から見て昇進を期待する社員に対して能力向上の機会を与える傾向にあることが考えられ

5　全体の分布を示すと、「とてもそう思う」（8.5%）と「ある程度そう思う」（16.0%）、「あまりそう思わない」（41.2%）、「全くそう思わない」（11.2%）、「今後、転職するつもりはない」（22.4%）、無回答 0.7% であった（n＝294）。なお「今後、転職するつもりはない」とする割合は、能力向上を経験した課長相当の社員（n＝169）では 28.4% であるのに対し、能力向上を経験していない課長相当の社員（n＝125）では 14.4% であり、管理職社員においても能力向上の機会があることが、定着を促している可能性が示唆される。

6　図や表としては示さないものの、課長相当全体において「現在の会社での昇進・昇格のため」の能力向上意欲について「とてもそう思う」（13.3%）、「ある程度そう思う」（38.8%）、「あまりそう思わない」（39.8%）、「全くそう思わない」（7.5%）、無回答 0.7% となっており、意見は分かれている（n＝294）。

第 9-4 表　課長相当における現在の企業での昇進見通し：能力向上の経験別

（単位・%）

	n	社長、経営層（役員・本部長）まで	部長層まで	課長層まで	わからない	無回答
課長相当全体	294	4.8	31.0	22.1	32.0	10.2
仕事に関する能力が上昇	169	7.7	37.9	18.3	29.6	6.5
仕事に関する能力は上昇せず	125	0.8	21.6	27.2	35.2	15.2

注. 1) 表頭の選択肢に関し、質問では「あなたは、現在の会社で」、「実際にどのくらいまで昇進できると考えていますか」として、昇進の見通しを尋ねている。
　　2) 正社員数300人以上の企業に勤務する課長相当の職場管理者のうち、当該企業で2014年以前に課長相当に昇進したか、2014年以前に課長相当以上として入社した職場管理者の回答を集計。

る。そうした能力向上の機会をもとに、社員が昇進の見通しを明るくもつということもあろう。

第3節　管理職社員における教育訓練の機会

1. OJTの機会

　前節で見たような管理職社員の能力向上の経験の背景として、管理職社員はどのような教育訓練の機会のもとにあるか。やはり課長相当の社員に焦点をあて、まずOJTの機会について確認することとしたい[7]。第9-5表は、課長相当と、係長相当までの一般社員（以下、一般社員と表記）のそれぞれについて、能力向上の経験の有無と、表頭に示したOJTに関わる機会（「仕事の能力や知識を高めることにつながる」こと）との関係を見たものである。表頭に示した各種のOJTに関わる機会の頻度について、各質問への回答をもとに第9-5表の注に示した方法で得点化し、その平均を比較している。得点が大きいほど、表頭に示したOJTに関わる機会が多いことを示す。

　第9-5表より、まず課長相当全体と一般社員全体とで平均得点を比べる

7　注2で示したように、本章ではOJTを「仕事をつうじた訓練」として広く定義する。OJTについては「上司や先輩の指導のもとで、職場で働きながら行われる訓練」（今野・佐藤 2022：131）として担い手や場所を限定する定義も一般的である。これに対し、本研究の調査では、社員の教育訓練の機会を広く把握する趣旨から担い手や場所にかかわらず実質的に「仕事をつうじた訓練」の機会となっているものを広く尋ねている。

第 9-5 表　課長相当および一般社員における能力向上機会の充実度（得点の平均値）：能力向上の経験別

【課長相当】

	n	上司から、仕事上の指導や助言を受けること**	同僚から、仕事上の指導や助言を受けること	部下や同僚に、仕事上の指導や助言をすること***	上司や同僚の仕事のやり方を見て学ぶこと***	本やマニュアルを読み、仕事の仕方を学ぶこと***	応援などで担当外の仕事を経験すること**	社内のミーティングなどにより、仕事に関する情報を得ること**	社外の知人などから、仕事に関する情報を得ること**
課長相当全体	289	1.92	1.29	2.18	1.78	1.79	1.23	2.10	1.54
仕事に関する能力が上昇	166	2.02	1.31	2.29	1.88	1.89	1.37	2.16	1.64
仕事に関する能力は上昇せず	123	1.78	1.25	2.02	1.64	1.64	1.05	2.01	1.40

【係長相当・一般社員】

	n	上司から、仕事上の指導や助言を受けること***	同僚から、仕事上の指導や助言を受けること*	部下や同僚に、仕事上の指導や助言をすること***	上司や同僚の仕事のやり方を見て学ぶこと***	本やマニュアルを読み、仕事の仕方を学ぶこと***	応援などで担当外の仕事を経験すること*	社内のミーティングなどにより、仕事に関する情報を得ること***	社外の知人などから、仕事に関する情報を得ること
係長相当・一般社員全体	956	2.06	1.55	1.63	1.91	1.62	1.03	1.66	1.16
仕事に関する能力が上昇	649	2.16	1.57	1.69	2.00	1.67	1.06	1.73	1.22
仕事に関する能力は上昇せず	302	1.83	1.51	1.49	1.71	1.49	0.94	1.50	1.04

注. 1）質問では、「昨年 1 年間（2015 年 1～12 月）に、あなたは仕事の能力や知識を高めることにつながる以下のことを受けたり、行ったりしましたか」として教育訓練の機会を尋ねている。
　　2）部長相当・課長相当の集計は職場管理者調査、係長相当・一般社員の集計は社員調査による。
　　3）企業調査票のデータを補完可能で、正社員数 300 人以上の企業に勤務する社員のうち、課長相当については当該企業で 2014 年以前に課長相当に昇進したか、2014 年以前に課長相当以上として入社した職場管理者の回答を、係長相当・一般社員については 2014 年以前に入社した社員の回答を集計している。さらに表頭の質問のいずれかに無回答の職場管理者・社員を除いて集計している。
　　4）係長相当・一般社員の全体については、「仕事に関する能力」の変化について無回答の社員（n=5）も含めて集計した。なお課長相当については同質問に無回答の職場管理者はいない。
　　5）値は「よくあった」＝3 点、「ときどきあった」＝2 点、「あまりなかった」＝1 点、「まったくなかった」および「そういう人はいなかった」＝0 点と配点して算出した得点の平均値。
　　6）***は 1％ 水準、**は 5％ 水準、*は 10％ 水準でそれぞれ統計的に有意な差があることを示す（分散分析による）。

と、課長相当では一般社員と比べ、「上司から、仕事上の指導や助言を受けること」、「同僚から、仕事上の指導や助言を受けること」、「上司や同僚の仕事のやり方を見て学ぶこと」といった機会は少ない傾向にある。相対的に職

業経験の少ない一般社員のほうが、上司や同僚などによる OJT の機会が多いことを示すと考えられる。

他方で、課長相当では一般社員よりも、「部下や同僚に、仕事上の指導や助言をすること」のほか、「本やマニュアルを読み、仕事の仕方を学ぶこと」、「応援などで担当外の仕事を経験すること」、「社内のミーティングなどにより、仕事に関する情報を得ること」、「社外の知人などから、仕事に関する情報を得ること」といった機会が多い傾向にある。

こうした集計結果からは、管理職社員では一般社員と比べて、部下などに仕事を教える経験のほか、本・マニュアルによる学習や担当外の仕事の経験、社内のミーティング、社外の人からの情報取得といった担当・所属する職場外での経験による能力向上の機会が多い傾向にあることがわかる。

同じく**第 9-5 表**より能力向上の経験の有無との関係について見ると、課長相当では「同僚から、仕事上の指導や助言を受けること」を除く表頭のすべての機会について、分散分析による統計的に有意な関係が見られる。これを判断基準とすると、これらの OJT に関わる様々な機会は、管理職社員においても能力向上にとって有効と考えられる[8]。

なお能力向上と「同僚から、仕事上の指導や助言を受けること」との関係は、一般社員では 10% 水準にとどまるものの統計的に有意である。これから、課長相当では一般社員と比べて、上述のとおり同僚からの指導や助言の機会が少ないだけでなく、能力向上への効果もより小さい可能性がある。

2. Off-JT の機会

管理職社員における Off-JT の機会についてはどうか。**第 9-6 表**は、課長相当の社員について、管理職としての仕事に関わる研修（「階層別研修（管理職初任者研修等）」および「選抜型研修」）への参加状況を集計したもので

---

8 中原・保田（2021）は、本章と異なり中小企業を対象とするものの、管理職社員の能力（「マネジメント能力」）向上を促す要因として、上司（中小企業では経営者）からの支援と、（単なる研修の受講ではなく）研修での学習内容の職場メンバーへの共有や仕事への適用を挙げる。こうした関係は、能力向上を経験している管理職社員ほど、自らの能力向上に関わる機会として、上司からの指導・助言や、部下への指導・助言を挙げる傾向にある第 9-5 表の集計結果とも対応していると考えられる。

第 9-6 表　課長相当における管理職研修の受講状況：企業規模別・昇進時期別

（複数回答、単位・%）

	n	現在担当する管理的業務に関する階層別研修（管理職初任者研修等）	今後の昇進に向けた選抜型研修（会社が指名して実施する経営層育成のための研修等）	その他	いずれの研修も受けたことがない	無回答
課長相当全体	294	73.8	22.4	3.7	18.4	1.0
【正社員数】						
300〜499 人	137	66.4	19.0	4.4	23.4	1.5
500〜999 人	98	75.5	25.5	1.0	17.3	1.0
1,000 人以上	59	88.1	25.4	6.8	8.5	0.0
【昇進時期】						
早いほう	113	77.0	30.1	2.7	15.0	0.0
早くも遅くもない	143	72.7	18.9	4.9	18.9	2.1
遅いほう	36	69.4	13.9	2.8	25.0	0.0

注. 1) 質問では、「あなたは、現在の会社で、管理職としての仕事に関わる以下のような研修に参加しましたか」として表頭に示した研修の受講状況を尋ねている。
　　2) 正社員数 300 人以上の企業に勤務する課長相当の職場管理者のうち、当該企業で 2014 年以前に課長相当に昇進したか、2014 年以前に課長相当以上として入社した職場管理者の回答を集計。
　　3) 課長相当全体の集計には、昇進時期について無回答の職場管理者（n=2）も含めて集計している。

ある。現在、勤務する企業での、研修参加の時期を問わない参加の有無について尋ねている。研修参加の機会は、研修制度が整備される傾向にある大企業において多いと考えられるため、**第 9-6 表**では併せて正社員規模別の集計も示している。また研修のうちとくに「選抜型研修」の機会は、昇進に関して早期に選抜された社員に対して重点的に開かれていると考えられる[9]。それゆえ、「同期や同年代の社員」と比べた「管理職（課長職）」への昇進時期についての認識別にも集計を行っている。

第 9-6 表から、課長相当全体としては、7 割程度の多くの社員が「階層別研修」を現在の企業で受講している。またとくに正社員数 1,000 人以上の企

9　例えば、経営層の能力開発と選抜についての貴重な事例研究である青木（2017）は、大手の事例企業において、社員格付け制度において速いペースで昇格している社員が、選抜型研修の対象ともなる後継候補者リストに挙げられていることを示している。

第 9-7 表　課長相当における昨年 1 年間に受講した研修の内容：能力向上の経験別

(複数回答、単位・%)

	n	仕事に関連する専門的知識	資格取得のための研修	ビジネスマナー等の基礎知識	社内の事務的手続き・ルール	企業理念について	管理者向け研修	評価者訓練	コンプライアンス
課長相当全体	294	37.8	3.7	3.7	9.9	7.1	33.7	18.0	37.1
仕事に関する能力が上昇	169	42.0	4.7	4.7	9.5	8.3	35.5	21.9	38.5
仕事に関する能力は上昇せず	125	32.0	2.4	2.4	10.4	5.6	31.2	12.8	35.2

	今後のキャリア設計について	語学	OA・コンピュータ	コーチング	プレゼンテーション	ロジカルシンキング	その他	教育訓練は受けていない	無回答
課長相当全体	1.0	2.0	1.0	11.9	2.7	2.7	4.8	20.1	2.7
仕事に関する能力が上昇	1.2	1.8	1.2	11.8	1.8	3.6	4.7	17.8	2.4
仕事に関する能力は上昇せず	0.8	2.4	0.8	12.0	4.0	1.6	4.8	23.2	3.2

注. 1) 質問では、「昨年 1 年間（2015 年 1〜12 月）に、あなたは、会社の指示で以下のような内容に関する教育訓練を受けましたか」として、「ふだんの仕事から離れて参加する研修や講習会」の受講状況を尋ねている。
　　2) 正社員数 300 人以上の企業に勤務する課長相当の職場管理者のうち、当該企業で 2014 年以前に課長相当に昇進したか、2014 年以前に課長相当以上として入社した職場管理者の回答を集計。
　　3) 仕事に関する能力が上昇した社員と上昇しない社員とで 5 ポイント以上の差がある項目に網掛けをしている。

業では、8 割の社員が「階層別研修」を受講している。管理職研修などの管理職向けの階層別研修が、大手企業を中心に広く普及していることを反映していると考えられる。昇進時期との関係を見ると、昇進時期が早い社員で「階層別研修」を受講した割合がやや高い。「階層別研修」も、管理職への昇進時期の早い社員に優先的に行われる場合があると見られる。また「選抜型研修」については、やはり昇進時期の早い社員層で受講している割合が高い。企業規模との関係では、とくに正社員数 500 人以上の大きな企業で「選抜型研修」を受講した割合がやや高い。

　Off-JT の機会に関して、さらに**第 9-7 表**は、管理職の仕事に関わるもの以外も含めた、昨年一年間に受講した研修の内容についての集計である。直近 3 年間の能力向上の有無別の集計も示した。集計から、課長相当全体では、「仕事に関する専門的知識」、「管理者向け研修」、「コンプライアンス」といった内容の研修を受講した割合がいずれも 3 割台と高い。

　能力向上の経験の有無との関係を見ると、とくに「仕事に関する専門的知識」と「評価者訓練」は、能力向上を経験している社員で受講した割合が高い（いずれも 5 ポイント以上の差）。「仕事に関する専門的知識」には、いわゆるプレイングマネジャーとしての職務のための、管理的職務とは直接関わらない知識も含まれる可能性がある。他方で「評価者訓練」は管理職としての役割に深く関わると考えられる。いずれも、課長相当の社員の能力向上にとくにつながる研修の内容であることが集計から読み取れる。

3.　自己啓発の実施状況

　さらに**第 9-8 表**は、課長相当の社員が直近 1 年間に行った自己啓発の内容についての集計である。直近 3 年間における能力向上の経験の有無別にも集計を示している。集計から、課長相当の社員全体では「自己啓発を実施していない」とする割合は 2 割程度であり、多くは何らかの自己啓発を実施していることがわかる。自己啓発の内容としては、「講習会・勉強会・セミナーなどの聴講」や「自学・自習」を行う社員が多い。

　これらの自己啓発を実施する割合は、とくに能力向上を経験した社員で高

第 9-8 表　課長相当における昨年 1 年間に行った自己啓発の内容：能力向上の経験別

（複数回答、単位・%）

	n	大学・大学院の講座の受講	専修学校・各種学校で行っている講座の受講	国や都道府県の職業能力開発施設の講座の受講	講習会・勉強会・セミナーなどの聴講	会社の同僚との勉強会への参加
課長相当全体	294	1.7	1.7	1.7	51.4	10.5
仕事に関する能力が上昇	169	1.2	1.8	2.4	56.2	10.7
仕事に関する能力は上昇せず	125	2.4	1.6	0.8	44.8	10.4

	社外の人との勉強会への参加	通信教育の受講	自学・自習	その他	自己啓発は行っていない	無回答
課長相当全体	13.6	9.9	39.1	2.0	20.1	1.0
仕事に関する能力が上昇	11.2	11.8	47.3	1.2	13.0	1.2
仕事に関する能力は上昇せず	16.8	7.2	28.0	3.2	29.6	0.8

注.　1)　質問では、「昨年 1 年間（2015 年 1〜12 月）に、あなたは次のような、仕事に関わる自己啓発（＝会社や職場の指示によらない、自発的な教育訓練）を行いましたか」として、自己啓発の実施内容を尋ねている。
　　2)　正社員数 300 人以上の企業に勤務する課長相当の職場管理者のうち、当該企業で 2014 年以前に課長相当に昇進したか、2014 年以前に課長相当以上として入社した職場管理者の回答を集計。
　　3)　仕事に関する能力が上昇した社員と上昇しない社員とで 10 ポイント以上の差がある項目に網掛けをしている。

い。さらに能力向上を経験した課長相当の社員のうち「自己啓発を実施していない」とする割合は1割程度であるのに対し、能力向上を経験していない社員では3割程度とより多く、少なくない割合を占める。講習会・勉強会・セミナーへの参加や自学・自習などを主とする自己啓発が、管理職社員の能力向上を促しているものと考えられる。

第4節　管理職社員の能力向上と職場での能力開発

　以上より、管理職社員も、とりわけ40歳台の相対的に年齢が低い層では、同年齢層の一般社員よりもむしろ多くが能力向上を経験していることが確認できた。管理職全体としても能力向上を経験する社員は決して少なくない。これに対応して、管理職社員の多くが直近1年間において、仕事の変化を経験するとともに、OJTとOff-JTを受け、自己啓発に取り組んでいる。そして、これらの教育訓練の機会は、管理職社員の能力向上を促していると考えられる。

　それでは、こうした管理職としての能力向上の経験は、管理職社員による部下に対する能力開発への取組みにどの程度、反映されているだろうか。職場管理者として担う能力開発に関わる能力を伸ばし、部下育成を充実させることにつながっているかを確かめたい。

1. 能力開発に関する自己評価

　第9-3図は、課長相当の社員について、直近3年間における能力向上の経験の有無別に、「部下の育成・能力開発に対する支援」についての自己評価を集計したものである。ただし管理職社員のもつ能力開発に関わる能力は、直近3年間だけではなくより長い期間をかけて習得している場合もあろう。そこで、そうした能力の蓄積の影響をある程度、コントロールして近年の能力向上の効果についてとらえるため、40歳台以下と50歳台以上に分けた年齢層別の集計も行っている。

　第9-3図より、まず年齢層を問わない課長相当全体について見ると、直近3年間に能力向上の経験がある社員のほうが、部下の能力開発について

第 9-3 図　課長相当における部下の能力開発に対する支援についての自己評価：能力向上の経験別・年齢層別

（単位・%）

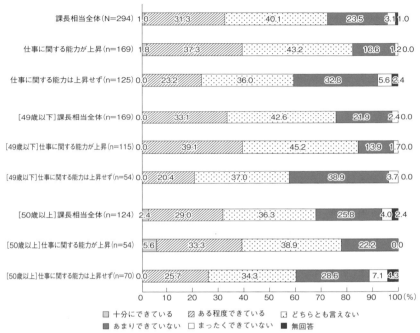

注.　1）質問は、「あなたは、部下の育成・能力開発に対する支援を、どのくらいできていますか」として、部下の能力開発についての自己評価を尋ねている。
　　2）正社員数 300 人以上の企業に勤務する課長相当の職場管理者のうち、当該企業で 2014 年以前に課長相当に昇進したか、2014 年以前に課長相当以上として入社した職場管理者の回答を集計。
　　3）課長相当全体には年齢について無回答の職場管理者（n=1）も含めて集計している。

「十分にできている」と「ある程度できている」を合わせた割合が高く、「あまりできていない」と「全くできていない」を合わせた割合は低い。カイ二乗検定によれば、両変数の関係は 1% 水準で統計的に有意である。能力向上を経験している課長相当の社員のほうが、部下の能力開発についての自己評価が高いことがわかる。

　年齢層別に見ると、40 歳台以下のほうが 50 歳台以上よりも、直近 3 年間における能力向上の経験の有無による差が大きく、「十分にできている」と「ある程度できている」の合計の差は、前者では 18.7 ポイント差であるのに

対し、後者では 13.2 ポイント差となっている。とはいえカイ二乗検定によると、前者では 1% 水準、後者でも 5% 水準では統計的に有意な差がある。

このように、課長相当のうちとくに 40 歳台までの社員では、直近 3 年間に能力向上を経験しているほど、部下の能力開発についての自己評価が高い傾向にある。50 歳台以上でも、40 歳台までほど明確ではないものの、こうした関係は確認できる。年齢層を問わず、直近における能力向上の経験が、管理職社員における部下の能力開発についての高い自己評価に結びついている。

2. 部下の能力開発への取組み

それではこうした管理職社員の自己評価の背後には、かれらによる職場での能力開発のためのどのような行動が見られるか。これについて**第 9-9 表**は、課長相当の社員について、部下の能力開発（「部下の育成・能力開発」の「支援」）のために行っている取組みの内容を尋ねた結果を集計したものである。あわせて、直近 3 年間の能力向上の経験の有無別にも集計を行った。

能力向上の経験を問わない課長相当全体の集計を見ると、課長相当の社員の半数以上が「仕事のやり方について助言している」（70.1%）、「現在の仕事について相談に乗っている」（56.1%）、「仕事に必要な知識を提供している」（53.4%）、「仕事を行う上での心構えを示している」（52.0%）、「身につけるべき知識や能力について説明している」（50.0%）といった部下の能力開発のための基本的な支援を行っているのが確認できる。

さらに能力向上の経験の有無別に見ると、能力向上を経験している課長相当の社員のほうが、とくに「仕事を行う上での心構えを示している」、「仕事のやり方を実際に見せている」、「仕事の幅を広げている」、「次に目指すべき仕事や役割を示している」、「目指すべき人材像を明確に示している」、「今後のキャリアについて目標を示している」、「能力向上を人事評価に反映している」といった取組みを実施する割合が高い（10 ポイント以上の差）。このほか「仕事に必要な知識を提供している」や「仕事のやり方について助言している」、「仕事を振り返り、考えさせている」、「より高度な仕事を割り振って

第 9-9 表　課長相当における部下の能力開発のための取組み内容：能力向上の経験別

（複数回答）

	n	仕事を行う上での心構えを示している	身につけるべき知識や能力について説明している	仕事に必要な知識を提供している	仕事のやり方について助言している	仕事を振り返り、考えさせている	仕事のやり方を実際に見せている	より高度な仕事を割り振っている	仕事の幅を広げている	後輩の指導を任せている	業務に関するマニュアルを配布している	次に目指すべき仕事や役割を示している
課長相当全体	294	52.0	50.0	53.4	70.1	41.2	38.1	18.0	36.4	27.2	13.9	29.3
仕事に関する能力が上昇	169	56.8	50.9	56.2	72.8	45.0	45.6	21.9	42.0	26.6	13.0	34.9
仕事に関する能力は上昇せず	125	45.6	48.8	49.6	66.4	36.0	28.0	12.8	28.8	28.0	15.2	21.6

	目指すべき人材像を明確に示している	会社の人材育成方針について説明している	現在の仕事について相談に乗っている	今後のキャリアについて相談に乗っている	今後のキャリアについて目標を示している	能力向上を人事評価に反映している	自己啓発ができるよう勤務時間に配慮している	研修・セミナー等に関する情報を提供している	その他	能力開発に関する支援はしていない	無回答
課長相当全体	15.0	16.0	56.1	13.6	10.5	27.9	10.9	35.0	1.0	0.3	1.7
仕事に関する能力が上昇	19.5	18.3	58.0	14.2	14.8	32.5	13.0	35.5	0.6	0.0	0.6
仕事に関する能力は上昇せず	8.8	12.8	53.6	12.8	4.8	21.6	8.0	34.4	1.6	0.8	3.2

注. 1)　質問は、「あなたは、部下の育成・能力開発をどのように支援していますか」として、能力開発への取組みを尋ねている。
　　2)　正社員数 300 人以上の企業に勤務する課長相当の職場管理者のうち、当該企業で 2014 年以前に課長相当に昇進したか、2014 年以前に課長相当以上として入社した職場管理者の回答を集計。
　　3)　仕事に関する能力が上昇した社員と上昇しない社員とで 10 ポイント以上の差がある項目に濃い色の網掛け、5 ポイント以上（10 ポイント未満）の差がある項目に薄い色の網掛けをしている。

いる」、「会社の人材育成方針について説明している」、「自己啓発ができるよう勤務時間に配慮している」も、能力向上を経験している課長相当の社員のほうが実施割合は高い（5 ポイント以上の差）。

　このように、直近 3 年間に能力向上を経験した課長相当の社員では、そうでない社員と比べて、部下の能力開発のため、より広い範囲の支援を行っていることがわかる。**第 9-3 図**で確認した、能力向上を経験した社員における部下の能力開発についての高い自己評価は、こうした能力開発のための行動に裏づけられたものであると考えられる。

第9-10表　課長相当における部下の能力開発のため企業から期待されている事項：能力向上の経験別

(複数回答)

	n	部署での育成・能力開発（OJT）を担うこと	部署としての育成・能力開発方針を立てること	部下のキャリアに関する希望を把握すること	部下のキャリア上の相談に乗ること	部下に今後のキャリアに関する目標を示すこと	部下に会社の方針・理念を示すこと
課長相当全体	294	71.1	55.4	33.0	32.7	36.1	63.6
仕事に関する能力が上昇	169	74.0	58.6	37.3	37.3	42.6	64.5
仕事に関する能力は上昇せず	125	67.2	51.2	27.2	26.4	27.2	62.4

	部署を担う次の管理職を育成すること	管理職を担うことができる女性社員の育成	新人・若手社員の育成	研修の設計や運用に関わること	その他	期待されていることはない	無回答
課長相当全体	69.4	38.1	61.9	31.0	1.7	2.0	2.0
仕事に関する能力が上昇	71.6	40.8	66.3	32.5	1.8	1.2	0.6
仕事に関する能力は上昇せず	66.4	34.4	56.0	28.8	1.6	3.2	4.0

注.　1)　正社員数 300 人以上の企業に勤務する課長相当の職場管理者のうち、当該企業で 2014 年以前に課長相当に昇進したか、2014 年以前に課長相当以上として入社した職場管理者の回答を集計。
　　2)　仕事に関する能力が上昇した社員と上昇しない社員とで 10 ポイント以上の差がある項目に網掛けをしている。

3．能力開発に関する役割の受容

　このように能力向上を経験している管理職社員で、部下の能力開発への取組みが充実する傾向にあるのは、能力開発のためのノウハウや知識などの習得に加え、教育訓練をつうじて管理職（職場管理者）として行うべき能力開発の役割を自らのものとして受容しているためとも考えられる[10]。

　これについて、**第9-10表**は、課長相当の社員について、直近 3 年間の能力向上の経験の有無別に「部下の育成・能力開発」に関して「会社から期待されていること」についての回答を集計したものである。集計から、能力向上を経験する課長相当では、とくに「新人・若手社員の育成」に加え、「部下のキャリアに関する希望を把握すること」、「部下のキャリア上の相談に乗ること」、「部下に今後のキャリアに関する目標を示すこと」といった部下のキャリア形成に向けた能力開発を担うことを企業から期待されていると認識

10　例えば今野・佐藤（2022）は、企業の能力開発による養成の対象となる能力の一つとして「組織の共通の目標を理解し、自分で行う課題を設定できる課題設定能力」を挙げる（今野・佐藤 2022：122）。第 9-9 表や第 9-10 表の回答に反映されるような、管理職の社員が能力開発の担い手としての役割を理解し、そのために取り組むべき行動を選ぶ能力も、そうした「課題設定能力」に含まれると解釈できる。

する割合が高い（10 ポイント以上の差）。また「部署での育成・能力開発（OJT）を担うこと」、「部署としての育成・能力開発方針を立てること」、「部署を担う次の管理職を育成すること」、「管理職を担うことができる女性社員の育成」も含む広い範囲の能力開発上の役割について、より企業から期待されていると認識する傾向にある（5 ポイント以上の差）。

このように能力向上を経験している管理職社員では、担当部署での能力開発の方針を立て、若手社員や次を担う管理職社員の育成や、部下の長期的なキャリア形成に向けて職場での能力開発を進めることを自らの役割として認識している割合が高い。教育訓練をつうじて、企業より期待される職場での能力開発の担い手としての役割をより明確に理解し、自らのものとして受け入れているためと考えられる。それゆえ実際にも、**第 9-9 表**で確認したように、部下の能力開発のために広い取組みを行い、**第 9-3 図**で見たように、部下の能力開発について自信をもつ傾向にあると解釈できる。

▌第 5 節　小括

本章では、アンケート調査の集計をもとに、管理職社員に焦点をあて、能力向上の状況と、これを促す OJT や Off-JT、自己啓発といった教育訓練の機会、能力向上の成果としての部下の能力開発への取組みの状況について分析した。事実発見を整理すると以下のようになる。

第 1 に、管理職社員における仕事に関わる能力向上の状況について、本人の自己認識を手がかりに見ると、部長相当および課長相当において、直近 3 年間に能力向上を経験している社員は決して少なくない。とくに 40 歳台に限定すると、部長相当・課長相当のほうが、係長相当までの一般社員よりもその割合は高い。企業において、管理職社員は能力開発の担い手であるとともに、能力開発の対象でもあることが確認できる。

課長相当に限定した集計からは、直近 3 年間に能力向上を経験した社員ほど、直近 1 年間において仕事の幅が広がり、仕事の水準が高まり、仕事上の責任が大きくなったとしている。この背景としては、能力向上を踏まえて担当する仕事が高度化したり、仕事の変化にともない新たな仕事を経験するこ

とで能力が向上したりといった関係が想定できる。

　能力向上は、本人の意識的な取組みにも左右される。この点に関し、課長相当において、現在や将来の仕事、昇進や転職のため能力向上への意欲をもつ社員ほど、能力向上を経験している。ただし転職に向けて能力向上への意欲をもつ課長相当の社員は多いわけではない。また昇進に向けた能力向上の意欲については社員間の差も大きい。こうしたなか能力向上を経験した課長相当の社員では、さらなる昇進の見通しをもつ割合が高いことも確認できた。総じて、管理職社員においても、現在の仕事や今後のキャリアに向けた能力向上への取組みが、能力向上に結びついていると考えられる。また能力向上の機会があることが、現在の仕事や今後のキャリアに向けた能力向上への意欲を高めているという面もあろう。

　第2に、管理職社員における教育訓練の機会について見ると、まずOJTに関して、課長相当では、係長相当までの一般社員と比べて、上司や同僚から指導や助言を受けたり、仕事のやり方を見て学んだりする機会は少ない。代わりに課長相当では、部下に仕事を教えることや、本・マニュアルによる学習、担当外の仕事の経験、社内のミーティング、社外の人からの情報取得といった機会がより多い。管理職社員のOJTの機会としては、一般社員と比べて上司の指導・助言や仕事から学ぶことが少ないぶん、職場管理者としての部下指導の経験に加え、ときに所属する部や課の範囲を越えて行われる仕事での経験の重要性が高いと考えられる。

　ただし同僚からの指導や助言を除くと、上司からの指導・助言や仕事のやり方を見て学ぶことも含め、以上のような広い能力開発の機会のいずれについても、経験する課長相当の社員ほど、直近3年間に能力向上を経験している。いずれも管理職社員の能力向上を促す機会となっているものと考えられる。

　Off-JTに関しては、課長相当の社員の多くが管理職研修などの階層別研修を経験している。正社員規模が大きな企業ほどその割合も高い。また同期と比べて昇進時期が早いとする課長相当の社員では、経営層育成のための選抜型研修のほか、通常の管理職研修についても受講した割合が高い。直近1年間に受講した研修の内容としては、管理職研修のほか、専門的知識やコン

プライアンスに関する研修を受講した割合が高い。このうち専門的知識に関する研修や、受講割合は2割程度にとどまるものの評価者訓練は、課長相当の社員の能力向上にとくに役立っている可能性がある。

　自己啓発について見ると、課長相当の社員の多くは、直近1年間に自己啓発を行っている。とくに講習会・勉強会・セミナーへの参加や自学・自習というかたちで自己啓発を行う割合が高い。能力向上を経験している課長相当の社員のほうが自己啓発を行っていることから、管理職社員の能力向上における自己啓発の重要性が示唆される。

　第3に、管理職社員における能力向上は、かれらの部下に対する能力開発への取組みに結びついている。すなわち、課長相当では、直近3年間において能力向上を経験している社員のほうが、部下育成のための取組みを広く行い、その成果についての自己評価も高い。この背景に関して、能力向上を経験している課長相当の社員ほど、能力開発の担い手としての役割を自らのものとして受け入れている。

　こうした関係は、能力向上を経験している管理職社員が、企業の教育訓練をつうじて、能力開発のノウハウや知識を習得するだけでなく、能力開発の担い手としての役割を明確に認識して受容していることを示すと考える。その結果、実際にも部下に対する能力開発への取組みが充実する傾向にあるのだと考えられる。

　集計からはとくに40歳台までの課長相当の社員で、直近3年間に能力向上の経験がない場合に、部下の能力開発について低く自己評価していた。管理職としての経験の短い社員ほど、職場での能力開発を担う能力向上に向けた、企業からの教育訓練による支援がとくに重要であることを示す結果と考える。

　以上、本章では、職場での能力開発の担い手であるとともに、能力開発の対象でもある管理職社員について、能力向上と教育訓練の機会との関係、教育訓練の成果としての職場での能力開発への取組みについて分析した。能力向上を経験する管理職社員は、一般社員と比べて決して少なくない。管理職社員が能力開発の対象でもあることが再確認される。実際に、企業による教育訓練は、管理職社員の能力向上を促す要因となっている。すなわち教育訓

練をつうじて管理職社員は、能力開発の担い手としての役割を受容し、これを実践する能力を高めている。

　とはいえ、分析からこうした関係が明確に把握できるのは、現状において管理職社員のあいだで教育訓練の機会に差が大きく、教育訓練をつうじて能力を伸ばす機会のかぎられた管理職社員が少なくないことを示してもいる。本章での分析結果は、企業が教育訓練をつうじて、職場での能力開発を担う管理職社員の能力向上を支援することが、管理職社員だけでなく一般社員の能力開発を促すことにもつながることを示す。企業としての能力開発の充実に向けて、管理職社員に対する教育訓練がとりわけ重要と考える。

＊本研究は JSPS 科研費 20K01862 の助成にもとづく成果の一部である。
＊＊本章は、佐野嘉秀（2022）「管理職における教育訓練機会と人材育成行動」，法政大学イノベーション・マネジメント研究センター　ワーキングペーパーシリーズ第 250 巻をもとに、本書への掲載にあたり改定を行ったものである。

能力開発システムの現状と課題

藤本　真・佐野　嘉秀

第1節　はじめに

　本書では、日本企業の「能力開発システム」の現状について分析した。すなわち日本企業における能力開発の制度や慣行の多様性をとらえるうえで、企業間に見られる能力開発の（a）分権化、（b）個別化、（c）早期分化、（d）職場外化の程度の相違に着目し、その実態の把握につとめた。また、これらの変化（正確には（a）～（d）の程度が高いこと）にともなう、あるいはこれらの変化を進めるうえでの能力開発上の課題について考察した。さらに、人事部門、職場管理者、一般の社員という企業内各層の当事者による能力開発の取組みを広く視野に入れ、それぞれの取組みやその相互関係、意識的な連携に向けた働きかけの実態と課題の解明を試みた。

　本書のまとめにあたる本章では、あらためてこうした研究課題に照らして事実発見を整理し、その含意について考えることとしたい。

第2節　各章の事実発見とその含意

　まずここでは、調査データにもとづいて主な分析を行った第2章以降の各章における日本企業の「能力開発システム」に関する事実発見とその含意を確認したい。

1.　企業の能力開発方針と職場管理者への期待

　第2章では、「能力開発システム」において基軸となる、企業としての能力開発に向けた取組みについて明らかにした。また企業（人事部門）から見た、能力開発の連携相手である職場管理者への期待や、企業としての能力開発に関する課題認識を確認している。

これから、第1に、企業が現在、力を入れる取組みとしては、社員全体の能力の底上げ、企業全体としての価値観の共有といった「集団としての企業」を意識した能力開発が挙げられる。さらに今後、力を入れたい取組みからは、これらに加え、女性管理職の育成やワーク・ライフ・バランスの推進など、いわば「企業を構成する社員各人」に目を向け、人材の多様性や社員の well-being にいっそう配慮しようとする動きも確認できる。

　第2に、過去5年間の Off-JT や自己啓発支援に関する教育訓練費用の重点配分の対象としては、新入社員・若年層向け研修を挙げる企業が最も多く、これに管理職向け階層別研修やリーダーシップ・マネジメントスキルに関する研修、専門技術・スキルに関する研修が続く。このうちとくに新入社員・若年層向け研修や管理職向け階層別研修は、能力開発において力を入れる取組みの内容にあまり左右されることなく、教育訓練費用の重点的な配分先として選択されている。今後については、管理職向け階層別研修を挙げる企業が最も多く、新入社員・若年層向け研修、リーダーシップ・マネジメントスキルに関わる研修が続く。多くの企業で、Off-JT の対象として新人・若年層に加え、職場管理者を重視していることがわかる。

　第3に、企業の経営方針との関連を見ると、社員の能力開発に関する取組みと関連をもちやすいのは、事業戦略と人材の関係、国内マーケットと海外マーケットのいずれを重視するか、事業展開のスピード、意思決定のあり方といった点に関する方針である。すなわち、事業戦略と人材の関係に関して、事業戦略に合わせて人材を採用するという方針の企業は、選抜的な教育訓練や経営層の育成などに力を入れる傾向がより強く、海外マーケットを重視する企業においては、社員の能力開発に関する特定の取組みが、より積極的に進められていた。また事業展開にあたってスピードを重視する企業やトップダウンの意思決定を重視する企業では、経営計画・方針と能力開発との結びつきの強化や、次世代の課長・部長候補に自覚を促すことに力を入れる傾向が強い。これらの企業では、迅速な事業展開を進めるうえで鍵を握ると考える職場管理者の重要性を認識し、その中心となる課長・部長層の能力向上に向けて積極的に働きかけようとしていることがわかる。

　第4に、企業の7割前後は、職場管理者に対して、後継者となる職場管理

者の育成や、職場での OJT の推進、新人・若手社員の育成を、また半分程度は、部署としての能力開発方針を立てることや、部下に企業の方針・理念を示すこと、部下に今後のキャリアの目標を示すこと、部下のキャリア上の相談に乗ることを期待している。これから、企業の多くは、職場管理者に職場での能力開発に関わる広い役割を期待していることがわかる。多くの企業は、職場管理者に能力開発を担当させる利点として、各職場の業務上のニーズに即応した能力開発の実行を挙げる。また、職場管理者の能力開発に果たす役割が今後、大きくなると認識している。

　第5に、職場管理者に対する企業からの支援は、管理職研修や企業の能力開発方針の周知などが中心となる。他方で、能力開発の成果の人事評価への反映や、求める人材像に対する意識のすり合わせ、部下育成に関する情報提供、個別の社員の育成に関する助言・意見交換、能力開発の負担を考慮した要員配置までを実施する企業は一部にとどまっている。

　第6に、日本企業において、自社の能力開発についての評価は、全体としては必ずしも低くない。とはいえ評価は分かれており、自社評価の低い企業では、とくに企業としての社員の能力開発に関する支援体制の整備や、職場管理者による能力開発への取組みなど、組織各層における能力開発の基盤が確立していないことに課題意識をもつ。このうちとくに職場管理者による能力開発の取組みが不十分とする割合は、全体でも4割程度を占めており、少なくない企業が課題として認識している。

　総じて、本書で用いた調査からは、日本企業の多くで、企業調査の回答者である人事部門が、社員の能力開発を職場で支える職場管理者の役割を重視し、これに期待をかけていることが読み取れる。これに対応して、管理職研修やリーダーシップ・マネジメントスキルに関する研修など、職場管理者向けの Off-JT の強化もはかられている。職場管理者に対しては後継者としての管理職の育成も期待されており、OJT をつうじた職場管理者の育成が重視されていることも読み取れる。これらの取組みの背景として、職場管理者による職場での能力開発を課題と認識する企業は少なくなかった。

　本書で着目する（d）能力開発の職場外化に関して、職場での OJT を重視する方針は、多くの企業で共通している。ただし、これを担う職場管理者

の能力開発に向けては、上記のとおり Off-JT を強化する動きも見られる。OJT を重視しつつ、これを強化するうえで Off-JT も活用されていることがわかる。また、本書で焦点をあてる人事部門と職場管理者との連携に関しては、現状では、職場での能力開発への人事部門からの支援は、管理職研修や企業の能力開発方針の周知などが中心となっている。能力開発に関する情報共有や助言・相談なども含めたより広い職場管理者に対する支援を取り入れていく余地は小さくないと考えられる。

2. 能力開発の当事者の取組みと認識

　第3章では、「能力開発システム」における組織内各層の当事者である企業の人事部門、職場管理者、社員それぞれの能力開発に関わる取組みや認識について分析した。

　分析から、第1に、企業（人事部門）から見た人事部門の基本的な役割として、経営戦略への貢献と、社員の要望把握や支援とは必ずしも排他的にとらえられておらず、両者をともに重視する企業も多い。他方で、これらそれぞれの役割から距離を置く人事部門も見られ、企業の人事戦略は多様となっている。こうしたなか、これら経営と社員への貢献をともに重視する人事部門ほど、経営計画・方針と能力開発の結びつきの強化から、社員の自主的なキャリア形成の支援までの、社員の能力開発に関わる幅広い課題に取り組む傾向にある。

　第2に、企業のうち、人事部門が「個別の社員の配置・異動の決定」の役割を果たしているとする割合は6割程度の多くを占める。社員への能力開発の機会提供やキャリア形成の支援がその目的となっている。また人事部門が個別の配置転換に関与する企業では、そのために様々なルートを活用して、社員各人の能力や仕事への希望などの人材情報の収集につとめている。先行研究が日本企業の特徴と見る、人事部門が能力開発に向けて配置転換に関与する慣行が確認できる。

　とはいえ他方で、人事部門が「個別の社員の配置・異動の決定」の役割を果たしているとはいえない企業も少なくない割合を占める。配置転換の決定に関して、職場管理者への分権化がすでにある程度、進展していることがわ

かる。ただし、過去5年間に人事部門において「個別社員の配置や処遇に対する関与の拡大」があった企業も2割程度を占めており、近年、一方向的に配置権限の分権化が進んでいるわけではない。

　第3に、職場管理者による能力開発支援の取組みとしては、部下社員に対して、仕事上の助言や知識の提供、相談対応などを実施する割合が高い。このほか、仕事のやり方を実際に見せたり、部下に仕事を振り返らせたり、仕事配分で仕事の幅を広げたり、次に目指すべき役割を示したり、研修の情報を知らせたりなど、幅広い取組みが行われている。

　第4に、ただし職場管理者の自己評価としては、部下に対する能力開発が「できている」とする割合は3分の1程度にとどまり、自己評価の低い職場管理者も少なくない。そうした職場管理者では、部下に対して、習得すべき知識・能力の説明や、仕事上の心構えや次に目指すべき役割を示すことなどの取組みが低調となっている。また課題として、時間的制約や能力開発のための知識やノウハウ不足を挙げる割合が高い。これらは、部下に対する能力開発への自己評価の高い職場管理者でも少なくない割合で指摘されている。

　第5に、職場管理者の多くは、担当職場での能力開発を担うことや、職場を担う次の管理職を育成すること、新人・若手社員の育成といった企業からの期待を認識している。ただし、職場管理者が部下の能力開発に関し力を入れていることについての回答と照らし合わせると、職場管理者の多くがこれらの企業側からの期待に応じきれていないことがわかる。

　第6に、社員の認識としては、上司にあたる職場管理者からの仕事上の指導・助言や、上司や同僚の仕事のやり方を見て学ぶ機会がある場合に、自身の能力開発の機会に対する満足度が高くなっている。社員の能力開発を進めるうえで、職場管理者による助言や指導といったOJTが重要な役割を果たしていることがあらためて確認できる。これに加え、満足度の高い社員では、研修受講や資格等の取得に対する企業の支援制度を活用できる機会が多く、支援制度に対する評価も高い。OJTに加え、社内外の研修や自己啓発が、社員の能力開発を促すという関係が示唆される。

　以上より、「能力開発システム」の多様性に関して、人事部門が能力開発に向けて個別の配置転換に関与する企業が多くを占める一方で、そうした慣

行から距離を置く企業も少なくない割合を占めている。日本企業の中で、配置転換に関する決定権限が分権化している企業がすでに少なくない。こうした点では、(a) 能力開発の分権化が、一定程度、進展していると見ることができる。

　職場管理者の取組みに目を移すと、かれらは職場メンバーに対する幅広い取組みをつうじて、OJT を中心に職場での能力開発を進めている。社員の認識からも、職場管理者による助言や指導といった OJT が能力開発において重要な役割を果たしていることがわかる。これらの事実は、(d) 能力開発の職場外化に関して、少なくとも能力開発の中心に OJT がある点には変わりがないことを示すと解釈できる。

　とはいえ、職場管理者による職場での OJT 等への取組みに対する自己評価は必ずしも高くない。この背景に関し、能力開発を進めるうえでの課題として、時間的制約や知識やノウハウの不足を挙げる職場管理者は少なくない。したがって、人事部門と職場管理者の連携の観点からは、時間的制約の軽減のための要員配置や、能力開発に関わる情報提供、個別の助言・相談等の、人事部門による職場管理者への支援が重要と考えられる。こうした人事部門による職場管理者の担う能力開発への支援の重要性は、上記のように (a) 能力開発の分権化のもと、職場管理者が配置の決定も含むかたちで能力開発に関わる意思決定を広く担う場合には、いっそう高まると考える。

3.「早い」選抜への移行と能力開発の機会

　第 4 章は、先行研究により日本企業の昇進管理の特徴として位置づけられる「遅い」選抜の現状に関する分析である。

　分析から、第 1 に、現在の日本企業の中に、企業が昇進選抜において勤続と抜擢のいずれを重視するかという方針のちがいに応じて、「遅い」選抜の慣行を維持する企業と、相対的に「早い」選抜を選択している企業とがある。昇進に差の生じる「第一選抜」出現時期は、最も抜擢を重視する企業のグループでも平均 5.0 年であり、先行研究の示す欧米企業の慣行と比べるとやや遅い傾向にある。それでも、最も勤続を重視する企業のグループでは同時期は平均 9.1 年であり、日本企業の中に、昇進選抜の時期に関して決して

小さくない相違が生じているといえる。

　第2に、こうした選抜の時期の相違と関連する要因を見ると、課長層割合の低い企業ほど、より上位の階層に昇進しない社員が同期集団の半数となる時期は早い。この背景として、管理職層比率の低い企業では、ポストのかぎられる役職昇進によらない、社員格付け制度（職能資格制度等）上での管理職層への昇進（昇格）を限定する傾向にある。

　第3に、係長層までの一般社員のうち、35歳までの若年層では課長層割合が低いほど、35歳から49歳までの中堅層では「第一選抜」出現時期が早い企業ほど、それぞれ管理職層への昇進意思をもつ社員の割合が少なくなっている。総じて「早い」選抜の企業ほど、管理職層への昇進意思をもつ社員は少ない傾向にある。

　第4に、他方で、昇進選抜の「遅い」か「早い」かにかかわらず、OJTやOff-JTといった企業が行う教育訓練の機会は、昇進意思をもつ社員においてとくに充実している。ただし、専門職志向の社員は、昇進意思をもつ社員と同等に自己啓発に取り組んでいる。

　このように、現在の日本企業では「早い」選抜への移行がある程度、進んでいる。こうしたなか「早い」選抜の企業ほど、管理職層への昇進意思をもつ社員が入社後の早期により少数となる。そして、これら「早い」選抜の企業も含め、企業の提供するOJTやOff-JTといった教育訓練の機会は、管理職層への昇進意思をもつ社員に重点的に与えられている。

　こうした事実発見を踏まえると、「早い」選抜の企業では、充実した教育訓練の機会を得る社員が早期により少なく限定される傾向にあると考えられる。これにともない、現場第一線の業務や高度な専門業務を担う人材の育成がとどこおる可能性が示唆される。「早い」選抜の企業がこれを避けるためには、早い段階で分岐する社員の企業内キャリアに合わせて、意識的に、これら現場第一線の業務や高度な専門業務を担う人材の育成に向けた教育訓練を実施することが重要と考える。

　この点に関して、確かに分析からは、専門職志向の社員が、昇進意思をもつ社員と同等に自己啓発を実施していることは確認できた。とはいえこれがOJTやOff-JTの機会の相対的な小ささを十分に補えているとはかぎらな

い。いずれにしても、企業として専門的知識に関する Off-JT 等を充実させることで、高度な専門人材の育成を促す余地は大きいと考えられる。またもちろん専門職志向の社員が取り組む傾向にある自己啓発を企業からの支援によりさらに促すことも有効であろう。併せて専門職制度の整備など、高度な専門的技能の習得に取り組むインセンティブを社員に提供することも重要と考える。

総じて、昇進選抜の時期の「早い」企業では、管理職登用に向けた重点的な教育訓練（OJT および Off-JT）の対象の限定と、その対象から外れがちな専門職志向の社員の自己啓発への取組みというかたちで、(c) 能力開発の早期分化が見られる。

このような教育訓練のあり方は、管理職の人材育成に関しては教育訓練投資の回収の効率性を高める面があるかもしれない（Rosenbaum 1984）。しかし、他方で、これにともない充実した OJT や Off-JT の機会を得る社員の範囲が狭くなることは、高度な専門的業務や職場での中核的業務を担う人材の厚い形成を損なう可能性がある。これを避けるうえで、相対的に「早い」選抜の企業では、早期から管理職昇進によらないキャリアを志向する社員について、これに合わせた研修や自己啓発支援を行うことが重要と考える。そうしたかたちでの (c) 能力開発の早期分化をはかることで、高度な専門的業務や現場第一線の中核的業務を支える人材の育成を促す余地は大きいと考えられる。

4. 企業による「キャリア自律」の促進

第5章では、近年、企業の中に重視する動きが見られるようになった、社員各人が自主的にキャリア構築と継続的学習に取り組む「キャリア自律」の企業による促進方針に焦点をあて、これと経営方針や人事管理方針、能力開発に関する取組みとの関係について分析した。

分析から、第1に、「社員の自主的なキャリア形成の促進」に力を入れる企業は、3割程度の少なくない割合を占める。しかし、こうしたキャリア自律を促進していく企業の意向と結びつく特定の経営方針や人事管理の方針を見出すことはできなかった。こうしたなか、正社員規模がより大きい企業ほ

ど、キャリア自律促進の意向をもつ傾向にある。この理由を考察すると、企業の正社員規模が大きいほど、社員のあいだで仕事やキャリアに関する期待は多様となる。それゆえ企業として一律的・単線的なキャリア管理を行うのではなく、キャリアやこれに関わる能力開発の選択に社員の意向を反映させることで、そうした社員間の多様性に対応しようとしているのだと解釈できる。

第2に、このようなキャリア自律を促進する方針の企業では、自己啓発への情報面・金銭面での支援を中心に自己啓発を促す様々な施策を行うほか、キャリアに関する社員の意向等の情報をより積極的に収集している。また実施割合は高くないものの、社員各人の意向を反映した配置や所属部門を越えた業務経験の提供もより積極的に行う傾向にある。他方で、キャリア自律と結びつけて考えられることの多い社内公募制度は、必ずしもキャリア自律促進の方針をとる企業の特徴とはいえない。

以上のように、現状においてキャリア自律促進（「社員の自主的なキャリア形成の促進」）に力を入れるとする企業は3割程度の少なくない割合を占める。また集計から、こうしたキャリア自律促進の方針にかかわらず、目標管理制度での目標設定、自己申告制度、管理職による個別相談等をつうじて、社員各人のキャリアに関する意向等の情報を把握する取組みは、いずれも5割台の多くの企業で実施されている。情報・金銭面での自己啓発支援を実施する企業も同様に多い。

このように、人事部門や職場管理者による制度的な社員のキャリアに関する意向把握や、社員の自主的な学習としての自己啓発への支援としては、能力開発に個人の意向を反映させる仕組みを取り入れる企業は多い。こうした範囲では、日本企業の中で（b）能力開発の個別化は、すでに進展していると見ることができる。

さらにキャリア自律促進の方針をとる企業では、社員各人の意向を反映した配置にもより積極的である。とはいえ、そうした企業でも、社員の意向を反映した配置に力を入れたり、社内公募制度を実施したりする割合はいずれも2割台にとどまる。キャリア自律促進に力を入れる企業でも、社員の企業内での社員のキャリア選択の「自律」の程度は、必ずしも高くないといえ

る。こうしたなか多くの企業では、能力開発の手段でもある配置転換に関しては、企業側が高い裁量をもち、社員の仕事やキャリアに関する意向を考慮することがある程度にとどまる。その意味で、(b) 能力開発の個別化は、一定の範囲内で進展しているにすぎないともいえる。

5. 能力開発をめぐる人事部門と職場管理者の連携

　第6章は、職場での能力開発に関する職場管理者と人事部門とのあいだの連携関係に焦点をあてている。

　分析から、部門間の配置転換の決定に関して、現状において最も大きな割合を占めるのは、人事部門が部門間の配置転換について主な権限をもちながら職場管理者の意見との調整をはかる企業である。他方で、配置転換の決定権限を職場管理者の側がもつ、より分権的な企業も少なくない。職場における能力開発の方針や進め方、Off-JT の人選などの意思決定も、こうした配置転換に関する意思決定の分権度とある程度の対応関係をもつ。日本企業の中に、これら能力開発の意思決定に関して、集権的な企業から分権的な企業までの広がりが生じていることが確認できた。

　それでも大多数の企業では、部門間の配置転換に人事部門が関与している。その多くを占めるのは、人事部門と職場管理者のいずれかが決定権限をもちつつ、両者のあいだでの意見調整のもと部門間の配置転換を決定する調整型の企業となっている。

　このような調整型の配置決定を行う企業では、職場管理者に対して、人事部門が能力開発の方針や育成すべき人材像の共有、研修や部下育成の情報提供、個別の助言などの施策を実施する割合が高い。とはいえこれ以外のより集権的ないし分権的な企業でも、多くは人事部門が管理者研修や研修情報の提供などを中心とする何らかの施策を実施している。

　しかし、職場での能力開発に関する人事部門との連携関係について、職場管理者の評価は分かれている。こうしたなか、人事部門が職場管理者に対して、企業としての能力開発の方針を示し、育成すべき人材像の共有をはかることや、能力開発に関する個別的な相談や助言の機会を提供することは、職場管理者による人事部門との連携関係への評価を高めている。能力開発の目

標や方針が明確となり、人事部門から能力開発に関する個別的な支援を得ることで、職場管理者にとって、職場での能力開発を進めやすい条件が整うためと考えられる。実際にも、人事部門との連携関係への評価の高い職場管理者は、職場メンバーに対して、企業内キャリアへの支援も含む能力開発のための取組みを広く行う傾向にある。そのぶん職場での能力開発は充実することになると考えられる。

　ただし、他方で集計から、職場の能力開発を促すと考えられるこれらの施策は、人事部門が実施していると考えていても、職場管理者がそれを認識していない場合も多い。人事部門には、職場管理者に対して、とりわけ能力開発の方針や目標の周知を実質的に行うとともに、能力開発に関する個別的な相談や助言の機会を広く提供していくことが求められよう。

　以上のように、日本企業において、能力開発の手段でもある配置転換の決定権限を人事部門がもつ企業は現在でも多い。とはいえ、そうした配置転換の決定も含め、（a）能力開発の分権化の程度には、企業間で小さくない相違がある。すなわち、配置のほか、職場の能力開発の方針や進め方、Off-JT参加者の人選などに関して、人事部門の関与が小さい企業も少なくない。その点で、（a）能力開発の分権化は、日本企業の中ですでに進展しているといえる。

　しかし、（a）能力開発の分権化の程度の高い企業でも、人事部門の能力開発に果たす役割は必ずしも小さくならない。能力開発の意思決定を広く担う職場管理者を支援するうえで、人事部門が企業としての能力開発の方針を示し、育成すべき人材像の共有をはかることや、能力開発に関する個別的な相談や助言の機会を提供することは、むしろいっそう重要になると考えるためである。

　実際に、第6章での分析によれば、部門間の配置転換の決定権限を指標とする（a）能力開発の分権化の程度によらず、これらの施策は人事部門との連携についての職場管理者の評価を高めている。人事部門に対して、職場管理者が広く共通して求める施策であるためと考えられる。これらの施策を起点として、人事部門が職場管理者とのあいだに連携関係を築くことが、企業としての能力開発の充実に向けて広く有効であることが示唆される。

6. 職場での能力開発と職場管理者の取組み

第7章では、職場管理者と社員の認識を手がかりに、職場における能力開発の現状と課題を分析した。

第1に、社員は自身の仕事に関する能力を高めるうえで、上司にあたる職場管理者からの指導・助言や、仕事の幅を広げるような仕事配分などが役立つと認識している。また仕事のやり方への助言や、仕事に必要な知識の提供、仕事についての相談への対応など、職場管理者からの支援を広く受けている社員ほど、職場管理者による能力開発に満足している。そして満足度が高い社員ほど、仕事上の能力の上昇を経験したと認識し、能力向上への意欲も高い。社員の能力形成における職場管理者の指導や支援による OJT の重要性を再確認できる。

第2に、社員は職場での能力開発に関して、職場管理者の時間的制約や過度な負荷、能力開発への関心の低さなどを課題として認識している。職場管理者自身の課題認識としては、時間的制約に加え、能力開発に関する知識・ノウハウの不足への指摘が多い。これらの課題を認識する職場管理者では、部下の能力開発に対する自己評価が低い傾向にある。

第3に、これら時間的制約とノウハウ不足という課題のうち、前者に関して、総じて職場管理者は、職場メンバーの指導・支援にかける時間配分を現状よりも増やしたいと考えている。また時間的制約を課題として指摘する職場管理者は、自らの管理する職場において人員不足の問題に直面している傾向にある。人員不足という問題を抱えながらも、部下である社員への能力開発支援を停滞させないように取り組もうとしている職場管理者が、時間的余裕のなさを強く感じ、課題視していると考えられる。他方でノウハウ不足の課題は、とくに管理職としての経験の浅い職場管理者で多く指摘されている。

以上から、社員の能力開発において、職場管理者による指導や支援による OJT がやはり重要な役割を果たしていることがわかる。それゆえ (d) 能力開発の職場外化の側面に関しては、Off-JT や自己啓発支援の拡充が進む企業でも、やはり能力開発において OJT が基本となる点には変わりがないと考えられる。

　しかし現状において、OJT に課題をもつ職場は多いことも確認された。職場管理者の自己評価としては、時間的制約やノウハウの不足から、その役割を十分に果たしていないとする割合は小さくない。また、社員の上司評価としては、職場管理者の時間的制約や能力開発への関心が希薄という問題も指摘される。

　これらの問題を抑制するうえで、人事部門には、職場管理者に対して、要員配置をつうじた時間的負荷の軽減や、能力開発上の役割理解の促進や能力・知識習得を促す管理職研修、個別的な相談・助言等などの支援を行うことが求められると考える。このような人事部門による職場管理者への支援をつうじて、職場管理者による職場での能力開発が促進されれば、社員における自身の能力向上に向けた職場管理者への期待を満たすことにもつながると考えられる。

7.　ホワイトカラーの職種特性と能力開発

　第8章では、ホワイトカラーの職種の多様性に応じた適切な能力開発のあり方を検討している。企業のホワイトカラー職種を「事務系の職種」、「営業・販売系の職種」、「企画・開発系の職種」の三つの職種に大きく分けると、それぞれの職種において、仕事の性質や、これを遂行する社員に求められる資質・能力にはちがいが見られる。そうした相違にかかわらず、ホワイトカラー職種に共通して、上司からの指導・助言、仕事の幅の拡大、上司や同僚の仕事を見て学ぶなど、職場での OJT が有効であると社員は認識している。

　とはいえ他方で、社員が有効と認識する能力開発の方法には職種ごとのちがいも見られた。すなわち、事務系職種では、仕事に関連する専門的知識を得るなどの Off-JT や、上司からの指導・助言など、営業・販売系職種では、Off-JT に加え、「応援などで担当外の仕事を経験する」などの仕事経験、企画・開発系職種では、本やマニュアルからの学習や社外の友人からの情報の取得といった就業時間外での自発的な取組みが、それぞれ有効な方法と認識されている。

　とくに企画・開発系職種では Off-JT に対する有効性の認識が弱く、実際

の受講による能力開発の満足度への影響も小さい。これは、就業時間内での企業の指示による施策であるOff-JTだけでは、不十分な場合が多いことを示すと考える。この背景として、専門的知識や新しいアイディアが求められ、仕事内容の変化も激しいといった、企画・開発系職種の仕事の性格を指摘できる。これに応じて、専門性を高めるための自律的な学習行動がとりわけ重要になっているものと考えられる。

こうした企画・開発系職種での能力開発を促すには、社員が自己啓発に十分な時間を割くことができるよう、企業からの労働時間面での支援が欠かせないはずである。しかし実際には、同職種の労働時間は長く、仕事の忙しさに能力開発上の問題がある。とはいえ一律に労働時間短縮をすれば十分ともいえない。むしろ分析からは、忙しい仕事の中でも柔軟に能力開発を組み込めるような、職場管理者による社員各人への個別的な就業時間面の配慮が有効と考えられる。

また第8章の分析では、おそらく実例が少ないために効果が確認されなかったものの、企業の施策として、自己啓発のための休暇や残業免除等の制度導入も有効と考える。これら社員が自己啓発のために利用できる労働時間制度の導入は、職場管理者が部下にあたる社員に対して、就業時間面での配慮を行いやすくする効果もあるだろう。社員の自発的取組みである自己啓発に関しても、これを促す職場管理者による就業時間面での配慮と、労働時間制度の導入をつうじてこれらを支える人事部門の連携が重要といえる。

以上のように、ホワイトカラーにおいても、その中での仕事の性格の相違を問わず、やはり職場管理者による指導・助言や、仕事の幅が広がるような仕事配分、仕事のやり方を見て学ぶことなどのOJTが有効であると社員は認識している。

ただし、事務系職種と比べ、営業・販売系職種ではOff-JT、企画・開発系職種では自己啓発の有効性を認識する社員が多い傾向にある。専門的知識への要請や仕事の変化の大きさなど、職種による仕事特性により、Off-JTや自己啓発の有効性は異なる可能性が示唆される。OJTを基本としつつも、仕事特性も踏まえて、Off-JTや自己啓発支援の拡充をはかることが、効果的な能力開発において重要と考えられる。このような意味での (d) 能力開

発の職場外化の要請は、日本企業に広く共通と考える。

　しかし現状では、企画・開発系の職種のように専門性を高めるため自律的な学習が重要となる職種の社員ほど、仕事の多忙さにともなう労働時間による拘束ゆえに、そのための時間がとれていないという問題も確認された。(d)　能力開発の職場外化の要請に応えるうえでは、自己啓発のための労働時間制度の整備や、職場管理者による部下の時間面での配慮が課題となる。そうした制度設計のほか、職場管理者に対する制度理解の促進、職場への要員手当の面で、人事部門の果たすべき役割は大きい。自己啓発の促進に向けても人事部門と職場管理者の連携が重要といえる。

8.　管理職社員の能力開発とその効果

　第9章では、職場での能力開発の担い手であるとともに、能力開発の対象でもある管理職社員（職場管理者）について、能力向上と教育訓練の機会、その成果としての部下社員に対する能力開発への取組みのあいだの関係を分析した。

　分析から、第1に、管理職社員（部・課長相当層）における仕事に関わる能力向上の状況について、本人の自己認識を手がかりに見ると、直近3年間に能力向上を経験している社員は決して少なくない。管理職社員が十分に企業の能力開発の対象であることを示す結果と考える。

　第2に、管理職社員の能力向上を促す教育訓練の機会を見ると、OJTに関して、課長相当では、係長相当までの一般社員と比べて、部下に仕事を教えることや、担当外の仕事の経験、社内のミーティング、社外の人からの情報取得といった機会がより大きい。そして、これらの機会があることは、課長相当の社員の能力向上を促している。

　Off-JTに関しては、課長相当の社員の多くが管理職向け階層別研修を経験している。このほか、専門的知識やコンプライアンスに関する研修を受講した割合も高い。経営層育成のための選抜型研修は、同期と比べて昇進時期が早いと自己認識する課長相当の社員で受講した割合が高い。これらのうち専門的知識に関する研修や、実施比率は低いものの評価者訓練は、課長相当の社員の能力向上にとくに役立っている可能性がある。

課長相当の社員の多くは自己啓発を行っている。とくに講習会・勉強会・セミナーへの参加や自学・自習を行う割合が高い。能力向上を経験している課長相当の社員のほうが自己啓発を行っていることから、管理職社員の能力向上における自己啓発の重要性が示唆される。

　第3に、課長相当では、自らの能力向上を経験している社員のほうが、部下の能力開発への取組みを広く行い、その成果への自己評価も高い。また能力開発の担い手としての役割が企業から期待されていると認識している。職場管理者は、企業の教育訓練をつうじて、能力開発のノウハウや知識を習得するだけでなく、能力開発の担い手としての役割を明確に認識して受容していることがわかる。

　このように、企業による教育訓練は、管理職社員の能力向上を促している。OJT に関わる仕事上の経験だけでなく、Off-JT や自己啓発をつうじても能力を伸ばしていることが確認できた。また、これにともない管理職社員は、職場での能力開発の担い手としての役割を受容し、これを実行する能力を高めている。したがって、人事部門が教育訓練をつうじて管理職社員の能力向上を支援すること、つまり管理職社員の能力開発をはかることは、管理職社員だけでなく一般社員の能力開発も促すという関係にある。企業の能力開発において、管理職社員の教育訓練がとりわけ重要であることが再確認される。

　しかし他方で、こうした関係が明確にとらえられるのは、日本企業の現状において、能力開発の機会のかぎられた管理職社員が少なくないためでもある。人事部門と職場管理者の連携という観点からは、人事部門が配置や研修、自己啓発支援をつうじて職場管理者（管理職社員）の能力向上をいっそう支援する余地が大きいと考えられる。

第3節　日本企業の「能力開発システム」：
その変化と現状・課題

　以上のような各章の事実発見からは、日本企業の「能力開発システム」が、本書で着目する能力開発の（a）分権化、（b）個別化、（c）早期分化、

(d) 職場外化といった側面に関して、いずれも一定の範囲内で進展するなかで、多様化していると見られる。日本企業の能力開発の課題には、そうした多様性に応じたものと共通のものとがある。ここでは、本書のまとめとして、そうした日本企業の「能力開発システム」の現状と課題について整理することとしたい。

1.「能力開発システム」の変化と現状

　各章の事実発見と考察からは、まず日本企業の「能力開発システム」の特徴に関して、第1章にて先行研究の事実発見を踏まえて整理した古典的「能力開発システム」に近い性格を保つ企業が依然として多いことを確認できる。

　古典的「能力開発システム」の特徴としては、(1) 人事部門の権限にもとづく配置転換への関与をつうじた、社員への幅広い仕事経験の付与、(2)「遅い」選抜による広い範囲の社員への長期的インセンティブ付与と管理職登用に向けた能力開発、(3) 配置した職場でのOJTを中心とし、補完的にOff-JTや自己啓発を用いる能力開発の三つを挙げた。

　このうち (1) の配置転換に関わる特徴に関しては、現状でも企業の多くで、人事部門が部門間の配置転換の決定権をもつ。また、その権限を職場管理者の側がもつ場合も含めて、大多数の企業で人事部門は配置の決定に関与している。こうしたなか、能力開発は配置転換の目的として位置づけられている。(2) の昇進管理に関して、現状でも、昇進選抜において勤続を重視する企業は半数程度を占めている。そうした企業では決定的な昇進選抜の時期が遅い傾向にあり、「遅い」選抜があえて維持されていると考えられる。(3) 教育訓練の手段に関しても、OJTは能力開発の中心にあると見られる。職場管理者は幅広い取組みをつうじOJTを実行している。またホワイトカラー職種を含めて、社員の多くは、職場管理者からの指導・助言、仕事の幅を広げるような仕事配分など、職場でのOJTが有効であると認識している。

　しかし同時に、本書での分析からは、先行研究をもとに想定した (a) 分権化、(b) 個別化、(c) 早期分化、(d) 職場外化といった能力開発の諸側面に関する変化が、日本企業の中で、一定程度、進展していることも確認さ

れた。

　すなわち、(1) 配置転換の特徴と関わる能力開発の (a) 分権化と (b) 個別化の側面のうち、(a) 分権化に関しては、部門間の配置転換の決定権限を職場管理者の側がもつ企業も、すでに少なくない割合を占める。そして部門間の配置転換の決定に関する分権度の高い企業では、部門内の配置転換や課長への昇進・昇格の決定に関する分権度も高い。また、職場の能力開発の方針の決定や Off-JT 参加者の人選などについても、職場管理者に任される傾向にある。(a) 能力開発の分権化の程度に関して、日本企業の中ですでに小さくない相違が生じていることが確認できる。

　ただし既述のように、大多数の企業で、人事部門は部門間の配置転換への関与を維持している。こうしたなか、大きくくくると現状で最も多いのは、人事部門ないし職場管理者のいずれかが決定権限をもちつつ、両者の調整をつうじて部門間の配置転換を決める調整型の企業である。部門間の配置転換の決定権限を指標として見ると、多くの企業において (a) 能力開発の分権化は、人事部門の関与をなくすものではない。分権化の程度は、人事部門と職場管理者のあいだで能力開発に関する意思決定を調整のうえ決める調整型の範囲におよそ収まっていると見ることができる。

　(b) 個別化の側面に関して、目標管理制度での目標設定、自己申告制度、職場管理者による個別相談等をつうじて、社員各人の仕事やキャリアに関する意向を把握する取組みや、自己啓発への情報面・金銭面での支援により自発的な学習を促す取組みを実施する企業は多い。とくに社員の自主的なキャリア形成への支援を方針とする一部の企業では、これらの取組みに積極的な傾向にある。このような範囲では、配置や教育訓練の選択に社員の個別な意向を反映させる施策は広がっている。(b) 能力開発の個別化は、日本企業の中で、一定程度、進展していると見ることができる。

　ただし、社員の自主的なキャリア形成への支援を方針とする企業でも、社員の意向を反映した配置に力を入れる企業や、社内公募制度を導入する企業はいずれも 2 割台にとどまっていた。多くの企業は、上記のように社員のキャリアに関する意向を把握する制度をもつ場合も、その前提として、人事部門や職場管理者といった企業側が配置転換に関する強い権限をもつ。そし

て、企業側の裁量による配置の決定時に、社員の仕事やキャリアに関する意向が考慮されることがある程度にとどまると見られる。

　このように、日本企業における（b）能力開発の個別化は、配置に関しては企業側が強い権限をもち、社員のキャリアに関する意向を適宜、反映させるという範囲内で主に進展している。自己啓発をつうじた社員の自主的な学習も、こうして企業側の決定に方向づけられる配置や仕事の内容、企業内キャリアに即したかたちで行われることになると考えられる。それゆえ、（b）能力開発の個別化、すなわち社員の意向を踏まえた配置や教育訓練を実施するうえで、社員のキャリアへの意向の把握や、配置転換に際しての考慮といった人事部門や職場管理者の取組みの重要性がやはり高い。

　（c）能力開発の早期分化に関して、その要請を高めると考える昇進選抜の早期化は、少なくない企業で確認できる。すなわち、昇進管理において勤続年数よりも抜擢を重視する方針の企業は半数程度を占める。そうした企業を中心に、「第一次選抜」出現時期や課長層への昇進選抜の時期といった決定的な選抜の時期が相対的に早い企業が見られる。先行研究の示すアメリカやドイツの企業の例と比べれば、そうした時期は遅い傾向にある（佐藤2002）。それでも日本企業のあいだで、決定的な昇進選抜の時期には、小さくない差がすでに広がっているといえる。

　能力開発の面では、相対的に昇進選抜が「早い」企業では、入社後のより早い段階で、昇進意思をもたない社員の割合が高まる傾向にある。しかし昇進選抜時期にかかわらず、OJT や Off-JT は昇進意思をもつ社員に重点的に実施されている。結果として、「早い」選抜の企業では、重点的に教育訓練を行う対象となる社員がより少なく限定される傾向にあると考えられる。ただし、昇進意思をもたない専門職志向の社員は、自己啓発に関しては、昇進意思をもつ社員と同等に実施する傾向にあった。

　したがって現状では、昇進選抜の早期化は、管理職登用に向けた重点的な教育訓練（OJT および Off-JT）の対象の限定と、その対象から外れがちな専門職志向の社員の自己啓発への取組みというかたちで、（c）能力開発の早期分化につながっていると見られる。

　このような教育訓練のあり方は、職場管理者となる人材の育成に関しては

教育訓練投資の回収の効率性を高める面があるかもしれない（Rosenbaum 1984）。しかし他方で、これにともない充実した OJT や Off-JT の機会を得る社員の範囲が狭くなることは、高度な専門的業務や職場での中核的業務を担う人材の厚い形成を損なう可能性もある。そこで、相対的に「早い」選抜の企業では、早期に分化する傾向にあると考えられる社員のキャリア志向に即して、これらの人材の育成に向けた OJT や Off-JT の体制を整えるかたちで、(c) 能力開発の早期分化をはかることも有効な選択肢と考える。併せて、専門職志向をもつ社員ではすでに取り組まれる傾向にある自己啓発について、企業としての支援を拡充することも有効であろう。

　しかし現状では、管理職登用に向けた OJT や Off-JT の対象の限定を超えて、こうしたいわば積極的な (c) 能力開発の早期分化は、あまり進展していないと見られる。

　(d) 能力開発の職場外化に関して、上記のとおり日本企業の能力開発において OJT が基本となっている点は、広く共通と考えられる。ただし、これに加えて、Off-JT や自己啓発支援を拡充する動きは多くの企業で見られる。第 1 章にて集計から確認したとおり、過去 5 年間に社員一人あたりの Off-JT や自己啓発支援に関する教育訓練費用を増加させた企業は 4 割程度にのぼり、他方で減少させた企業は 1 割に満たない。それゆえ、少なくとも調査時点の 2010 年代半ばに向けては、全体としての大きな傾向として、企業は Off-JT や自己啓発支援を拡充させる方向にあったと見ることができる[1]。

　教育訓練費用の配分に着目すると、新入社員・若年層に加えて、管理職向け階層別研修やリーダーシップ・マネジメントスキルに関する研修など、管理職社員を重点的な配分対象とする傾向も多くの企業で確認される。社員の能力開発において職場での OJT が変わらず重視されるなかで、これを担う

---

[1]　第 1 章の注 6 でも示したとおり、厚生労働省『能力開発基本調査』（企業票）の集計を見ると、労働者一人あたりの Off-JT 支出額の平均値は、2012 年度 1.3 万円、2013 年度 1.4 万円、2014 年度 1.7 万円、2015 年度 2.1 万円、2016 年度 1.7 万円というように、日本企業全体についての非正社員も含む集計でも増加の傾向にあった。その後、2017 年度 1.4 万円、2018 年 1.9 万円となり、コロナ禍の影響もありその後は 2019 年度 1.5 万円、2020 年、度 1.2 万円、2021 年度 1.3 万円と相対的に低めの水準で推移している。Off-JT の拡充が広く企業の基本方針となっているかの見極めには、今後の動向を確認する必要があると考える。

職場管理者の能力開発において、Off-JT にも力を入れる企業が少なくないと解釈できる。また実際に、管理職社員の多くは管理職研修を受講するほか、自己啓発に取り組んでいる。

このほか、専門技術・スキルに関する研修についても、教育訓練の重点的な配分対象とする企業は少なくない。この背景に関して、ホワイトカラー職種の中でも、とくに営業・販売系職種では Off-JT が社員に有効と認識されている。仕事特性に応じて必要とされる専門的知識を社員が得る機会を提供するうえで、専門的な知識に関わる Off-JT を重視する企業も多いと見られる。このほか、企画・開発系職種では、自己啓発を有効と見る社員が多い傾向にある。ただし仕事の多忙さが、社員が自己啓発に時間を割くうえでの制約となっていることも確認された。

総じて、(d) 能力開発の職場外化に関しては、教育訓練の手段としてOJT を基本としつつも、Off-JT や自己啓発支援を拡充する動きが日本企業のなかで広く見られる。ただし、過去 5 年間の Off-JT や自己啓発支援に関する教育訓練費用に変化がないとする企業も半数程度を占めていることも事実である。Off-JT や自己啓発支援の拡充への取組みには、企業間の相違も大きい。またその結果としての実際の Off-JT や自己啓発支援の充実度にも、企業間でちがいが見られる。自己啓発については、情報・金銭面の支援を行う企業は多いものの、自己啓発のための労働時間制度の導入はほとんど行われていない。

このように、(d) 能力開発の職場外化は、企業間の取組みの有無や程度の相違、取り入れる施策の限定をともないつつ、日本企業の中で一定程度、進展しているといえる。とはいえ多くの企業に共通して、OJT は依然として能力開発の重要な手段と位置づけられている。

2.　社内多様化型「能力開発システム」モデルの想定

以上のように、マクロな視点から日本企業の「能力開発システム」の特徴をとらえると、その古典的モデルに照らして、持続と変化の両側面が確認される。すなわち、持続の側面としては、現状でも多くの企業で、(1) 人事部門の権限にもとづく配置転換への関与をつうじた、社員への幅広い仕事経験

の付与、(2)「遅い」選抜による広い範囲の社員への長期的インセンティブ付与と管理職登用に向けた能力開発、(3) 配置した職場での OJT を中心とし、補完的に Off-JT や自己啓発を用いる能力開発といった特徴が維持されている。しかし同時に、変化の側面として、少なくない企業で、古典的モデルと比べ、能力開発の (a) 分権化、(b) 個別化、(c) 早期分化、(d) 職場外化が進展していることも確認できた。

ただしこれらの変化は、すべての企業で進展しているわけではない。それだけでなく、進展が進んだ企業でも、多くの場合、その進展の程度は、およそ一定の範囲内に収まっていることも確認された。

すなわち、能力開発の (a) 分権化に関して、部門間の配置転換の決定権限を職場管理者がもつ企業でも、その多くでは、人事部門もこれに関与して調整をはかっている。こうした企業では、職場の能力開発の方針の決定などにも人事部門が関与する傾向にある。

(b) 個別化が進展した企業でも、配置転換に関して企業側が強い権限をもつなかで、社員のキャリアへの意向を反映させるかたちをとる。それゆえ仕事に応じた能力開発は、そうした配置に関する企業側の決定に方向づけられることとなる。

(c) 早期分化に関しては、相対的に「早い」選抜の企業でも、管理職登用に向けた重点的な教育訓練（OJT および Off-JT）の対象の限定が進展するにとどまる傾向にある。早期に分化する専門職志向などのキャリア志向の社員に対して、これに応じた OJT や Off-JT を拡充するには至っていない企業が多いと見られる。

(d) 職場外化に関しても、Off-JT や自己啓発支援の拡充をはかる企業は少なくない。とはいえ、そうした企業も含め、多くの企業において OJT は有効な能力開発の手段として中心的な位置づけにある。

第 1 章の集計から解釈したように、これらの変化の側面のうち、能力開発の (a) 分権化、(b) 個別化、(c) 早期分化は、日本型雇用システムを支える規範である長期雇用の方針を強く支持する企業で、進展が小さく、古典的「能力開発システム」モデルの特徴を維持する傾向にあると見られた。それゆえ、今後、もし日本企業の中で、長期雇用方針への支持が弱まることがあ

296

れば、これらの変化がいっそう進展する可能性もあろう。

とはいえ現状において、長期雇用方針への支持のゆるやかな企業があるなかでも、これらの変化の進展は、上記のような一定の範囲内にある。今後も能力開発の（a）分権化、（b）個別化、（c）早期分化は、およそこうした範囲に収まる可能性が高いと考える。

この背景に関して、第1章の集計で確認したとおり、長期雇用方針のゆるやかな企業でも、その多くは基本的には長期雇用方針を重視している（「正社員全員の雇用保障に努める」という方針に「どちらかといえば近い」とする）。こうしたゆるやかな支持も含めると、長期雇用方針は日本企業の大多数に共有されていた。

それゆえやはり日本企業に広く共通して、長期的な能力開発が重視されており、（a）能力開発の分権化のもとでも、長期的な能力開発の主な手段となるOJTの機会を左右する配置について、人事部門が関与を保つともに、（b）能力開発の個別化のもとでも、人事部門と職場管理者とが調整するかたちで企業側が決定権限を保つことが有効との判断が働いているものと考えられる。また（c）能力開発の早期分化に関しては、相対的に「早い」選抜の企業でも、広い範囲の社員を対象として昇進に向けた仕事へのインセンティブを長期的に保つことが重視されると考えられる。それゆえ、研修制度等により明確になるかたちでは昇進ルートとそれ以外とを区別しない配慮が働いている可能性がある。あるいは単に、昇進の早期化を進める企業において、（c）能力開発の早期分化が追いついていない可能性もある。

（d）能力開発の職場外化に関しては、第1章の集計では、むしろ長期雇用方針を強く支持する企業でOff-JT等を拡充する傾向にあった。長期雇用方針への支持が弱まることで、教育訓練への投資が抑制されることになれば、Off-JTの拡充という意味での（d）能力開発の職場外化は、かえってとどこおる可能性もある。

このような想定を踏まえると、現状における変化の進展の範囲をもとに、その先に現実的にありうる「能力開発システム」のあり方について、一つのモデルを示すことができる。そのような、古典的「能力開発システム」モデルに代わりうる、いわば変化型「能力開発システム」モデルの特徴を整理す

第 10-1 表　日本企業における変化型（社内多様化型）「能力開発システム」
　　　　　モデルの特徴

要素	特徴
分権的な能力開発の意思決定	職場管理者が部門間の配置転換をはじめ、職場の能力開発の方針や進め方の決定、Off-JT 参加者の人選など能力開発の広い事項について意思決定の権限をもつ。ただし、人事部門もこれに関与して調整をはかる。
社員の意向を反映させる個別的な配置の決定	配置転換に関して企業側が強い権限を保ちつつ、社員の仕事やキャリアに関する意向を把握してその決定の際に考慮する。こうしたプロセスにより、社員各人の能力開発の機会を左右する配置への本人の意向反映がはかられる。社内公募制度もときに併用される。
社員の入社後早期でのキャリア分化に応じた能力開発	相対的に「早い」昇進選抜のもと、管理職登用に向けた教育訓練（OJT および Off-JT）の対象は早期に絞られる。（現状ではあまり実施されていないものの）専門職志向などへと早期に分化するキャリア志向に応じて、OJT や Off-JT の実施をはかるほか、自己啓発を支援する。
職場外での教育訓練の活用	OJT を基本としつつも、積極的に Off-JT や自己啓発支援を組み合わせて、仕事の性格や、社員のキャリア志向に応じた教育訓練の実行をはかる。

注. 本書の事実発見にもとづく考察による。

ると**第 10-1 表**のようになる。

　このような「能力開発システム」の変化型モデルは、（a）配置の決定を含む能力開発の意思決定に関して、人事部門が関与を保ちつつもその権限を職場管理者に大きくゆだね、（b）社員の意向を踏まえた配置の決定を行うとともに、社員による能力開発の選択の機会を与え、（c）早期に社員の企業内キャリアとこれに対応する能力開発の分化をはかり、（d）教育訓練の手段としての Off-JT や自己啓発支援の拡充をはかる性格をもつ。それゆえ、全体として、古典的モデルと比べると、企業内での職場や社員ごとの能力開発の機会や内容、手段の多様化を受け入れる「能力開発システム」と特徴づけることができる。

　こうした性格を踏まえると、社内多様化型の「能力開発システム」と呼ぶこともできるだろう。ただし、社員間の能力開発の機会の差をどこまでも許容するものではなく、人事部門が一定の関与を保ちつつ、あくまで長期的な能力開発をつうじた人材の確保が可能な範囲で、能力開発に関する職場管理者の裁量を広く認め、能力開発の内容や手段に関する社員の意向を反映させ、OJT を基本としつつ職種や職務の内容、社員の期待に応じた Off-JT の

機会提供や自己啓発を支援する性格をもつ。全体として、社員の長期的な企業内キャリアを可能とする「深い」内部労働市場のもとでの能力開発の多様化を特徴とするモデルと見ることができる。

　日本企業の実態は、およそすでに整理した古典的「能力開発システム」モデルと、このように、同表に示した特徴を要素とする変化型（社内多様化型）「能力開発システム」モデルのあいだに分布していると考えられる。今後、企業における長期雇用方針への支持の変化などに応じて、能力開発の (a) 分権化、(b) 個別化、(c) 早期分化、(d) 職場外化が進展するとすれば、変化型モデルに近い特徴をもつ企業が増える可能性があると考えることができる。

3.「能力開発システム」の多様性のもとでの人事部門の課題

　以上のような日本企業の「能力開発システム」の現状に見られる多様性を踏まえて、前節で要約した各章の分析結果をもとに、企業としての能力開発の充実に向けて、主に人事部門が取り組むべきと考えられる能力開発の課題を整理すると次のようになろう。

　(a) 能力開発の分権化に関しては、その程度によらず、人事部門が職場管理者に対して、企業としての能力開発の方針を示し、育成すべき人材像の共有をはかり、能力開発に関する個別的な相談や助言の機会を提供することが、人事部門との連携に関する職場管理者の評価を高め、職場での能力開発の充実に寄与する。このような人事部門による職場管理者への支援は、配置の決定を含む能力開発に関わる意思決定を職場管理者が分権的に担うほどむしろ重要となる。

　(b) 能力開発の個別化に関して、人事部門や職場管理者による、社員各人のキャリアに関する意向についての制度をつうじた把握や、自己啓発への支援を行う企業は多い。しかし「社員の自主的なキャリア形成の促進」を目指す企業も含め、配置への社員の意向反映に力を入れたり、社内公募制度を実施したりする企業は一部にとどまる。もし企業が能力開発への個人意向の反映をさらに進めるとすれば、能力開発の機会を左右する配置に対して、個人の意向や選択を反映させるこれらの取組みの強化も重要な選択肢となる。

(c)　能力開発の早期分化に関して、昇進選抜の時期の「早い」企業では、管理職登用に向けた重点的な教育訓練（OJT および Off-JT）の対象が限定される傾向にある。現状では、管理職昇進を目指さない専門職志向の社員は、自己啓発によりこれを補う傾向にある。企業にとり、社員の入社後のより早期に分化する企業内キャリアに応じた Off-JT や自己啓発支援を充実させる余地は大きい。これにより、高度な専門的業務や現場第一線の中核的業務を支える人材の育成を促すことが重要と考える。

　(d)　能力開発の職場外化に関して、能力開発において職場管理者が職場で担う OJT は、多くの企業で中心的な位置づけにある。しかし職場管理者の自己評価としては、時間的制約やノウハウの不足から、その役割を十分に果たしていないと認識する割合は小さくない。また社員の上司評価としては、職場管理者の時間的制約に加え、能力開発への関心の希薄さも指摘される。人事部門には、職場管理者に対して、適切な要員配置による時間的負荷の軽減や、能力開発上の役割理解や能力・知識習得を促す管理職研修、個別的な相談・助言等などの支援が求められると考える。

　さらにホワイトカラーのなかでも、職種による仕事特性により Off-JT や自己啓発の有効性は異なる。OJT を基本としつつも、仕事特性も踏まえて Off-JT や自己啓発支援の拡充をはかることが、効果的な能力開発につながる。しかし現状では、企画・開発系職種など専門性を高めるため自律的学習が重要な職種の社員ほど、仕事の多忙さから自己啓発の時間を確保できていない。人事部門には、自己啓発のための労働時間制度の整備や、職場への十分な要員配置の実現が求められる。

　以上が、日本企業の「能力開発システム」が変化型モデルへと広がりを見せるなかで、あらためて人事部門による取組みを検討すべき能力開発上の課題になると考える。

　もちろん今後の日本企業の「能力開発システム」が実際に、どう変化するかはわからない。継続的な調査研究によってのみ確かめられることであろう。とはいえ、仮に（d）能力開発の職場外化が進展したとしても、上で整理したように、変化型モデルまでの変化の範囲内では、OJT が能力開発の基本となることに変わりはない。

　そうであれば、今後の変化の有無にかかわらず、職場での OJT を主に担う職場管理者の役割が重要であることは変わらない。またとくに（a）能力開発の分権化が進展するとすれば、職場管理者は、配置の決定も含め能力開発の意思決定を広く担うこととなる。さらに能力開発の（b）個別化や（c）早期分化のためにも、社員の意向やキャリア志向に合わせた OJT を担う職場管理者の協力が欠かせない。能力開発の（a）分権化、（b）個別化、（c）早期分化が進展するほど、職場管理者が能力開発において果たす役割は拡大する面もある。

　それゆえ、日本企業の能力開発において、職場管理者の役割はいずれにせよ大きいと見ることができる。この点は、すでに能力開発の変化が一定程度、進展しているなかでも、本書での集計から確認したように、職場管理者の果たす能力開発の役割に大きな期待がかけられていることからも示唆される。

　とはいえ、職場管理者が実際にそうした役割を十分には果たせているかというと、実態は必ずしもそうではない。すなわち、現状において、職場管理者による能力開発に課題意識をもつ企業は少なくない。職場管理者の多くも、能力開発を進めるうえでの時間の不足や知識・ノウハウの不足を課題と見ている。社員からは、上司である職場管理者の能力開発への関心の希薄さが指摘されている。職場管理者による取組み内容としても、とくにキャリアに関する相談・助言や目標の提示といった長期的な能力開発に向けた支援は低調であった。

　これらの課題を克服し、企業として能力開発を充実させるうえでは、職場において能力開発を担う職場管理者への人事部門からの支援が欠かせない。すなわち、人事部門が、企業としての観点から専門的な知識をもとに、職場管理者を支援するかたちで意識的な連携をはかることが重要と考える。

　本書での事実発見を踏まえると、そのような人事部門による職場管理者への支援として、上述のとおり、職場管理者を対象とする Off-JT（研修等）が挙げられる。これにより職場管理者に対して、能力開発に関する知識やノウハウの習得や、職場での能力開発を担うことについての役割の自覚や関心の醸成を促すことが重要と考える。これに関して、本書での集計からは、

リーダーシップ・マネジメント研修を含め、管理職向けの研修に教育訓練費用を重点配分しようとする動きも確認された。職場管理者の能力開発を強化する動きと位置づけることができる。さらに、職場管理者は、講習会・勉強会への参加や自学・自習といった自己啓発をつうじても能力向上を経験していた。職場管理者に対する自己啓発の支援も重要な課題となろう。

　実際に本書の分析によれば、職場管理者は、職場内外での仕事経験に加え、Off-JT や自己啓発を含む教育訓練をつうじて職場での能力開発の担い手としての役割を受容し、これを実践する能力を高めていると考えられた。人事部門として、これを支援することが、職場管理者による職場での能力開発を充実させることにつながる。

　このほかにも、職場管理者に対する人事部門の支援として、企業としての能力開発方針の明確化と周知をはかることや、部下育成に関する情報提供や個別の助言・意見交換を行うことが有効と考えられる。また職場管理者が職場で能力開発を行ううえでの時間的制約を軽減するような要員配置への関与や、職場メンバーの自己啓発のための就業時間への配慮を可能とする労働時間制度の導入など、より広い領域の人事管理をつうじた人事部門による支援も重要となろう。

　しかし、このような人事部門による職場管理者に対する支援の取組みは、人事部門が実施していると考えていても、職場管理者に認識されていない場合が少なくないことが本書での集計から示唆される。人事部門としては、職場管理者とのコミュニケーションを増やすなどして、支援の機会の周知と実質化をはかることが課題となる。

　職場管理者から見て、能力開発に関わる人事部門との連携関係についての現状の評価は分かれている。また、上司である職場管理者による能力開発に対する社員からの評価も分かれる。職場管理者の担う能力開発に課題意識をもつ人事部門も多い。こうした現状は、「能力開発システム」の当事者間で、期待と実際の取組みとのあいだに距離が生じていることを示すと考える。

　その距離を近づけるには、上述のような人事部門による職場管理者に対する支援の取組みが起点となるだろう。それらをつうじ、人事部門と職場管理者のあいだの相互の期待と取組みを近づけることが、職場での能力開発を充

実させる。その結果、社員における自身の能力開発に関する期待を満たすことにもつながると考えられる。このように、人事部門と職場管理者のあいだで能力開発に向けた連携関係を築くことが、企業としての人材確保の要請と、自らの能力開発への社員の期待をともに満たす能力開発を実現するうえでの鍵を握ると考える。

第4節　本書の貢献と残された課題

　以上、本書では「能力開発システム」の視点から、日本企業の能力開発の実態と課題の解明を試みた。

　すなわち第1に、「能力開発システム」の現状をとらえるマクロな視点からは、調査データをもとに、日本企業の能力開発に関する制度や慣行の特徴とその多様性について考察した。日本企業の中に、先行研究の事実発見から読み取れるような古典的「能力開発システム」の特徴を維持する企業は現在でも少なくない[2]。同時に、能力開発の（a）分権化、（b）個別化、（c）早期分化、（d）職場外化といった側面に関して、いずれも一定の範囲内で、そうした古典的「能力開発システム」モデルと距離を置く特徴をもつ企業も少なくないことを確認した。本書ではそうした実態を踏まえ、長期雇用方針を支持する日本企業において実際に成立しうる変化型（社内多様化型）「能力開発システム」モデルの特徴を整理した（**第 10-1 表**）。

　日本企業における能力開発の制度や慣行は、およそこれら「能力開発システム」の古典的モデルと変化型モデルを両極とする範囲内で広がっていると考えることができる。このように、「能力開発システム」という視点から、日本企業の能力開発の制度や慣行の現状に見られる多様性をとらえる視点を示したことは、日本企業の能力開発に関するこれまでの研究蓄積に対する貢

2　例えば、質問と選択肢が異なるため直接の比較はできないものの、本書で分析した調査の後の2020 年に労働政策研究・研修機構が企業を対象に実施した『人生 100 年時代のキャリア形成と雇用管理の課題に関する調査』によると、従業員 300 人以上の企業のうち 91.0% が「従業員の長期雇用に努める」と回答し、74.2% は「異動は会社主導で行う」と回答している（労働政策研究・研修機構編 2020）。本書で用いた調査時点以降も、日本企業の多くが、「能力開発システム」の古典的モデルの特徴を支えると考えられる長期雇用の方針を保ち、古典的モデルの特徴と関わる配置転換に関する強い権限を維持していると見られる。

献となると考える。さらに本書では、こうした「能力開発システム」の多様
性に関わる能力開発の（a）分権化、（b）個別化、（c）早期分化、（d）職場
外化といった諸側面との関係から、日本企業の能力開発の課題についても明
らかにしている。

　第2に、「能力開発システム」をとらえるミクロな視点からは、企業内各
層の当事者の能力開発への取組みを広くとらえるようにした。とくに企業内
の能力開発の基軸となる人事部門と職場管理者のあいだの連携の実態と課題
について焦点をあてて分析した。

　これから、上述のような能力開発の特徴の相違を超えて、企業は職場での
能力開発を担う職場管理者の役割を重視していることを確認した。とりわけ
上記の変化型（社内多様化型）「能力開発システム」のもとでは、能力開発
に関する意思決定をより広く担う職場管理者の重要性が高まると考えられ
た。とはいえ同時に、人事部門が、企業としての能力開発の方針の周知や共
有をはかりつつ、能力開発に関する専門的知識をもとにした研修の実施や情
報提供、個別の助言・相談対応などをつうじて、職場管理者の担う能力開発
を支援することも重要となる。本書では、これら人事部門と職場管理者のあ
いだの能力開発に向けた連携が、職場での能力開発を充実させる重要な要因
となることを示した。この点も、先行研究の蓄積に対する本研究のオリジナ
ルな貢献と考える。

　とはいえ、もちろん本研究にも残された課題がある。そのうち重要と考え
るものについて、最後に考察しておきたい。

　本書の分析は、2016年という2010年代後半に実施したアンケート調査に
もとづく。これにより、上記のように、変化型（社内多様化型）「能力開発
システム」モデルを構成するいずれかの特徴をもつ企業が、日本企業の中に
すでに少なくない割合で現れていることを示した。調査時点から数年がたっ
た2020年代半ばにおける日本の「能力開発システム」の現状も、その延長
線上にあると考えられる。

　ただし第1章でも指摘したとおり、日本企業の能力開発を取り巻く環境
に、近年いくつかの変化が生じていることも確かである。例えば、進展の早
い技術の変化に対応した能力開発のあり方が、より意識的に模索されるよう

になりつつある。こうした問題意識は、「DX（＝デジタルトランスフォーメーション）」や、DX の実現を支えるとされる「リスキリング」という言葉に反映されている。また本書でも取り上げた「キャリア自律」、すなわち個々の働く人々による主体的な能力開発やキャリア形成の必要性が、ますます声高に主張されているように見える。さらに 2020 年以降、新型コロナウィルスの感染防止の観点から、在宅勤務（テレワーク）が広く普及したことにより、OJT をつうじた能力開発が困難となりつつあるとの指摘もある（労働政策研究・研修機構編 2021）。

　これら調査時点以降の環境変化の「能力開発システム」に対する影響については、今回の調査データからは十分に検討することはできない。そうした近年の環境変化は、日本企業の能力開発の変化型「能力開発システム」への移行を促すのか。もしそうであるならば、その理由は何か。継続的な調査研究をつうじてこそ解明されるべき課題と考える。

　日本企業における変化型（社内多様化型）「能力開発システム」モデルの広がりの行方を検討するうえでは、そのパフォーマンスについての評価も課題となる。本書の事実発見は、現状において依然として、古典的モデルに近い「能力開発システム」の特徴をもつ企業が多くを占めることを示す。これに代えて変化型モデルに近い企業が増えていくかは、両モデルのパフォーマンスの相違にも左右されるはずである。すなわち、上記のように変化する環境のもとで、いずれのタイプの「能力開発システム」が、人材確保をつうじた組織・職場における成果や、働く人々の能力の習得・向上に向けた期待により大きく応えるかによるところが大きいと考える。

　この点に関して、本書の視点として示したように、「能力開発システム」は、人事部門、職場管理者、社員といった当事者（行為者）がそれぞれ能力開発に関して期待をもち、相互の期待も踏まえつつ取組み（相互行為）を積み重ねるなかで形成される制度や慣行と見ることができる。それゆえ変化型（社内多様化型）「能力開発システム」モデルも、これら当事者の期待にうまく応えられないとすれば、その広がりには自ずから限界があろう。

　こうした能力開発上のパフォーマンスを評価するうえでは、変化型（社内多様化型）「能力開発システム」において、これを構成する各要素が相互に

整合的に関係し、一貫して企業における能力開発を促すかについての検討も重要と考える。すでに考察したように、変化型（社内多様化型）「能力開発システム」は、企業としての長期的な能力開発をつうじた人材確保を実現できる範囲内で、職場や社員各人のあいだでの能力開発の機会や内容、手段の多様性を受け入れる性格をもつと考えられた。このような企業内での能力開発の多様化をともなう「能力開発システム」が、内的な整合性をもつ一貫した体系（システム）として能力開発のパフォーマンスを高めるものであるかが問われるだろう。

さらには、変化型（社内多様化型）「能力開発システム」が、どのような競争環境や事業戦略、人材確保の戦略のもとで、古典的「能力開発システム」に対して優位性を発揮できるかについての評価も課題となる。また、能力の習得・向上を求める社員の期待の充足、社員間の能力開発機会の配分のあり方など、社員の視点や公平性の観点からの評価も欠かせない。その際には、ジェンダーの視点からの意義や課題についての評価も重要となろう[3]。

これらの解明のためには、個別の企業事例に即して、「能力開発システム」の古典的モデルから変化型モデルへの移行や、その意図に照らした効果、(a) ～ (d) の側面に関する変化のあいだの整合性などについて分析するような事例研究も有効と考える。

また本書では、「能力開発システム」の相違に応じた人事部門と職場管理者の連携のあり方のちがいについては十分な分析を行えていない。例えば、人事部門と職場管理者との調整をつうじて配置の決定を行う企業では、いずれが決定権限をもつかによらず共通して、人事部門が能力開発の方針や育成すべき人材像の共有、研修や部下育成の情報提供、個別の助言などを行う傾向にあった。本書の分析では、「能力開発システム」の相違によらず、これらの取組みが重要となることを示すにとどまる。

しかし、これらの取組みの内容についてより詳しく見るならば、能力開発

3　例えば、古典的「能力開発システム」の特徴と関わる「遅い選抜」や企業主導による広範な配置転換といった日本型雇用システムに見られる慣行が、ジェンダー間の能力開発やキャリア形成の機会の差に影響を与える可能性も指摘されている（武石 2006、駒川 2014、脇坂 2018 など）。そうした論点について概観的に検討するうえでは駒川・金井編（2024）が参考になる。

の意思決定を職場管理者が担う程度に応じた相違も確認できるだろう。このように取組みの詳細な内容にまで立ち入るなどして、「能力開発システム」の相違に応じた、人事部門と職場管理者の連携のあり方を明らかにすることは今後の課題となる。

　さらに、日本企業において変化型モデルに近い「能力開発システム」の特徴をもつ企業が少なくないなかでは、あらためて国際比較による日本企業の能力開発の個性の確認が重要なテーマとなりうる。日本企業の中での変化型「能力開発システム」の広がりは、企業の「能力開発システム」の国際的な「収斂」を示しているのかが問われる。

　この点に関し、本書で分析したように、変化型モデルに近い「能力開発システム」の特徴をもつ企業も、その多くは基本的に長期雇用の方針を支持し、これに向けた能力開発のために人事部門が個別の配置転換への関与を保っている。このような特徴から、日本企業の多くは、変化型モデルに近い企業も含めて、依然として他の先進諸国の企業とは異なる個性を保っているように見える（Jacoby 2005）。とはいえ、他国の「能力開発システム」もまた変化しているかもしれない[4]。経験的データにもとづく国際比較研究が求められる[5]。

　最後に言及しておくべき点として、本書の分析は、正社員の能力開発に関わる取組みを対象としてきた。しかし、日本型雇用システムの近年の変化として、その制度や慣行の主な対象となる「成員」としての正社員の縮小が指摘されている（佐藤 2012、高橋 2017 など）。このような日本型雇用システ

---

[4]　Jacoby（2005）は、過去 20 年ほどのあいだに、配置への関与を含む日本企業の本社人事部の権限は小さくなりつつあるものの、その変化は漸進的であり、より急速に人事機能の分権化の進むアメリカ企業との相違はむしろ拡大しているとの解釈を示す。日本企業のみの変化の観察をもって「能力開発システム」の国際的な収斂を分析することはできないことが示唆される。

[5]　日本企業の能力開発の特徴について、イギリスおよびドイツとの比較から体系的に整理した近年の研究として佐藤（2022）が挙げられる。同研究では、実証的データにもとづき、日本の能力開発の特徴として、イギリスやとりわけドイツと比較して、公的な職業教育訓練制度への依存度が低く、企業主導の職能を越えた配置転換や「遅い」昇進選抜など「人事部主導のキャリア開発システムが最も浸透している」としている。このうち、配置転換や昇進選抜の特徴で着目した能力開発の（a）分権化、（b）個別化、（c）早期分化の側面、企業外の能力開発の制度である職業訓練への依存度の相違は（d）能力開発の職場外化の側面に関し、日本企業が依然としてイギリスやドイツなどとは異なる「能力開発システム」の個性を保っている可能性を示すと考えられる。本書における変化型モデルに近い企業でも、人事部門の配置への関与が見られ、また能

ムの変化にともなう、そのサブシステムとしての「能力開発システム」の現状を明らにするうえでは、やはり正社員以外の社員における能力開発も視野に入れた検討が不可欠と考える。これも今後の調査研究の課題として位置づけておきたい。

力開発における職業教育訓練制度への依存度が低い点では、やはりイギリスやドイツとは異なる特徴を保っていると解釈できる。いずれにせよ、佐藤（2022）からは日本企業の「能力開発システム」の特徴を理解するにあたり、企業横断的な制度である職業教育訓練制度や、これと関わる公的資格のあり方、企業横断的なキャリアのあり方や労働市場の性格についても視野に入れた比較研究が重要となることが示唆される。さらに高等教育制度も視野に入れて、日本との比較の視点も交えて欧州諸国の教育制度と雇用システムとの関係を論じた研究である藤本・山内・野田編著（2019）も「能力開発システム」の国際比較に関わる重要な事実発見と視点を提供している。またジェンダーの視点に加え、非典型雇用も視野に入れた能力開発に関わる日欧比較研究としては、二神編著（2020）が貴重な事実発見を示している。

参考文献

（日本語文献）

青木宏之（2017）「製造 E 社における経営幹部人材の育成と選抜」，労働政策研究・研修機構『次世代幹部人材の発掘と育成に関する研究』，労働政策研究報告書 No.194，pp.69-97.

青木宏之（2018）「個別人事における人事部門の役割——戦後史研究の視点から」，日本労働研究雑誌 698 号，pp.4-14.

青木昌彦・ロナルド・ドーア編（1995）『国際・学際研究　システムとしての日本企業』，NTT データ通信システム科学研究所.

荒木尚志（2001）『雇用システムと労働条件変更法理』，有斐閣

石田英夫（1983）「高齢化・定年延長下の日本型ヒューマン・リソース・マネジメント」，慶応経営論集第 5 巻 1 号，pp.1-15.

石田光男（2006）「賃金制度改革の着地点」，日本労働研究雑誌 554 号，pp.47-60.

石山恒貴（2020）『日本企業のタレントマネジメント——適者開発日本型人事管理への変革』，中央経済社.

市村陽亮（2015）「なぜキャリア自律が進まないのか——企業と個人の視点の相違からの検討」，リクルートマネジメントソリューションズ組織行動研究所レポート（2024 年 5 月 30 日閲覧）．http://www.recruit-ms.co.jp/research/study_report/0000000300/

一守靖（2016）『日本的雇用慣行は変化しているのか——本社人事部の役割』，慶應義塾大学出版会.

稲上毅（1999）「総論　日本の産業社会と労働」，稲上毅・川喜多喬編『講座社会学　労働』，東京大学出版会，pp.1-31.

井上詔三（1982）「内部労働市場の経済的側面」，日本労働協会雑誌 282 号，pp.2-13.

今田幸子・平田周一（1995）「ホワイトカラーの昇進構造』，日本労働研究機構.

今野浩一郎（1998）『勝ちぬく賃金改革——日本型仕事給のすすめ』，日本経済新聞社.

今野浩一郎（2017）「総合職の制約社員化と人事管理」，日本労働研究雑誌 689 号，pp.40-50.

今野浩一郎（2022）「労働者の居住地選択をめぐる人事施策とその人事管理への影響」，日本労働研究雑誌 746 号，pp.4-14.

今野浩一郎・佐藤博樹（2022）『人事管理入門（新装版）』，日本経済新聞出版社.

今野浩一郎・下田健人（1995）『資格の経済学——ホワイトカラーの再生シナリオ』，中央公論新社.

上原克仁（2003）「大手銀行におけるホワイトカラーの昇進構造——キャリアツリーによる長期昇進競争の実証分析」，日本労働研究雑誌 519 号，pp.58-72.

上原克仁（2007）「大手企業における昇進・昇格と異動の実証分析」，日本労働研究雑誌 561 号，pp.86-101.

梅崎修（1999）「大企業におけるホワイトカラーの選抜と昇進——製薬企業・MR の事例研究」，大阪大学経済学 49 巻 1 号，pp.94-108.

梅崎修・武石恵美子・林絵美子（2015）「自律的なキャリア意識が主観的かつ客観的キャリア・サクセスに与える影響——プロティアン・キャリアとバウンダリーレス・キャリアに焦点を当てて」，キャリアデザイン研究 11 巻，pp.107-116.

梅崎修・武石恵美子・林絵美子（2023）「自律的なキャリア意識がキャリア・サクセスに与える影響——「企業内マイクロ・データ」と「質問紙調査」の統計分析」，イノベーション・マネジメント 20 巻，pp.1-20.

梅崎修・南雲智映・島西智輝（2023）『日本的雇用システムをつくる 1945-1995——オーラルヒストリーによる接近』，東京大学出版会.

岡本英嗣（2011）「自律的キャリアへの取組み事例とその課題（一考察）——日本の大企業・正社員の実態調査から」，目白大学経営学研究第 9 号，pp.79-93.

尾野裕美（2022）「就業者のキャリア自律と離転職意思，キャリア焦燥感との関連」，産業・組織心理学 36 巻 1 号，pp.53-63.

尾野裕美（2023）「就業者のキャリア自律とキャリア焦燥感喚起状況」，カウンセリング研究 55 巻 1・2 号，pp.27-37.

笠井恵美（2007）「対人サービス職の熟達につながる経験の検討——教師・看護師・客室業務・保険営業の経験比較」Work Review Vol.2，pp.1-14.

金井壽宏（2002）『仕事で「一皮むける」』，光文社新書.

川喜多喬（1983）「巨大小売企業の労務管理と労使関係」，日本労働協会編『80 年代の労使関係』，

　　日本労働協会，pp.369-395.

川﨑昌・高橋武則（2015）「質問紙実験によるキャリア自律支援施策の検討」，目白大学経営学研究
　　第 13 号，pp.21-45.

北村智・中原淳・荒木淳子・坂本篤郎（2009）「業務経験を通した能力向上と組織における信頼・
　　互酬性の規範」，組織科学 Vol.42 No.4，pp.92-103.

木村充（2012）「職場における業務能力の向上に資する経験学習のプロセスとは――経験学習モデ
　　ルに関する実証的研究」，中原淳編著『職場学習の探究――企業人の成長を考える実証研究』，生
　　産性出版，pp.33-71.

経済産業省（2020）『持続的な企業価値の向上と人的資本に関する研究報告書――人材版伊藤レ
　　ポート』.

小池和男（1977）『職場の労働組合と参加』，東洋経済新報社.

小池和男（1981）『日本の熟練――すぐれた人材形成システム』，有斐閣.

小池和男（1997）『日本企業の人材育成――不確実性に対処するためのノウハウ』，中公新書.

小池和男（2005）『仕事の経済学［第 3 版］』，東洋経済新報社.

小池和男編著（1986）『現代の人材形成――能力開発をさぐる』，ミネルヴァ書房.

小池和男編（1991）『大卒ホワイトカラーの人材開発』，東洋経済新報社.

小池和男・猪木武徳編（1987）『人材形成の国際比較』，東洋経済新報社.

小池和男・猪木武徳編著（2002）『ホワイトカラーの人材形成』，東洋経済新報社.

小池和男・中馬宏之・太田聰一（2001）『もの造りの技能――自動車産業の職場で』，東洋経済新報
　　社.

厚生労働省（2016）『平成 27 年度 能力開発基本調査』.

厚生労働省（2018）『平成 30 年版 労働経済の分析』.

厚生労働省（2023）『令和 4 年度 能力開発基本調査』.

高年齢者雇用開発協会編（1985）『高齢化社会における人事管理の展望』.

雇用職業総合研究所編（1982）『企業内労働力の有効活用に関する調査』.

駒川智子（2014）「性別職務分離とキャリア形成における男女差――戦後から現代の銀行事務職を
　　対象に」，日本労働研究雑誌 648 号，pp.48-59.

駒川智子・金井郁編（2024）『キャリアに活かす雇用関係論』，世界思想社.

佐口和郎（2018）『雇用システム論』，有斐閣.

佐藤厚（2011）『キャリア社会学序説』，泉文堂.

佐藤厚（2022）『日本の人材育成とキャリア形成――日英独の比較』，中央経済社.

佐藤香織（2020）「管理職への昇進の変化――「遅い昇進」の変容とその影響」，日本労働研究雑誌
　　725 号，pp.43-56.

佐藤博樹（2002）「キャリア形成と能力開発の日独英比較」，小池和男・猪木武徳編『ホワイトカ
　　ラーの人材形成』，東洋経済新報社，pp.249-267.

佐藤博樹（2012）「日本型雇用システムと企業コミュニティ――国際比較とその行方」，佐藤博樹
　　『人材活用進化論』，日本経済新聞出版社.

佐藤博樹（2018）「積極的職務行動とキャリア自律」，生協総研レポート 88 巻，pp.7-14.

佐藤博樹編著（2010）『働くことと学ぶこと――能力開発と人材活用』，ミネルヴァ書房.

佐藤博樹・佐野嘉秀・大木栄一（2012）「小売業の職場マネジメントに関するアンケート調査」，佐
　　藤博樹・佐野嘉秀・島貫智行・松浦民恵・小林徹・大木栄一・坂爪洋美『企業の外部人材の活用
　　と戦略的人的資源管理』，東京大学社会科学研究所人材フォーラム報告書，pp.109-138.

佐野嘉秀（2015a）「ラインマネジャーの人事管理機能に関する研究レビュー――英国における人事
　　管理のラインへの移譲に関する研究文脈に着目して」，法政大学イノベーション・マネジメント
　　研究センター　ワーキングペーパーシリーズ第 162 巻，法政大学イノベーション・マネジメント
　　研究センター，pp.1-40，i-iv.

佐野嘉秀（2015b）「正社員のキャリア志向とキャリア――多様化の現状と正社員区分の多様化」，
　　日本労働研究雑誌 655 号，pp.59-72.

佐野嘉秀（2019）「職場での人材育成に関するライン管理者と人事部門の連携」，経営志林第 56 巻
　　1 号，pp.1-15.

佐野嘉秀（2021a）「『遅い』昇進選抜からの移行と昇進意思・教育訓練」，経営志林第 58 巻 3 号，
　　pp.1-15.

佐野嘉秀（2021b）『英国の人事管理・日本の人事管理――日英百貨店の仕事と雇用システム』，東
　　京大学出版会.

佐野嘉秀（2022）「管理職における教育訓練機会と人材育成行動」，法政大学イノベーション・マネ

　　ジメント研究センター　ワーキングペーパーシリーズ第 250 巻，法政大学イノベーション・マネジメント研究センター，pp.1-17.

産業能率大学総合研究所編（2020）『日本のミドルマネージャー調査報告書』.

産業能率大学総合研究所編（2023）『ミドルマネジャーの人事実態調査』.

島田歌（2008）「「キャリア自律」　ミドルにおける有効性──有効性の条件をミドルの語りから探る」，Works review 3 号，pp.1-14.

島田晴雄（1984）『フリーランチはもう食えない──アメリカ産業社会再生の構図』，日本評論社.

島貫智行（2018）「日本企業における人事部門の企業内地位」，日本労働研究雑誌 698 号，pp.15-27.

関根雅泰（2012）「新入社員の能力向上に資する先輩指導員の OJT 行動──OJT 指導員が一人でやらない OJT の提案」，中原淳編著『職場学習の探究──企業人の成長を考える実証研究』，生産性出版，pp.143-167.

全日本能力連盟人間能力開発センター編（1979）『部長のキャリア・パターン──部長 173 人のキャリアと意見』

高橋康二（2017）「問題設定と概要」「総論──基礎的指標による日本型雇用システムの概観」，労働政策研究・研修機構編『日本的雇用システムのゆくえ』，労働政策研究・研修機構，pp.1-94.

高橋俊介（2003）『キャリア論──個人のキャリア自律のために会社は何をすべきなのか』，東洋経済新報社.

高見具広（2012a）「仕事の技能レベルと労働の質──低スキルの労働の意味に着目して」，『企業および個人による能力開発に関する実証研究』SSJDA リサーチペーパーシリーズ 48，東京大学社会科学研究所，pp.1-22.

高見具広（2012b）「職業能力開発を行う上での時間的制約の問題──中小製造業データの分析から」，日本労働研究雑誌 619 号，pp.113-122.

武石恵美子（2006）『雇用システムと女性のキャリア』，勁草書房.

武石恵美子（2022）「転勤施策の運用実態と課題──勤務地を決めるのはだれか」，日本労働研究雑誌 746 号，pp.15-30.

武石恵美子（2023）「求められるキャリア自律」，武石恵美子『キャリア開発論（第 2 版）──自律性と多様性に向き合う』，中央経済社，pp.52-69.

武石恵美子・梅崎修・林絵美子（2014）「A 社における従業員のキャリア自律の現状」，生涯学習とキャリアデザイン 12 巻 1 号，pp.89-100.

武石恵美子・林洋一郎（2013）「従業員の自律的なキャリア意識の現状──プロティアン・キャリアとバウンダリーレス・キャリア概念の適用」，キャリアデザイン研究 9 号，pp.35-48.

竹内規彦（2005）「我が国製造企業における事業戦略，人的資源管理施策，及び企業業績──コンティンジェンシー・アプローチ」，日本労務学会誌 7 巻 1 号，pp.12-27.

竹内規彦（2011）「人材マネジメント施策と経営戦略の適合関係」，青山経営論集 46 巻 2 号，pp.99-115.

竹内洋（1988）『選抜社会』，リクルート出版.

竹内洋（1995）『日本のメリトクラシー──構造と心性』，東京大学出版会.

田中萬年・大木栄一編著（2007）『働く人の「学習」論──生涯職業能力開発論　第 2 版』，学文社.

谷口智彦（2006）『マネジャーのキャリアと学習──コンテクスト・アプローチによる仕事経験分析』，白桃書房.

千野翔平（2022）『キャリア自律の観点から見た社内公募制度の運用実態』，Works Discussion Paper Series No.58.

鳥取部真己（2007）「キャリア自律と企業の戦略的な人材開発との相互作用」，一橋研究 31 巻 4 号，pp.1-15.

冨田安信（1986）「大型小売業における技能形成」，小池和男編著（1986）『現代の人材形成──能力開発をさぐる』，ミネルヴァ書房，pp.10-29.

中原淳（2010）『職場学習論』，東京大学出版会.

中原淳・保田江美（2021）『中小企業の人材開発』，東京大学出版会.

中原淳（2012）「経験学習」，中原淳『経営学習論──人材育成を科学する』，東京大学出版会，pp.87-122.

中原淳（2013）「経験学習の理論的系譜と研究動向」，日本労働研究雑誌 639 号，pp.4-14.

中村恵（1989）「海外派遣者の選抜と企業内キャリア形成──製造業事務系ホワイトカラーの場合」，日本労働研究雑誌 357 号，pp.3-12.

西村孝史・守島基博 (2009)「企業内労働市場の分化とその規定要因」, 日本労働研究雑誌 586 号, pp.20-33.

日経連編 (1999)『エンプロイヤビリティの確立をめざして――従業員自律・企業支援型の人材育成を』.

仁田道夫 (2003)『変化のなかの雇用システム』, 東京大学出版会.

仁田道夫・久本憲夫編 (2008)『日本の雇用システム』, ナカニシヤ出版.

日本経団連編 (2006)『主体的なキャリア形成の必要性と支援のあり方』.

日本経団連編 (2012)『ミドルマネジャーをめぐる現状課題と求められる対応』.

日本生産性本部経営アカデミー (1992)「ローテーションを通してみた人材育成の実態」, 労政時報 3090 号, pp.40-50.

日本労働研究機構編 (1993)『大企業ホワイトカラーの異動と昇進』, 調査研究報告書 No.37.

日本労働研究機構編 (1997)『国際比較：大卒ホワイトカラーの人材開発・雇用システム――日、英、米、独の大企業 (1) 事例調査編』, 調査研究報告書 No.95.

日本労働研究機構編 (1998)『国際比較：大卒ホワイトカラーの人材開発・雇用システム――日、米、独の大企業 (2) アンケート調査編』, 調査研究報告書 No.101.

日本労働研究機構編 (1999)『新世紀に向けての日本的雇用慣行の変化と展望』.

日本労働研究機構編 (2000)『新世紀の経営戦略、コーポレート・ガバナンス、人事戦略』, 調査研究報告書 No.133.

野田知彦 (1995)「会社役員の昇進と報酬決定」, 橘木俊詔・連合総合生活開発研究所編『「昇進」の経済学』東洋経済新報社, pp.39-60.

花田光世 (1987)「人事制度における競争原理の実態昇進・昇格のシステムからみた日本企業の人事戦略」, 組織科学 21 巻 2 号, pp.44-53.

花田光世 (2006)「個の自律と人材開発戦略の変化――ES と EAP を統合する支援・啓発パラダイム」, 日本労働研究雑誌 557 号, pp.53-65.

花田光世・宮地夕紀子・大木紀子 (2003)「キャリア自律の新展開」, 一橋ビジネスレビュー 51 巻 1 号, pp.6-23.

濱口桂一郎 (2021)『ジョブ型雇用社会とは何か――正社員体制の矛盾と転機』, 岩波新書.

原ひろみ (2014)『職業能力開発の経済分析』, 勁草書房.

樋口美雄 (2001)『人事経済学』, 生産性出版.

久本憲夫 (2008a)「正社員のキャリア管理」, 若林直樹・松山一紀編『企業変革の人材マネジメント』ナカニシヤ出版, pp.219-240.

久本憲夫 (2008b)「能力開発」, 仁田道夫・久本憲夫編 (2008)『日本的雇用システム』, ナカニシヤ出版, pp.107-161.

開本浩矢 (2023)「キャリア自律と組織を背負う意識との関係性に関する考察――キャリアの選択肢と組織内対人関係の調整効果を踏まえて」, Discussion Papers In Economics And Business, Graduate School of Economics, Osaka University 23 (3), pp.1-18.

平野光俊 (2003)『組織モードの変容と自律型キャリア発達』, 神戸大学大学院経営学研究科ディスカッション・ペーパー 29.

平野光俊 (2006a)「日本型人事管理の進化型――上場製造業の人事部長に対する質問紙調査から」, 国民経済雑誌 193 巻 4 号, pp.53-73.

平野光俊 (2006b)『日本型人事管理――進化型の発生プロセスと機能性』, 中央経済社.

平野光俊 (2011)「2009 年の日本の人事部――その役割は変わったのか」, 日本労働研究雑誌 606 号, pp.62-78.

平林隆一・川﨑昌・高橋武則 (2014)「中小企業における自律的キャリア形成支援の実態」, 目白大学経営学研究第 12 号, pp.1-4.

藤村博之 (2003)「能力開発の自己管理――雇用不安のもとでの職業能力育成を考える」, 日本労働研究雑誌 514 号, pp.15-26.

藤本真 (2007)「日本企業におけるガバナンスと人材マネジメント」, 労働政策研究・研修機構編『現代日本企業の人材マネジメント プロジェクト研究「企業の経営戦略と人事処遇制度等の総合的分析」中間とりまとめ』, 労働政策研究報告書 No.61, pp.232-293.

藤本真 (2018)「「キャリア自律」はどんな企業で進められるのか――経営活動・人事労務管理と「キャリア自律」の関係」, 日本労働研究雑誌 691 号, pp.115-126.

藤本真編著 (2014)『日本企業における能力開発・キャリア形成――既存調査研究のサーベイと試行的分析による研究課題の検討』, JILPT 労働政策レポート Vol.11.

藤本真・大木栄一 (2010)「ものづくり現場における技能者育成方法の変化――「OJT 中心・Off-

JT 補完型」から「OJT・Off-JT 併用型」へ」，日本労働研究雑誌 595 号，pp.68-77.

藤本昌代・山内麻理・野田文香編著（2019）『欧州の教育・雇用制度と若者のキャリア形成——国境を越えた人材流動化と国際化への指針』，白桃書房.

二神枝保編著（2020）『雇用・人材開発の日欧比較——ダイバーシティ＆インクルージョンの視点からの分析』，中央経済社.

古屋星斗（2022）『ゆるい職場 若者の不安の知られざる理由』，中公新書ラクレ.

古田克利・中田喜文（2019）「電機産業で働く技術者のキャリア自律と労働移動」，キャリアデザイン研究 15 号，pp.5-16.

堀内泰利・岡田昌毅（2009）「キャリア自律が組織コミットメントに与える影響」，産業・組織心理学研究 23 巻 1 号，pp.15-28.

堀内泰利・岡田昌毅（2012）「キャリア自律の心理的プロセス——大手民間企業正社員へのインタビュー調査による探索的研究」，キャリアデザイン研究 15 号，pp.77-92.

松井達則（2022）「越境学習経験と高齢社員のキャリア自律との関係性」，立教ビジネスデザイン研究 19 巻，pp.149-161.

松浦民恵（2011）『営業職の育て方——新人から一人前へ，一人前からベテランへ』，NLI Institute Report July 2011, pp.18-27.

松尾睦（2006）『経験からの学習——プロフェッショナルへの成長プロセス』，同文舘出版.

松尾睦（2013）『成長する管理職——優れたマネジャーはいかに経験から学んでいるのか』，東洋経済新報社.

松尾睦編著（2018）『医療プロフェッショナルの経験学習』，同文舘出版.

松繁寿和（1995）「電機 B 社大卒男子従業員の勤続 10 年までの異動とその後の昇進」，橘木俊詔・連合総合生活開発研究所編『「昇進」の経済学』，東洋経済新報社，pp.153-177.

三谷直紀・脇坂明（2016）「女性管理職比率の国際比較——日仏比較を中心に」，岡山商大論叢第 51 巻 3 号，pp.1-50.

宮本光晴（2007）「コーポレート・ガバナンスの変化と日本企業の多様性：人材マネジメントの 4 類型」，労働政策研究・研修機構編『日本の企業と雇用——長期雇用と成果主義のゆくえ』，第 1 期プロジェクト研究シリーズ No.5, pp.50-134.

村松久良光（1996）「量産職場における知的熟練と統合・分離の傾向」，日本労働研究雑誌 434 号，pp.2-11.

三輪卓己（2011）『知識労働者のキャリア発達——キャリア志向・自律的学習・組織間移動』，中央経済社.

三輪卓己（2013）「技術者の経験学習——経験と学習成果の関連性を中心に」，日本労働研究雑誌 639 号，pp.27-39.

元山年弘（2013）「管理職への移行におけるトランジション・マネジメント」，金井壽宏・鈴木竜太編著『日本のキャリア研究——組織人のキャリア・ダイナミクス』，白桃書房，pp.223-238.

守島基博（2009）「人材育成の未来」，佐藤博樹編著『人事マネジメント』，ミネルヴァ書房，pp.55-80.

守島基博編（2002）『21 世紀の"戦略型"人事部』，日本労働研究機構.

毛呂准子（2010）「上司の部下育成行動とその影響要因」，産業・組織心理学第 23 巻第 2 号，pp.103-115.

毛呂准子・松井豊（2009）「上司による部下育成行動——研究動向と探索的検討」，筑波大学心理学研究第 37 号，pp.59-67.

毛呂准子・松井豊（2019）「部下から認知された上司の育成行動と影響要因」，筑波大学心理学研究第 57 号，pp.29-40.

八代充史（1987）「大企業の情報処理部門における雇用管理——要員の配置と異動の実態について」，日本労働協会雑誌 341 号，pp.32-41.

八代充史（1989）「企業内昇進構造の変化——年功的昇進管理と新しい処遇制度」，菊野一雄・平尾武久編『雇用管理の新ビジョン』，pp.137-158.

八代充史（1992）「大手企業における本社人事部の組織と機能」，日本労働研究機構研究紀要 4 号，pp.13-23.

八代充史（1999）『大企業ホワイトカラーのキャリア——異動と昇進の実証分析』，日本労働研究機構.

八代充史（2002）『管理職層の人的資源管理——労働市場論的アプローチ』，有斐閣.

八代尚宏（1998）『人事部はもういらない』，講談社.

柳圭子・梅崎修（2019）「キャリア・プラトー現象における従業員のキャリア自律の変化」，キャリ

アデザイン研究 15 号，pp.197-205.

山下充（2008）「人事部」，仁田道夫・久本憲夫編『日本的雇用システム』，ナカニシヤ出版，pp.235-268.

山本寛（2006）『昇進の研究［新訂版］――キャリア・プラトー現象の観点から』，創成社．

吉川克彦・坂爪洋美・高村静（2023）「日本における『遅い昇進』に変化は起きているのか？――管理職昇進時年齢の変化とその要因に関する実証研究」，日本労働研究雑誌 756 号，pp.62-74.

リクルート・マネジメント・ソリューションズ（2021）『若手・中堅社員の自律的・主体的なキャリア形成に関する意識調査』．

リクルートワークス研究所（2020）『リスキリング～デジタル時代の人材戦略』．

連合総合生活開発研究所（2023）「第 45 回勤労者短観【サマリー】」『第 45 回勤労者短観報告書』，連合総合生活開発研究所．

労働政策研究・研修機構編（2004）『企業の経営戦略と人事処遇制度等に関する研究の論点整理』，労働政策研究報告書 No.7.

労働政策研究・研修機構編（2007）『社員公募制など従業員の自主性を尊重する配置施策に関する調査』，JILPT 調査シリーズ No.33.

労働政策研究・研修機構編（2013）『働き方と職業能力・キャリア形成――『第 2 回働くことと学ぶことについての調査』結果より』，労働政策研究報告書 No.152.

労働政策研究・研修機構編（2017a）『日本企業における人材育成・能力開発・キャリア管理』，労働政策研究報告書 No.196.

労働政策研究・研修機構編（2017b）『日本的雇用システムのゆくえ』，労働政策研究・研修機構．

労働政策研究・研修機構編（2020）『人生 100 年時代のキャリア形成と雇用管理の課題に関する調査』，JILPT 調査シリーズ No.206.

労働政策研究・研修機構編（2021）『人材育成と能力開発の現状と課題に関する調査（労働者調査）』，JILPT 調査シリーズ No.217.

労働大臣官房政策調整部編（1987）『日本的雇用慣行の変化と展望』，大蔵省印刷局．

労働大臣官房政策調整部編（1995）『日本的雇用制度の現状と展望』，大蔵省印刷局．

若林満（1987）「管理職へのキャリア発達――入社 13 年目のフォローアップ」，経営行動科学 2 号，pp.1-13.

脇坂明（2018）『女性労働に関する基礎的研究――女性の働き方が示す日本企業の現状と将来』，日本評論社．

（外国語文献）

De Jong, Leenders and Thijssen（1999）'HRD tasks of first-level manages', *Journal of Workplace Learning*. Vol.11, No.5, pp.176-183.

Dore, R.（[1973] 1990）*British Factory-Japanese Factory: The Origins of National Diversity in Industry Relations*, Berkley and Los Angeles: University of California Press.（ロナルド・P・ドーア（1993）山之内靖・永易浩一訳『イギリスの工場・日本の工場――労使関係の比較社会学』ちくま学芸文庫版（上・下巻））．

Gibb（2003）'Line manager involvement in learning and development', *Employee Relations*, Vol.25, No.3, pp. 281-293.

Guest and Bos-Nehles（2012）'HRM and Performance: The role of effective implementation', Paauwe, Guest and Wright ed., *HRM and Performance: Achievements and Challenges*, Wiley, pp.79-96.

Hailey, Frandale and Truss（2005）'The HR department's role in organizational performance', *Human Resource Management Journal*, Vol.15, No.3, pp.49-66.

Heraty and Morley（1995）'Line managers and human resource management', *Journal of European Industrial Training*, Vol.19 No.10, pp.31-37.

Jacoby（2005）*The Embedded Corporation: Corporate Governance and Employment Relations in Japan and the United States*, Princeton, NJ: Princeton University Press.（サンフォード・M・ジャコービィ（2005）鈴木良治・伊藤健市・堀龍二訳『日本の人事部・アメリカの人事部――日米企業のコーポレート・ガバナンスと雇用関係』，東洋経済新報社．）

Kidd and Smewing（2001）'The role of the supervisor in career and organizational commitment', *European Journal of Work and organizational Psychology*, 10（1），pp.25-40.

Kolb, D.A.（1984）*Experiential learning: Experience as the source of learning and development*. Prince Hall.

Larsen and Brewster (2003) 'Line management responsibility for HRM: what is happening in Europe?', *Employee Relations*, Vol.25, No.3, pp.228-244.

Macneil (2001) 'Supervisor as a facilitator of informal learning in work teams', *Journal of workplace learning*, Vol.13, No.6, pp.246-253.

McCall, M.W. (1989) *Developing executives through work experiences*, Human Resource Planning Vol.11 No.1.

McCall, M.W. (1998) *High flyers: Developing the next generation of leaders*, Harvard Business Press. (マッコール (2002) 金井壽宏監訳, リクルート・ワークス研究所訳『ハイ・フライヤー』, プレジデント社.)

McCall, M.W. Lombardo, M.M. and Morrison, A.M. (1988) *The Lessons of experience: How successful executives develop on the Job*, Free Press.

McCall, M.W. and Hollenbeck, J.P. (2002) *Developing Global Executives: The Lessons of International Experience*, Harvard Business School Press.

Parsons, T. (1951) *The Social System*. New York: The Free Press. (パーソンズ (1974) 佐藤勉訳『社会体系論』, 青木書店.)

Rewick and MacNeil (2002) 'Line manager involvement in careers.' *Career Development International*. 7/7. pp.407-424.

Rosenbaum, J.E. (1984) *Carrer Mobility in Corporate Hierarchy*, Academic Press.

Storey, Edwards and Sisson (1997) *Managers in the Making: Careers, Development and Control in Corporate Britain and Japan*, Sage.

Ulrich, D. (1997) *Human Resource Champions*, Boston, MA: Harvard University Press. (デイビット・ウルリッチ (1997) 梅津祐良訳『MBAの人材戦略』日本能率協会マネジメントセンター.)

Watson, Maxwell and Farquharson (2007) 'Line manager's views on adopting human resource roles: the case of Hilton [UK] hotels', *Employee Relations*, Vol.29, No.1, pp.30-49.

あ　と　が　き

　いま振り返ると「そんなに時間がたっていたのか」と、若干驚きもする。本書のもととなった調査研究を開始したのは、10年以上前のことだった。2012年の年の瀬、編者のひとりである藤本（私）は、日本の大企業を対象とした能力開発の現状と課題をテーマとして、労働政策研究・研修機構の調査研究プロジェクトを立ち上げたいと考えていた。それまで5年間、中小企業における能力開発についての調査研究プロジェクトに携わっており、次は大企業の能力開発の実態についてさぐる調査研究をやりたいと思っていたこと、従来行われていた厚生労働省の『雇用管理調査』が廃止され、大企業の人事管理について実態がよくわからなくなっているという印象をもっていたこと、能力開発の分野では、「キャリア自律」などの興味深い新しい動きが見られ、その広がりや背景について実態把握と分析の必要性を感じていたことが、その理由である。

　労働政策研究・研修機構においてプロジェクトの実施が承認され、2013年4月からプロジェクトが始まった。まず本書の著者である高見、山口とともに、日本企業の能力開発に関わる先行の研究・調査のレビューを進めた。このレビューを進めるなかで、プロジェクトにおいて調査すべきことがおぼろげながら見えてはきたものの、調査の「核」やアピールポイントになりうるものをなかなか思いつくことができなかった。そこでプロジェクトのメンバーで、本書のもうひとりの編者である佐野に相談した。佐野は、自身のそれまでの調査研究から「職場管理者（line manager）」が、企業の人事管理において果たす役割・機能に関心をもち、イギリスの先行研究レビューを重ねるなどしていた。佐野との度重なる話し合いのなかで、日本企業の能力開発をめぐる企業（人事）・職場管理者・社員の「連携関係」について解明した調査研究は少なく、また新たな調査によって見出しうる知見の人事管理に対する示唆が大きいのではないかという結論に至り、プロジェクトの「核」ができた。

　プロジェクトの「核」を具体的な形にするため、次に実施する調査につい

ての検討を行った。検討の末、調査は、企業（人事）・職場管理者・社員という、一つの企業のなかの三つの層を対象としたアンケート調査として実施することとし、3種類の調査票の作成を進めていった。2015年の秋口から年末にかけては連日のように集まって、質問や選択肢についての試行錯誤を重ねた。調査は2016年1月に実施され、その分析結果は翌2017年の3月に労働政策研究・研修機構における成果（労働政策研究報告書）としてまとめられた。この成果とりまとめにより、調査研究プロジェクトは、ひとまず終結を迎えた。

　しかし、プロジェクトのメンバー（本書の著者4人）は、収集する機会を得ることが難しい、企業（人事）・職場管理者・社員という1企業の3層にわたるデータを、さらに活かしていきたいと思い始めていた。その思いから、学会発表や学術誌・紀要等への投稿といった形でデータの分析を続けるうち、一連の分析を体系的な学術研究書としてとりまとめ世に問うという構想を抱くようになった。

　この体系的な学術研究書としてとりまとめるという構想が本書に結実するまでには、分析の再検討と加筆修正、書籍刊行を実現する手段の模索など、様々な面における再びの試行錯誤が数年にわたり続くことになる。そのなかでとりわけ苦心したのは、学術研究書としての「軸」を定めることであった。能力開発に関わる学際的な厚い研究蓄積があるなかで、われわれの研究はどのような貢献ができるのか。いずれも社会学というディシプリンに則って研究を行う本書の著者4人が、熟考・検討を続けたひとつの答えが、「システム」という視点から、日本企業の能力開発をとらえていくということだった。

　本書で打ち出した「能力開発システム」は、企業における「雇用システム」のサブシステムとして位置づけられる。日本企業に形成された雇用システム＝「日本型雇用システム」についての研究は膨大で、本書で示した研究成果は、この膨大な蓄積があってこそ成り立つ。日本型雇用システムについての重要な研究を行われ、われわれの研究を導いてくださった先人は枚挙に暇ないが、そのなかでおひとり、稲上毅先生（東京大学名誉教授）のお名前を挙げたい。稲上先生は産業社会学の観点から、日本型雇用システムに関す

318

る実態把握と分析を長年重ねてこられた。編者ふたりはともに稲上先生に師事しており、今回、ささやか研究成果ではあるが、先生に続くことができた喜びを感じている。改めてこれまでの学恩に感謝申し上げたい。稲上先生は常々「大局観のある研究」の重要性を説かれ、われわれの研究も日本企業の能力開発をめぐる実態の中にある「大局」を示そうと意識してきた。これがどこまでできているかは、読者のご判断にゆだねたい。

本書は、数多くのご厚意・ご指導の賜物である。まず、本書の分析対象となった『企業内の育成・能力開発、キャリア管理に関する調査』をはじめとした調査研究プロジェクトの実施と、調査の個票の利用や、書籍としての公表による研究成果の社会への還元を認めていただいた労働政策研究・研修機構に、改めて御礼申し上げる。

また本書の草稿は、労働政策研究・研修機構の池田心豪副統括研究員、高橋康二主任研究員に読んでいただき、内容面から表記・体裁の面に至るまで、本当に多くの貴重なコメントをいただいた。もし本書に見るべきものがあるとすれば、それはおふたりのコメントを反映したからにほかならない。心より御礼申し上げたい。もちろん本書に関する最終的な責任は、編著者のわれわれにある。

近年「リスキリング」といった言葉を見聞きすることが増え、能力開発に関する社会の関心が高まっているように見える。しかし、あえて社会の関心を高めるまでもなく、能力開発はこれまでも人々の職業上の能力の維持や向上につながり、企業活動や人々の生活を支えてきた。こうした能力開発の役割が、今後も変わらないことはまちがいない。本書が、日々、地道に能力開発に向き合う、人事部門の担当者や職場管理者、働く人々に対し、能力開発について考えたり、より深い興味・関心を抱いたりするきっかけを提供することとなれば、編著者一同の何よりの喜びである。

編著者を代表して　　藤本　真

索　引

【執筆者略歴】

藤本　真（ふじもと・まこと）：第 1 章、第 2 章、第 3 章、第 5 章、第 7
章、終章

労働政策研究・研修機構　副統括研究員

東京大学大学院人文社会系研究科博士課程単位取得後退学。2004 年よ
り同機構の研究員として、能力開発に関する企業・職場・働く人々の取
組み、中小企業セクターで働く人々の活動・意識、高齢者の雇用・就業
などについての調査・研究に従事している。主な著作として、『中小企
業における人材育成・能力開発』（共著、労働政策研究・研修機構、
2012 年）、『労働・職場調査ガイドブック』（共編著、中央経済社、2019
年）、『70 歳就業時代における高年齢者雇用』（共著、労働政策研究・研
修機構、2022 年）、『HR テクノロジーの法・理論・実務　人事データ活
用の新たな可能性』（共著、労務行政研究所、2022 年）など。専門分野
は、産業社会学、人的資源管理論。

佐野　嘉秀（さの・よしひで）：第 1 章、第 3 章、第 4 章、第 6 章、第 9
章、終章

法政大学経営学部教授

東京大学大学院人文社会系研究科博士課程単位取得後退学、博士（社会
学／東京大学）。近年の主な著作・論文として『英国の人事管理・日本
の人事管理　日英百貨店の仕事と雇用システム』（東京大学出版会、
2021 年、冲永賞・日本労務学会賞（学術賞）受賞）、「英国企業におけ
る職務給と仕事配分—日英比較の視点から」（『中央労働時報』1267 号、
2020 年）、「企業組織の国際比較における方法：人事管理・労使関係の
事例研究を中心に」（『社会と調査』No.26、2021 年）など。専門分野は
産業社会学、人的資源管理論。

高見　具広（たかみ・ともひろ）：第 8 章

労働政策研究・研修機構　主任研究員

東京大学大学院人文社会系研究科博士課程学位取得後退学。主な論文として、「働く時間の自律性をめぐる職場の課題—過重労働防止の観点から」（『日本労働研究雑誌』677 号，2016 年）、"Remote Work and Job Satisfaction that Depends on Personality Traits: Evidence from Japan,"（*Japan Labor Issues* 37，2022 年）、「コロナ期の働き方の変化とウェルビーイング－労働時間減少とテレワークに着目して」（樋口美雄／労働政策研究・研修機構［編］『検証・コロナ期日本の働き方—意識・行動変化と雇用政策の課題』、慶應義塾大学出版会所収、2023 年）、「自律的な働き方と労働時間管理のあり方－健康確保の観点から」（『日本労働研究雑誌』752 号、2023 年）、"Working from home during the COVID-19 state of emergency in Japan," *Japanese Journal of Sociology*. doi: 10.1111/ijjs.12166（共著、2024 年）がある。専門分野は社会学。

山口　塁（やまぐち・るい）：第 7 章

労働政策研究・研修機構　研究員

法政大学大学院社会学研究科博士後期課程修了、博士（社会学／法政大学）。近年の主な著作・論文として『特定技能 1 号外国人の受け入れ・活用に関するヒアリング調査』（労働政策研究・研修機構編、資料シリーズ No.270、2023 年）、「일본의 이민정책 전환 : 이민자에게 '선택받는 나라' 라는 프레임의 형성 과정에 대한 분석（日本の移民政策の転換：「選ばれる国」というフレーム形成過程の分析）」（韓国移民政策研究院、Policy Report Series No.2023-03、2023 年、李恵珍・松下奈美子と共著）、「人手不足への対応のための外国人労働者受け入れ政策と現状、萌芽」（『労働調査』2024 年 4 月号）。専門分野は産業社会学、人的資源管理論。

日本企業の能力開発システム
変化のなかの能力開発と人事・職場・社員

2024 年 6 月 28 日　初刷発行

編 著 者　藤本　真・佐野　嘉秀

発　　　行　独立行政法人　労働政策研究・研修機構

販　　　売　独立行政法人　労働政策研究・研修機構
　　　　　　〒 177-8502　東京都練馬区上石神井 4-8-23
　　　　　　電話　03-5903-6263

印刷・製本　大日本法令印刷株式会社